説教黙想アレテイア叢書

創世記
Genesis
1–28章

日本キリスト教団出版局[編]

日本キリスト教団出版局

目　次

創世記　序論……小友　聡　6

創世記　1章1節–2章3節……藤掛順一　16

創世記　2章4–25節……石井佑二　26

創世記　3章1–24節……橋谷英徳　35

創世記　4章1–26節……髙橋　誠　44

創世記　6章1–22節……德田宣義　53

創世記　7章1–24節……井ノ川　勝　62

創世記　8章1–22節……浅野直樹　71

創世記　9章1–28節……小泉　健　80

創世記　11章1–9節……蔦田崇志　89

創世記　12章1–9節……楠原博行　98

創世記　13章1–18節……小副川幸孝　107

創世記　15章1–21節……吉村和雄　116

創世記　16章1–16節……本城仰太　125

創世記　17章1–27節……藤掛順一　134

創世記　18章1–15節……石井佑二　143

創世記　18章16–33節……橋谷英徳　152

創世記 19 章 1–29 節……高橋 誠　*161*

創世記 20 章 1–18 節……德田宣義　*170*

創世記 21 章 1–8 節……小友 聡　*179*

創世記 21 章 9–21 節……浅野直樹　*188*

創世記 22 章 1–19 節……小泉 健　*197*

創世記 23 章 1–20 節……蔦田崇志　*206*

創世記 24 章 1–67 節……楠原博行　*215*

創世記 25 章 19–34 節……小副川幸孝　*224*

創世記 27 章 1–40 節……吉村和雄　*233*

創世記 27 章 41 節–28 章 9 節……本城仰太　*242*

創世記 28 章 10–22 節……藤掛順一　*251*

執筆者紹介　*260*

＊本書は『説教黙想アレテイア』（96–98 号、2017 年）に掲載した説教黙想を、加筆のうえ書籍化するものである。

＊本書の聖書引用は『聖書　新共同訳』（日本聖書協会）に準拠する。

装丁　ロゴス・デザイン　長尾 優

創世記　1–28 章

創世記　序論

小友　聡

　連続講解説教で創世記全50章をじっくり説き明かすということは説教者なら誰しも、生涯一度は経験するに違いない。その創世記をこの「説教黙想」で扱うことになった経緯は知らないが、2017年という年に創世記を取り上げ、説教するということは実に意義深いと思う。言うまでもないが、2017年は宗教改革500周年の記念の年である。1517年10月31日にマルティン・ルターは『95か条の提題』をヴィッテンベルク城教会の門扉に張り出すことをもって宗教改革の狼煙(のろし)を上げた。このルターの改革の根底にあるのは、聖書の読み方の徹底した福音的解釈と言ってよい。それはローマ書やガラテヤ書だけではなかった。ルターは聖書学者として説教ではもっぱら旧約聖書を説いた。詩編全巻を丁寧に福音的に説き明かし、晩年は創世記に集中して語り続けた。死去前年の1545年に至る10年間、ルターは創世記を文字通り連続で講解説教したのだ（速記メモによる講義録、邦訳はない）。創世記最終章のヤコブの埋葬をルターは自分の生涯の終わりに重ね合わせて語り、30年におよぶヨーロッパ宗教改革の中心的旗振り役の最後を締めくくった。2017年にわれわれが創世記をもって説教するということは、宗教改革者ルターがこの創世記において渾身の力で福音を説き明かして生涯を終えた歴史を追体験するということだと言わねばならない。
　しかし、創世記という書はただ単に創世記としてのみ存在するのではな

い。創世記は旧約聖書の最初の書であり、その「最初（ベレーシート）」においてすでに、「最後」がほのめかされている文書である。最初である限り、それは最後に向かっている。創世記はそういう書である。創造には完成が対応する。キリスト者は創世記において、終末の「神の国」の到来をほのかに見通すだろう。創世記の中に、創世記を通して、その向こうにキリストがかすかに見えてくるだろう。そのような救済史的ベクトルにおいて創世記は創世記として存在している。けれども、聖書学的には、さらに別の知見も述べておかねばならない。創世記はモーセ五書の第1巻である。つまり、天地創造から始まり、族長物語は出エジプト直前の前史となる。これはやがて出エジプト、荒野の放浪、約束の地への到達に至る（出エジプト記、レビ記、民数記）、神の民イスラエルの形成史である。第5巻の申命記は、モーセによる約束の地への到達直前で終わっている。この一連のストーリーを有する完結したモーセ五書の冒頭の書が創世記なのだ。五書にヨシュア記を加えた六書として捉え、「約束と成就」という枠組みで読み解くのはフォン・ラートであるが、その救済史観に従えば、創世記は「約束」である限り、すでに「成就」をも暗に指し示すことになる。それは予型論で創世記を解釈するという課題とも関係する。いずれにせよ、創世記を語るということは、創世記をどのようなより大きな救済史的文脈で捉えるかという聖書神学的展望なしではありえない。創世記を創世記としてしか見ないならば、短絡的で即自的な創世記解釈に終わり、そこから真実に福音を読み取ることはできないに違いない。

　創世記全体の構成を考えてみよう。創世記は大きく2つに分けられる。それは、原初史（1–11章）と族長物語（12–50章）である。原初史は天地創造に始まる普遍史（世界史／人類史）であり、族長物語はイスラエル民族史である。とはいえ、この2つの大きな物語は分離しているわけではない。原初史の終わりは、テラの系図であって、その中にアブラハム（アブラム）の名前が登場し、妻サラ（サライ）が「不妊の女」と紹介されている（11:27–30）。この原初史の結末部分が12章以下、族長アブラハムから始まる族長物語と内容的に連続しているのは明らかである。

原初史は、創造（1章）、楽園物語（2-3章）、カインとアベル（4章）、洪水物語（6-9章）、バベルの塔物語（11章）、という単元の構成になっている。また、これらの単元を接続する部分として、アダムの系図（5章）、ノアの系図（10章）も含まれる。天地創造において神に創造された人間は、罪ゆえに楽園を追放され、バベルの塔の建設破綻によって離散という宿命に至る。原初史は人間の普遍的な「罪の歴史」として展開するのである。バベルの塔建設に際して天にまで達しようとする人間の高慢、その企ての破局がこの普遍史の最終的結末である。これは人類の原初史でもある。

　続く族長物語は、アブラハム物語（12-25章）、ヤコブ物語（27-36章）、ヨセフ物語（37-50章）という構成である。アブラハムの息子イサクの独立した物語は、アブラハム物語とヤコブ物語を架橋するところで短く記される（26章）。またヤコブ物語とヨセフ物語については、ヤコブの埋葬が創世記結末に記されるために、ヨセフ物語はヤコブ物語の中に含まれると見ることもできる。この12章から50章に及ぶ長大な族長物語は、12章のアブラハムへの祝福が起点となり、イスラエルと呼ばれるヤコブの生涯を経て、エジプトに渡ったヨセフとその兄弟たちとの再会でクライマックスを迎える、イスラエルの族長たちの波乱に富んだ物語である。ヨセフが父ヤコブをエジプトに招き、ヤコブ（イスラエル）の子らがエジプトに寄留するという族長物語の結末はまた、続く出エジプト記におけるエジプト脱出の前史となる（50:24参照）。

　この12-50章の族長物語は、先行する原初史が人類の罪によって破局に至るという結末であるのに対し、族長アブラハムがすべての民の祝福の基となり、さらにイサク、ヤコブ、ヨセフがその祝福を受け継ぐというイスラエル民族固有の起源史である。興味深いことだが、族長物語冒頭の12章2-3節には「祝福」が5回繰り返される。

　この「祝福」の異常なほどの繰り返しは、1-11章の原初史において「呪い」が5回記されていることと対応していると言われる（3:14, 17, 4:11, 5:29, 9:25。H. W. ヴォルフ）。原初史において人間の罪が破局をもたらす「呪い」の歴史は、イスラエル民族の祖となるアブラハムの登場によって帳消

しにされるのだ。アブラハムにおいて、原初史の「呪い」は族長物語の「祝
福」に大転換する。族長アブラハムがそのように地上のすべての民に祝福を
もたらす源となるのである。このアブラハムにおいて、イスラエルが神の
民として選ばれるということの意味が暗黙のうちに示唆されている（申命記
7:6–8）。創世記はそれ自体において、神 – 罪 – 救い、という神による救済史
を示しているということができるだろう。一貫しているのは神の主権である。
この意味において、創世記は旧約聖書という神によるイスラエル救済の歴史
の導入的範例である。創世記を語るということは、福音を語るということに
ほかならない。ちなみに、ブルッゲマンは『現代聖書注解　創世記』におい
て、創世記全体を次のような構成として説明する（30–33頁）。

a　1:1–11:29　　　　主権による神の招き
b　11:30–25:18　　　受け止められた神の招き
c　25:19–36:43　　　争われた神の招き
d　37:1–50:26　　　隠されている神の招き

　aの原初史は、創造主の招きが拒まれる悲哀を示す。bのアブラハム物語
は、神の招きを受け入れたアブラハムの物語。cのヤコブ物語は、神の招き
を巡って弟ヤコブが兄エサウと争う物語。dのヨセフ物語は、神の招きがヨ
セフに明らかとなる神の摂理の物語である。このように「神の招き」をキー
ワードと見る概観は、創世記全体を福音的に捉えるためには有益である。
　創世記全体を神学的に捉える場合に、契約という大きな主題を看過するこ
とはできない。9章にはノア契約があり、15章と17章にはアブラハム契約
がある。これら創世記の契約のほかに、五書にはシナイ契約（出エジプト記
19–24章）があり、これが旧約聖書において決定的な意味を有する。この契
約が神の民イスラエルとその後の歴史を決定している。シナイ契約は双務契
約であり、イスラエルの民が律法を守ることが契約の条件となる。このよう
にシナイ契約が条件付きの契約であるのに対し、15章のアブラハム契約は
「煙を吐く炉と燃える松明が二つに裂かれた動物の間を通り過ぎた」（18節）

という点で、神による一方的な片務契約であるかに思える。けれども、シナイ契約締結後の出エジプト記32章13節にはアブラハム契約の再確認が記されている。ここには、アブラハム契約の有効性がきちんと読み取れる（フレットハイム）。そうだとすれば、正典的に読むならば、シナイ契約はすでにアブラハム契約においてその道筋がつけられているのだと説明することができるだろう。実際、17章ではアブラハムの契約は双務契約として再確認される。ノア契約は人類への祝福の約束であるが、アブラハム契約においてイスラエルの選びと使命が鮮やかに浮かび上がる。その意味においても、創世記は救済史的な神学の枠組みを有し、旧約聖書全体の範例的導入という重要な役割を果たしているのである。

　ところで、創世記の歴史的批評的問題についてはどう扱ったらよいのだろうか。旧約聖書学の知見を有する説教者ならば、この問題に触れずに説教を準備することはできない。その前にまず、創世記の史実性の問題に触れておく。原初史は基本的に史実とは説明できない。族長物語もそれ自体として史実とは説明できない。けれども、族長の伝承に何らかの歴史的信憑性があるのは確かである（申命記26:5–10）。創世記はもちろんモーセ自身が書いたものではない。これは信仰告白として記された書であり、背景にはイスラエルの礼拝があって神学的な意味がある。それゆえ、説教者は物語の生き生きとした記述を現に起こっている出来事として語ることに躊躇しない。

　文献学的には、19世紀のヴェルハウゼン以来、五書（六書）はヤハウィスト資料（J）、エロヒスト資料（E）、申命記資料（D）、祭司資料（P）の4つの資料／文書によって構成されると説明され、今日でも基本的に支持されている。創世記はこのうちJ、E、Pの3つの文書構成となる。古典的にはJは王国時代初期のBC10世紀、Eは北王国滅亡前のBC8世紀、Pは捕囚期のBC6世紀と説明されるが、最近ではJの成立を捕囚期（あるいは捕囚以後）と見て、これが最も新しい資料とされることもある。これら歴史的批評的研究の知見を説教者は意味なしと否定的に見るだろうか。しかし、説教者が手にする注解書のほとんどは歴史的批評的方法によるものである。創世記は荒唐無稽な神話的物語では決してない。説教者の立場としては、む

しろ歴史的批評的な方法の知見を取り入れることに積極的な意味を見出したい。Jには固有の神学的関心があり、たとえば、人間について「主なる神は、土の塵で人を形づくり」(2:7)と表現するJの神学には、「人間の脆さ」という一貫した思想が読み取れるだろう。捕囚期に記されたPの神学には、歴史的混沌の中で神による新たな創造を語るイスラエルの信仰告白が読み取れるだろうし、「産めよ、増えよ、地に満ちよ」(1:28)も捕囚期が民族離散という混沌の現実だからこそ、事柄の意味がきちんと把握できる。JやPという資料仮説を説教で持ち出す必要はないが、その背景にある歴史や神学を語ることにおいて、創世記の福音を十分に説き明かすことができる。

創世記については、文芸学的方法、哲学的方法、正典的方法という解釈方法も有用である。最近、文芸学的方法で創世記の物語を読み解く注解書や文献も手に入る（水野隆一『アブラハム物語を読む』）。共時的な読み取りによって、創世記のテクストをそのまま読み手の側のメッセージとして取り出すことが可能となる。このような読み取りも説教黙想には有益である。

以上、総括的な考察を踏まえて、説教黙想に向けて再読する。

1章1節-11章32節　原初史

創造主は天と地を創造した。これは信仰告白の言葉。6日間で神はすべてを造り、7日目に休まれた。創造物語には7日目が安息日、すなわち神を礼拝する日として定められ、すでに十戒の第四戒が響き渡っている。神は創造の最後に、ご自分に似た者として人間（アダム）を作り、祝福し、自然の支配を任せた(1:28)。その支配とは、王的支配ではなく、人間が神に仕える僕（しもべ）として果たすべき任務である。神は楽園に人間（アダム）を住まわせ、助ける者としてエバを与えられた。けれども、2人は神の戒めを守れず、探し求める神の顔を避け、楽園を追放された(3:24)。ここから地上の歴史が始まる。次に生まれたカインは弟アベルを妬んで殺害。このとき初めて「罪」という言葉が使われる(4:7)。カインは呪われ地上を放浪する者となったが、神は彼を保護するしるしを与えた（同16節）。その後、地上に悪がはびこり、神はすべての生き物を滅ぼす決意をし、大洪水を引き起こした。正しく生き

たノアとその家族だけが選ばれ、動物たちと共に箱舟に乗せられ、洪水を生き延びることができた。洪水後に神は二度と人間を滅ぼさないと約束し、空に架かる虹をそのしるしとした（9:13）。その後、人間は天に達しようと目論んでバベルの塔を建てたが、神が介入し人間の傲慢を打ち砕いた。互いに言葉が通じなくなり、塔の建設は中断させられ、人間はついに世界に散らばることになった（11:9）。

12章1節-25章18節　アブラハム物語

　アブラムがウルからハランを経て、カナンの地に辿り着くまでの壮大な旅は、主の言葉に従う旅であった（12:4）。彼はハランにて神に召し出され旅に出たのは75歳のときで、100歳になって約束の子イサクを与えられた。ロトが住むソドムの町に神が裁きを下そうとしたとき、アブラハムは神に対し執拗に食い下がり、町のために懸命に執り成しをした（18:16–33）。それは彼が選びにおいて「祝福の源」となることのしるしである（12:2）。神はアブラハムと契約を結び（15:18）、応答としてアブラハムは割礼を受けた（17:24）。最愛の独り子イサクを捧げよとの神の命令は、アブラハムの人生最大の試練であり、物語のクライマックスとなる（22:1–19）。その試練の山が「アドナイ・イルエ（主は備える）」と呼ばれ、神が「備えること」provide は「摂理」providence と結びつく（22:14）。神は先を見ていた（ラテン語で pro-video）。この山でアブラハムに祝福が約束されたことにおいて（22:18）、アブラハムからイサク、ヤコブへと続く族長の祝福がすでに予定されていることが確認される。アブラハム物語には、彼の従順と信仰的決断が際立っている。このアブラハムの信仰が神に義と認められた（15:6）ということは、パウロの信仰義認の根拠となる（ローマ 4:3、ガラテヤ 3:6）。

25章19節-36章43節　ヤコブ物語

　ヤコブの出生を巡る争いにおいて、エサウとの確執が暗示され、ヤコブの将来が予告される（25:19–26）。しかし、ヤコブがイスラエルとなるためには、多くの試練を必要とした。彼はエサウから祝福を奪ったために命を狙わ

れ、ハランに向け逃亡を余儀なくされた。その孤独な旅の途中、思いがけずヤコブは天使が階段を上り下りする夢を見、そこをベテル（神の家）と名付けた（28:19）。彼は神が共におられるという確信をも得た。この後、ラバンのもとでの試練が続くが、ヤコブは家族を与えられた。やがて逞しく成長したヤコブはカナンに戻る際に、再びエサウと邂逅することになる。ヤボクの渡しで神と格闘したことはヤコブの転機となった。彼はここでイスラエルという名を与えられ（32:29）、その場所はペヌエル（神の顔）と名付けられた（同 31 節）。イスラエルという名は「神と闘って勝つ」という意味とされるが、この名の付与によってヤコブはイスラエルの祖となる。

37 章 1 節-50 章 26 節　ヨセフ物語

　ヨセフは夢見る少年であった。父ヤコブと 11 人の兄弟たちがヨセフにひれ伏す、という夢がすでに将来を告げるものであった（37:5–11）。しかし、その夢の意味は隠されたまま、ヨセフの人生の試練が展開していく。ヨセフの振る舞いと「晴れ着」が兄たちの憎しみを買い（同 3 節）、彼は穴に投げ込まれ、商人に売り飛ばされて、エジプトに渡る。エジプトではポティファルの家内奴隷として雇われるが、主人の妻の誘惑、濡れ衣、投獄という目に遭う。ヨセフの人生は下へ下へと落ちていく。しかし、獄中で夢を解いたことが偶然にもファラオの耳に届き、着替えてファラオの前に呼び出されることになった（41:14）。ヨセフは見事にファラオの夢を解き明かし、ファラオから晴れ着を着せられ（同 41–42 節）、王に次ぐ地位を与えられた。ヨセフの「晴れ着」の変遷はそのままヨセフ物語の不思議な展開を説明する。ヨセフは飢饉で窮したヤコブの家を救うことになる。兄たちとの再会は、ヨセフの見た夢がまさしく神の摂理 providence であったことを明らかにした（45:8）。ヤコブ（イスラエル）の家族はエジプトに滞在することになり、これが出エジプトの前史となる（46:27）。

参考文献（日本語で読めるもの）

　アウグスティヌス『創世記注解 1・2』（アウグスティヌス著作集 16・17）片柳

榮一訳、教文館、1994–1999 年

J. カルヴァン『創世記 1・2』（カルヴァン旧約聖書註解）渡辺信夫・堀江知己訳、新教出版社、1984 年（オンデマンド版 2020 年）

G. フォン・ラート『創世記　私訳と註解　上・下』（ATD 旧約聖書註解）山我哲雄訳、ATD・NTD 聖書註解刊行会、1993 年

C. ヴェスターマン『創世記Ⅰ・Ⅱ』（コンパクト聖書注解）山我哲雄訳、教文館、1993–1994 年

R. デヴィドソン『創世記』（ケンブリッジ旧約聖書注解）大野惠正訳、新教出版社、1986 年

W. ブルッグマン『創世記』（現代聖書注解）向井考史訳、日本キリスト教団出版局、1986 年

C. B. シンクレア『創世記』（現代聖書注解スタディ版）小友聡訳、日本キリスト教団出版局、2011 年

J. C. L. ギブソン『創世記Ⅰ・Ⅱ』（デイリー・スタディー・バイブル）荒井章三／西垣内寿枝／加藤明子訳、新教出版社、1995–1998 年

月本昭男『創世記Ⅰ』（リーフ・バイブル・コンメンタリーシリーズ）日本基督教団宣教研究所、1996 年

―――『旧約聖書Ⅰ　創世記』、岩波書店、1997 年

野本真也／越後屋朗／中村信博／水野隆一「創世記」、『新共同訳　旧約聖書注解Ⅰ』日本キリスト教団出版局、1996 年

大野惠正「創世記」、『新共同訳　旧約聖書略解』日本キリスト教団出版局、2001 年

―――『旧約聖書入門 1　現代に語りかける原初の物語』新教出版社、2013 年

―――『旧約聖書入門 2　現代に語りかける父祖たちの物語』同、2015 年

並木浩一『創世記を読む』（ナザレン新書）日本ナザレン教団出版部、2008 年

『説教者のための聖書講解　創世記』日本キリスト教団出版局、1984 年

『日本版インタープリテイション』14（特集「創世記」）ATD・NTD 聖書註解刊行会、1992 年

及川　信『天地創造物語　説教と黙想』教文館、2014 年
　———　『アダムとエバ物語　説教と黙想』教文館、2012 年
　———　『ノアとバベル物語　説教と黙想』教文館、2012 年
　———　『アブラハム物語　説教と黙想　上・下』教文館、2011 年
松本敏之『神の美しい世界　創世記 1–11 章による説教』キリスト新聞社、
　　2010 年
　———　『神に導かれる人生　創世記 12–25 章による説教』キリスト新聞社、
　　2012 年
北森嘉蔵『創世記講話』教文館、2005 年
小倉和三郎『創世記ものがたり』キリスト新聞社、2010 年
黒木安信『創世記に聞く』教文館、1995 年

創世記　1章1節-2章3節

藤掛順一

この箇所から何回の説教をするか

　創世記1章1節-2章3節は、説教者にとって汲めど尽きせぬ豊かな泉である。筆者自身は以前この箇所から7回の連続講解説教をしたが（横浜指路教会のホームページに掲載）、それなどは少ない方で、及川信牧師の『天地創造物語　説教と黙想』には14回の説教が載っており、この箇所だけで1冊の本になっている。1回の説教でこの箇所を語ることも不可能とは言わないが、その場合にはここに語られている多くの重要な、また興味深いテーマをスルーすることになるだろう。本稿も、一篇の説教のための黙想としてではなく、この箇所からの説教を準備していく中で黙想のテーマとなる事柄を列挙して概観するという形を取る。そこから何回の説教をするかは各自の判断に委ねたい。

祭司資料による天地創造物語

　天地創造の箇所で説教をするに際してまず心しておくべきことは、「創造論か進化論か」という図式に陥らないようにすることである。本書の読者においてはそれはいらぬ心配かもしれないが、この図式にはまり込むと、この箇所が本当に語ろうとしている豊かなメッセージが見えなくなる。「天地創造物語」は、科学におけるこの宇宙や地球の成り立ちの説明と対抗して、

「神による創造」を語っているのではない。我々がここから読み取るべきことは、世界の成り立ちについての「説明」ではなくて、この世界と人間の、つまり自分自身の存在の、「意味」である。言い換えれば、この世界と人間（自分）は神のどのような「み心」によって存在しているのか、である。そのことをこの箇所から読み取り、語ることが説教者の課題である。そしてそのために、これらの物語が成立した時代背景を明らかにする聖書学的成果は役に立つ。

創世記1章1節から2章3節まで（通常4節aまでと考えられている）は「祭司資料（P）」による天地創造物語であるというのが聖書学における常識となっている。つまりこの部分は2章4節b以下とは別の話であり、両者は異なった時代背景の中で成立したものである。その背景を踏まえて読むことによって、この物語の豊かなメッセージが見えてくる。筆者も基本的にその前提に立って以下の黙想を進めていこうと思う。

しかしその前に、このような学問的成果を説教においてどのように語るかは慎重に考えなければならない問題であることを指摘しておきたい。「この物語はこのような時代背景の中で成立した」という説明は、神による天地創造を素朴に信じ、その世界観の中で生きている信仰者に、「それではこの話は本当ではないということか」という躓きをもたらすことがある。しかし、「この世界と私たち人間は神によって創造され、今も保たれている」というのは聖書に基づく正しい信仰である。そういう素朴な信仰を動揺させるような説教は、学問的に正しくても説教としては失敗である。PとかJとかの聖書学的知識は、説教者の信仰においてしっかりと咀嚼されなければならない。そうすればそれらはこの箇所に語られている豊かなメッセージを読み取るための重要なツールとなるが、注解書から得た知識を下手に振り回すと、聖書が語っている信仰の根本を損ねることもあることに注意したい。具体的には、「初めに、神は天地を創造された」という1節を、この箇所全体を貫く主題の提示として受け止めることが大切である。「1節の言明からは、神学的な主文としての性格が取り去られてはならないのである」（フォン・ラート『創世記 上』62頁）。これは1節を「神が天と地を創造されたその初めに」と

天地の創造 I

従属文として読むことへの批判として語られていることであるが、この箇所を読む上で根本的に重要な指摘である。この「神学的主文」を見失ってはならない。PやJの時代的背景によって見えてくるのは、この「主文」に語られている恵みの豊かな広がりなのである。

バビロン捕囚の苦しみの中で

このことを指摘した上で、「ヤハウィスト資料（J）」と「祭司資料（P）」の相違についての以下の基本を確認しておきたい。

> 創世記 2–3 章、4 章、11:1–9、そして洪水物語と系図の中のある部分がJ資料であるが、通常それはより早期のものと見なされている。おそらくそれは、（たぶんソロモンの）宮廷の勝手気ままさへの批判であるかもしれず、そのゆえに、それは創造者との関係の中に生きようとはせず、自己の思いのままに生きることを切望する被造物の、反抗的な高慢に対する神学論争である（3:5、11:6 参照）。P資料は普通バビロニア時代に年代づけられる。それは、絶望あるいは希望のなさの問題と関係している。この伝承は、創世記 1:1–2:4a、洪水物語の一部分、そして系図の中の主要な部分に見出される。Jの伝承が高慢な自己主張に関心を持っているのに対し、Pの伝承は絶望を問題としている。絶望に対しては、それは、神の像における人間性（1:26）を肯定するばかりでなく、この神の像が楽園からの追放の後も（5:1）、また洪水の後も（9:6）存続していることを確言してもいる。（ブルッグマン『現代聖書注解　創世記』41 頁）

このように、祭司資料における天地創造物語は、バビロン捕囚の苦しみ、絶望の中にいるイスラエルの民に対する、神からの「肯定」、救いの宣言として語られているのである。捕囚の苦しみは彼ら自身の神に対する罪の結果だった。自らの罪によって国を失い、他国に捕え移され、混沌の暗闇の中にいる民に、神が「光あれ」と語ってくださり、彼らが生きることのできる世界を築いていってくださる、Pはそのような救いの出来事として天地創造を

語っているのである。

初めに、神は天地を創造された

「初めに、神は天地を創造された」が「神学的主文」であると述べた。天地つまりこの世界の万有は神によって創造された被造物であることがここに宣言されている。神は創造者であり、世界のすべては被造物である、ということが聖書の信仰の根本である。「創造した（バーラー）」は「無からの創造」を意味していると言われる。神は何者の力にも依らず、またどのような素材にも依拠せずに、ただご自身の意志と力によって「存在していないものを呼び出して存在させ」（ローマ 4:17）たのである。昔も今も、さまざまな神話が世界の生成を物語り、科学がいろいろな説明をする中で、神の意志による天地創造を語る聖書は、この世界（と私たち）が存在していることには明確な意味があることを告げているのである。

混　沌

しかし 2 節に入ると、「地は混沌であって、闇が深淵の面にあり」と語られている。「混沌であって」と訳されている「トーフー・ワボーフー」は口語訳聖書では「形なく、むなしく」だった。形なくむなしく混沌であって闇に覆われた世界が見つめられているのである。2 節後半の「神の霊が水の面を動いていた」も、その混沌の描写であって、「ものすごい嵐が水の上を吹き荒れていた」と捉えるべきだという主張がある（フォン・ラート）。この後語られていく創造のみ業が、この混沌と闇の世界に神が「光あれ」から始めて秩序を与えていき、人間が生きることができる世界を築いていった、ということとして語られていることからしてそれも頷ける。混沌、闇、深淵そして暴風、そこに、バビロン捕囚の現実においてイスラエルの民を覆っていた絶望が見つめられている。神がその絶望の闇の中に、光をもたらし、混沌の力に勝利して、彼らが生きることができる秩序ある世界を築き、祝福を与えて生かしてくださる。「神が天地を創造された」とはそのような救いの恵みであることを P は語っているのである。

それゆえにこれは「神が創造した世界は最初は混沌であり闇に覆われていた」と捉えるべきではない。神は混沌を創造しない。混沌や闇や深淵や暴風は神に敵対する力である。この物語は、それらの力によってこの世界と人間が常に脅かされている現実を見つめている。イスラエルの民がバビロン捕囚の中で体験した苦しみ、絶望、その混沌は現代の私たちの社会にもある（及川『天地創造物語　説教と黙想』における「創世記一章黙想」参照）。この世界と自分の人生が、混沌と闇の力によって脅かされていることを私たちも感じているのである。しかし神はご自身の力によってその混沌に勝利して世界に秩序を与えてくださっている、とこの物語は告げている。神による天地創造を信じるとは、この世界が、自分や人々の人生が、神のこのご意志と力によって存在しており、支えられていることを信じることである。

第一の日
闇に覆われた世界に神は「光あれ」とのみ言葉によって光をもたらし、昼と夜とを分け、「一日」という時間の区切り、秩序を与えてくださった。ここには、神が言葉によって何ものかを在らしめるという創造のみ業が語られている。この「言葉による創造」は、神の人格的意志によって世界のすべてが存在していることを示している。そして「神は光を見て、良しとされた」とある。この後繰り返されていく「良しとされた」は、神がこの世界と人間を「良い」ものとして造り、「良し」と言ってくださっている、つまり肯定してくださっていることを告げているのである。

さらにここには、神が光と闇を「分け」たとある。それによって昼は光の時、夜は闇の時となった。闇は混沌とセットである。つまりここには、闇イコール混沌が制御されて、その支配する時は夜だけとされた、ということが語られている。光の創造によって、混沌の支配は次第に制限されつつあるのである。

また、神が光を昼と呼び、闇を夜と呼ばれたとある。「呼ぶ」とは「名付ける」ことであり、それは「支配する」ことを意味している。「光（昼）」も「闇（夜）」も神のご支配の下にあることが示されているのである。このよう

にして神は人間の生活に「一日」という秩序をお与えになった。太陽や月が造られた第四の日に先立ってこのことが語られていることに意味がある。つまり太陽や月の動きによって「夕べがあり、朝があった」という一日が生じているのではなくて、神が与えてくださった「一日」という秩序のために太陽や月が造られたのである。

第二の日
「大空」（天蓋）によって、水が上と下に分けられ、その間に空間が造られた。人間が生きることのできる空間がこうして整えられたのである。「水」は混沌の象徴であり（詩編124編など）、神はその混沌の力を制御して秩序ある世界を築いていかれる。そのみ業は第三の日に続いていく。

第三の日
「下の水」がさらに一つ所に集められて海となり、乾いた所である地が現れた。これも混沌の力の制御であり、乾いた所である地において、動物や人間の生活が営まれていくのである。人間が生きる「地」は、海に接しているし、大空の上にも地の下にも、混沌の象徴である水があって地を脅かしている。神が水（混沌）を制御してくださっていることによってこの世界は守られ、保たれているが、神がその制御を撤回なさるなら、混沌の象徴である水によってすべては押し流されるのである。そのことがノアの洪水において起こったのである（創世記7:11）。

神が地にお命じになったことによって、地は「種を持つ草と、それぞれの種を持つ実をつける果樹」を芽生えさせた。これら植物は大地の恵み、豊穣さによって生み出されたのである。しかしそれも神の命令（み心）によることである。大地の豊穣さも神のみ言葉によって与えられているのである。

第四の日
太陽、月、星などの「天体」が造られた。バビロニアやイスラエルの周囲の諸民族においては、太陽や月が神として拝まれ、星の動きが世界の運命を

支配していると考えられていた。神が大空に「光る物」を造ったというこの記述は、天体の神格化を徹底的に排除している。ここには「太陽、月」という言葉が用いられていない。それらが神の名とされることが多かったからである。これらの天体は「日や年のしるし」とするために、つまり人間の生活に秩序を与えるために神によって配置された被造物に過ぎないのである。

　第五の日
　ここに1節以来2度目に「創造した（バーラー）」が語られている。水の中に群がり、空を飛ぶ動物たちは人間から遠い存在であり、その代表が水中の大きな怪物である。混沌の領域に住むこれらの動物たちも神によって創造され、「良し」とされ、「産めよ、増えよ、海の水に満ちよ。鳥は地の上に増えよ」という祝福を受けていることが語られているのである。

　第六の日
　「家畜、這うもの、地の獣」は第五の日に創造された動物たちよりも人間の生活により近く、それを支えるものである。それらは植物と同じように神の命令によって地が「産み出」したものとされている。人間の生活は大地の生命力によって産み出された植物や動物たちによって支えられているが、それも神の命令によることなのである。

　人の創造
　さて最後に神は「人」を創造された。それまでのこの世界全体の創造のみ業によって神は、人間が生きるための場所、環境を整え、そこに人間を創造してくださったのである。人間の創造こそ、天地創造の目的である。
　ここで神が「我々」と言っていることへの疑問は誰もが抱く。その説明としては、「尊厳の複数」とか「熟慮の複数」などがあるがどれも決定的ではない。説教においてはその議論にあまり首を突っ込まない方がよい。むしろ大事なのは「かたどり、似せて」である。人間は神の似姿・神の像として創造された。その根本的な意味は、人間が神と対話し、交わりを持ち、神と

共に生きるべき者として創造されたということだろう。神は 29 節で人間に「あなたたち」と語りかけておられる。神との間に「私とあなた」という関係を持つことができる被造物は人間だけである。そこに、他の動物たちとは違う「人間の尊厳」がある。それはあくまでも創造者である神との関係において与えられているものである。

　人間が神の似姿、神の像であることは、神を偶像として可視化、固定化することへの拒否と結びついている。神は偶像においてではなく、神と「私とあなた」という人格的な関係をもって生きる人間においてこそご自身を示しておられるのである。人間は神との良い関係に生きるなら、神の愛、恵み、自由、栄光を映し出す「神の像」であることができる。しかし神に背く罪に陥り神との良い関係を失うなら、「神の像」は失われてしまうのである。また神の似姿として立てられた人間はこの世界に対する神のご支配を担う者とされている。それが、「海の魚、空の鳥、家畜、地の獣、地を這うものすべてを支配させよう」(26 節) ということであり、28 節の祝福において「地を従わせよ……生き物をすべて支配せよ」と言われている意味である。人間は、被造物全体を神のみ心に従って正しく管理し保全する権威と責任を持つ者として立てられたのである。このことを東洋的な人間と自然との共生と対比して、人間が自然を支配する者として造られたという聖書の教えが人間の傲慢を生み、環境破壊の元凶となったという主張があるが、それは的外れな批判である。環境破壊は、人間が神に従わず自分が主人になろうとする罪に陥り、そのために被造物をみ心に従って正しく支配し、管理し、保全することができなくなったことの結果なのである。

　神にかたどって創造された人間は、男と女に創造された。Ｐは男女の性別を、神にかたどって造られた人間の本質に属することとして見つめている。神と「私とあなた」という関係に生きる者として造られた人間は、人間同士の間でも、自分とは違う他者との関係に生きるべき者として造られているのである。人間の性別の根本的な意味はそこにある。つまり人間が男と女であるのは、動物の雌雄が生殖によって種を保存するためであるのとは意味が違う。神は人間にも「産めよ、増えよ」と語っておられるが、それは人間に対

する神の「祝福」なのである。

人間の食物としては植物のみが与えられている。「肉食」が許されるのはノア以降である。「動物界内部ではいかなる血も流されてはならないし、死をもたらすような人間の干渉が行われてもならない。それゆえこの神の言葉は、人間の支配権の制限をも意味しているのである」（フォン・ラート『創世記　上』84 頁）。

極めて良かった

創造の業の最後に、「神はお造りになったすべてのものを御覧になった。見よ、それは極めて良かった」（31 節）と語られている。これまでにも繰り返し「神はこれを見て、良しとされた」と語られてきたが、被造物全体に対して最終的にこの宣言がなされているのである。P の創造物語の中心的メッセージがここにある。バビロン捕囚の苦しみと絶望の中にいる民に、神がこの世界と人間を「極めて良い」ものとして造ってくださったことを告げて、生きる希望を与えるために、この物語は語られているのである。

神の安息

天地創造の業は第六の日に終わり、「第七の日に、神は御自分の仕事を離れ、安息なさった」（2:2b）。この神の安息は、天地のすべてを造った神が疲れて休息したということではない。第七の日の神の安息は、「極めて良い」ものとして造られたこの世界を神が見て喜び、祝福なさったことを意味している。そのことによって天地創造は完成した。「第七の日に、神は御自分の仕事を完成され」（2 節 a）とあることがそれを語っている。天地創造が完成したのは第六の日ではなくて第七の日である。神が「仕事を離れ、安息なさった」ことによって天地創造は完成したのである。つまり「安息」こそが「極めて良い」ものとして造られたこの世界を完成させるのである。神はこの安息に向けてこの世界を創造された。そして人間をこの安息にあずからせるために、第七の日を「祝福し、聖別された」、つまり「安息日」をお定めになったのである。人間は自分の業、仕事を離れ、神の恵みのみ業を見つめ、

神をほめたたえて礼拝しつつ神と共に生きることによって、この安息にあずかることができる。Pは捕囚の苦しみ、絶望の中にいる民に、この神による安息を告げ、それにあずからせようとしているのである。

参考文献

W. ブルッグマン『創世記』(現代聖書注解) 向井考史訳、日本キリスト教団出版局、1986 年

G. フォン・ラート『創世記　私訳と註解　上』(ATD 旧約聖書註解) 山我哲雄訳、ATD・NTD 聖書註解刊行会、1993 年

及川　信『天地創造物語　説教と黙想』教文館、2015 年

創世記　2章4–25節

石井佑二

1　前提的理解

　我々はこのテキストの成立を、近代の通説に従い紀元前10世紀半ばから9世紀半ばとしたい。それはダビデ・ソロモン王朝による、イスラエルの繁栄の時代である。しかしそこで聖書記者は、イスラエルは重大な危機の中にある、と言うのである。

　この時代はどのような時代であったか。列王記上10章23節以下によれば、ソロモンの治世の時代、彼のもとには世界中の人々が、神から授けられた知恵を聞くために集って来た。そしてそのたびにソロモンは高価な贈り物を受け取っていた。その際の外国からの輸入によって、イスラエルは強大な軍事力をも備えるようになった。このことがより王国を堅固なものとした。しかしそこに、ソロモンの、またその国の堕落の始まりがあった。列王記上11章では、ソロモンが700人の妻と300人の側室を迎えたとある。そしてその妻たちの崇拝する、それぞれ異教の神々の存在がソロモンの心を迷わせ、神殿において、異教の神々への礼拝が平然となされるようになっていった。繁栄の絶頂の中で背信が存在し、国の崩壊が進行しているのである。

　こう捉える時、創世記2章4–5節「これが天地創造の由来である。主なる神が地と天を造られたとき、地上にはまだ野の木も、野の草も生えていなかった。主なる神が地上に雨をお送りにならなかったからである。また土を

耕す人もいなかった」という御言葉から、新しい意味が読み取れる。聖書の眼差しは、目に見える世界の繁栄の背後を見る。そこは実は草木も無い、荒れ果てた世界、その大地を正しく管理する者もいない罪と滅びの世界なのだ、という眼差しを持つのである。

　人間の成功、繁栄がある。しかしその時に人間は罪を犯す。神を忘れ、侮る。聖書はその者に対して、真実の人間のあるべき姿を語る。「あなたは間違っている」と。しかしそれは人間を貶める言葉として語るのではない。聖書はその罪を、神との関係性の崩れとして理解する。ここで語られるのは神との関係性の回復である。そこから見える、人間の罪からの回復、神に創造された者としてのあるべき姿の回復が言われる。それは今日の我々に対しても変わらずに語られている御言葉である。このテキストから、その響きを聞き取りたい。

2　人間のための園。園のための人間。自由の中での歓喜

　G. フォン・ラートは言う。「この物語の中心は、あくまで人間とその創造、及び神が彼のために行う配慮である」（フォン・ラート『創世記　上』112–113頁）。その意味で7節を重視する。「主なる神は、土（アダマ）の塵で人（アダム）を形づくり、その鼻に命の息を吹き入れられた。人はこうして生きる者となった」。まず聖書は言う。人間は土の塵から造られたものに過ぎない。これは繁栄の中にあるイスラエルに対する批判である（この人間理解を、創世記1章との対比で語る時、聖書の立体的な人間理解が見えて来る）。塵に過ぎない人間。その者に自身の命が、そして繁栄があると言うなら、どうしてそれがあり得るのか。それは主なる神が「その鼻に命の息を吹き入れられた」からだ。「人はこうして生きる者となった」。自らの、人間としての繁栄は、ただ主なる神の、この土の塵に過ぎないものに対して与えられる神の「息」、ヘブライ語において「霊」とも訳せる、それを与えてくださる神の憐れみによることだけである。「この生命は、直接神に由来する――命を持たない人間の肉体が、彼の上にかがみこんで息を吹きかける神の口から受けたというほど直接的に！」（同書114頁）。自らの繁栄を、ただ己の所有としたい、そ

の人間の傲慢の罪に対して言葉を語る。その命は息、霊を与えてくださる、神のご支配の中にある。そこに立ち帰ろう。そう促すのである。

　このことを踏まえた上で、人間を中心に描かれる創造物語を見つめたい。8節「主なる神は、東の方のエデンに園を設け、自ら形づくった人をそこに置かれた」。エデン、それは「歓喜」を意味する言葉である。「この園はもっぱら人間のためだけに設けられたのであり、人間を創造した神が、その人間への恵み深い配慮から与えた一つの賜物として理解されるように意図されているのである」(同書116頁)。神は人間のために、生活空間としてエデンを与えた。そこにおいて神は、人間が歓喜を味わう存在として生きることを欲せられる。それは具体的にどのようなことを言うのか。

　9節aで「主なる神は、見るからに好ましく、食べるに良いものをもたらすあらゆる木を地に生えいでさせ」と言う。これは先に触れた5節a「地上にはまだ野の木も、野の草も生えていなかった」ということからの回復である。ダビデ・ソロモン王朝の時代、聖書記者が見た、人間の繁栄の背後にある、草木も無い荒れ果てた世界。それこそが罪の人間が今、生きている世界である、と言った。そこからの回復が語られる。それはただ、神の恵みの賜物として与えられるのである。人間を生かす糧、肉体の繁栄は神の恵みとしてある。人間は神の息、神の霊が与えられ、生きる者とされた。それと同じく、肉体的繁栄も神から与えられるものなのである。9節の「見るからに好ましく」というのは、ヘブライ語において「喜びを抱かせる」という意味合いを込めた言葉である。エデン、歓喜と深い繋がりがある。人間が歓喜を味わう存在として生きるとは、この神の恵みを、感謝を持って受け止める、ということに現される。霊も肉体も、神から与えられたもの。生きる喜びそのものが、生かされている喜びと直結する。我々はこの命を喜ばしいものとして生かしてくださる、そのお方としての神を知らされる。

　園が人間のために造られた。この聖書の証言を我々は素直に受け止めるべきである。そこに生きることに我々の命の喜びはある。しかし聖書が語るエデン、歓喜の恵みはなお深い。その深みの一つが、15節「人がそこを耕し、守るようにされた」という労働命令である。またここで、5節bで言われて

創世記 2:4–25

いた「また土を耕す人もいなかった」ということからの回復が言われる。しかし今度は先と趣が違う。人間に労働命令が下される。「耕す」とはヘブライ語で「アーバド」、「働く」「仕える」という意味を持つ。すなわち「土を耕せ」とは、園を与えた主に仕え、働きなさい、ということである。働き、糧を得よ、と言う。これは先に「人間を生かす糧は神から与えられる、そのことに感謝せよ」と言ったことと矛盾するのではないかと思われるが、そうではない。神は安価な恩寵を人間に与えるのではない。神は人間に対して、食物という命を生み出し継続させる糧、それを得る働きを求められる。神は「糧は神から与えられる」という恵みの約束を与える。その約束を与える神の働きがある中で、人間に「生きる」ための働きを、神と共に果たすことを求められるのである。ここにもう一つの「歓喜」が言われる。それは人間が「生きる」ために、神ご自身が、人間と共に働くことを喜ばれる、ということである。私たちの日々の働き、労働の新しい意味も、ここから語られる。

　16節で神は言われる。「園のすべての木から取って食べなさい」。神は人間に、木から取って食べることを命令する。また先には労働命令が示された。それと共に、神はもう一つ人間に重要な言葉を語られる。それは17節「ただし、善悪の知識の木からは、決して食べてはならない。食べると必ず死んでしまう」という禁止命令である。「働け」「食べろ」「食べるな」。この神の言葉を人間がどのように聞くか。この言葉は神の戒めである。しかしその戒めは人間の自由において、守るか守らないかが選ばれる。人間の生きるべき道は示されている。しかし神はそれを人間の自由な心で選ぶことを求められる。そうであるからこそ、この道は神にとっての、また人間にとっての歓喜となるのである。神は人間がこの戒めを正しく受け止めると信頼してくださっている。だから言葉を語られる。この信頼に応えること。そこから外れてしまっているなら正しく応え直すこと。正しく応え直し得る道は、神の恵みとして、既に整えられている。崩れてしまった神との関係性の回復の道は、神が人間を信頼してくださっているということによって、神ご自身によって開かれている。このことを我々のテキストは語ろうとしている。

3 「向き合う助け手」の創造。そして「歓喜」の世界回復

18 節で、神の更なる人間への恵みの配慮が、新しい出来事を起こす。「主なる神は言われた。『人が独りでいるのは良くない。彼に合う助ける者を造ろう』」。神は人間が独りでいることを喜ばれない。その意味は深い。ここで神が言われる「良くない」とは、創世記 1 章において、創造の業の一日が果たされるたびに語られた「良しとされた」とは正反対の言葉である。そう見れば、このことは神の人間創造において、まだ重大な、果たさなければならないことがある、と言っておられると取れる。神の息、神の霊を受け、命を得た者は、神の御性質を現す者として存在する。神は人間に命令、戒めを与え、人間がそれに自由な心で従うことを求められた。そうして人間と喜びの関係性を造り上げることを求められた。神は他者、人間との交わりを求める神である。それが私たちの信じる神である。そして、人間に対しても、他者との交わりを果たすことを求め、その人間同士の交わりによってこそ、人間創造の完成を見て、「良い」と言ってくださり、それを喜んでくださる。そういう神である。

19 節以下で、神は御心のままに動物たちを形作り、人間のもとに連れて来る。人間はそれら動物に対して「名前を付ける」。そうして神は「人間を取り巻く世界のまったく新しい部分——すなわち動物界——を成立させ、それを人間によって把握せしめるのである」。その配慮を神は人間に示された。しかし 20 節で言われる通り、人間は自分に合う助ける者を動物から見つけることができなかった。しかしそのことから、人間の創造の出来事は劇的な展開を迎える。「神はこの奇跡以上の奇跡を行うとしているのである!」(同書 123–125 頁)。

21 節、人間から女が造られる。この時人間は「深い眠り」に落とされ、神だけが働かれる。この奇跡は完全に神の一方的な恵みの賜物なのである。またこの時人間の「あばら骨の一部を抜き取り」、女が造られたと言う。なぜあばら骨なのか。及川信が、このテキストの説教の中で、「愛は胸に宿ると考えられた」という、当時のイスラエルや中近東の考え方を紹介しつつ、こう言う。

創世記 2:4–25

　「その『人』〔女〕は、人の愛が宿る胸の一部から取られたものであり、愛することにおいて助けとなり、救いとなる存在であるということ。そして、その人〔女〕と出会う時のアダム〔人間〕は、それまでのアダム〔人間〕ではないということも大事なことです。この時のアダムは……身体的にもあばら骨が抜かれている訳ですから、以前とは違う存在にされているのです。そしてそのことは、人が他の人と真正面から向き合って愛し合う人間になる時、その人はそれまでの人間ではあり得ないことを象徴していると思います。何か根本的なところで変えられているのです」（及川『アダムとエバ物語』81–82頁）。

　自分の肉体の一部、「愛」の一部、そこから造られた者と自分とが、共に一つの所にある。その時にこそ、その者たちが本当にそこに存在すると言える。神は人間に対して、その様な者としての「女」を連れて来られるのである。この時に初めて人間は「自分に合う助ける者」を見出す。女が人間の前に現れる時、初めて人間（アダム）は性別を持つ者として存在させられる。女が男の存在を基礎づけ、男が女の存在を基礎づける。この時、その存在の出会いの最初から、両性は互いに支え合う者として存在するのである。神が人間に求めた、神の喜び、他者との交わりによる人間創造の完成がここから語られる。

　「彼に合う助ける者」（18節）とある「合う」という言葉。これはヘブライ語の「ネゲド」であるが、もっと対等関係を強調するなら「向き合う」存在、と訳せるであろう。また「助ける者」は、ヘブライ語の「エーゼル」である。この「助ける者」とは何を意味するか。それは「神による助け」を意味する。詩編121編1–2節にこうある。「目を上げて、わたしは山々を仰ぐ　わたしの助けはどこから来るのか。わたしの助けは来る　天地を造られた主のもとから」。この主なる神から来る「助け」が「エーゼル」である。「エーゼル」として「向き合う」存在との出会いは、神の賜物としての助け手との出会いなのである。

　結婚式の司式を行うに際して、何組かのカップルと共に聖書を学んだ。その際に必ず伝えていることがある。「相手を自分で選んだと思ってはいけま

せん。あなたの思いを超えて、神様が、あなたに良き相手を与えてくださったと信じてください」。そして「結婚において最も大切なのは『この人と共に生きる』という誓約です。しかしそこで間違えてはいけないことがあります。それはパートナー同士の誓約ではない、ということです。そうではなくて、『あなたが与えてくださったこの人と共に生きて行きます』という誓約を、神様に対して果たすのです」。そう伝えて来た。もし「自分でこの人を選んだ」とか「この人と私の結婚誓約」ということで、男女の出会いと、共なる生活を考えるなら、すぐに限界を迎える。「自分で選んだのだから自分でこの関係を破棄する権利がある」。「お互いの誓約なのだから、お互いの関係に問題が出れば、それを無効にするのは当然だ」という考えが起こってしまう。しかしそうではない。あなたと「向き合う」あなたの「助け手」は、あなたにおいて神が「良い」としてくださる人間創造の完成が現れるものとして、神の恵みとして、あなたに与えられたものである。このことを憶え、強調しなければならない。23節「ついに、これこそ　わたしの骨の骨　わたしの肉の肉。これをこそ、女（イシャー）と呼ぼう　まさに、男（イシュ）から取られたものだから」。ここまで言えるほど一体である男女の関係。ここに、神と人間との関係、人間と他者との関係、男女の関係へと展開された、交わりを求める神のエデン、歓喜としての人間創造の完成がある。

　目に見える世界の繁栄の背後に、荒れ果てた世界が存在する。交わりが拒否され、壁が造られ、排他的であることを求める罪の世界が存在する。そこでどれだけの命が無造作に扱われてしまっているだろうか。他者からの搾取と、また悲しみを負う他者への無関心。その罪が存在する。その世界の回復が求められる。それが、この神によって与えられる関係性、神との、他者との、そして神の喜ばれる男女の交わりの回復の中で語られているのである。この中で人間は世界を、他者を賜物として知らされる。そうして真実に神の求める、自分の果たすべき務めはどこにあるのかを知る。自ら造ってしまった壁があるなら、それを乗り越えて、構築すべき他者との交わりが示される。他者との隔ての扉があるなら、何としてもその閉じられた扉を開いてもらえるように言葉を尽くす。なぜならその他者は、私と喜びの交わりを造るよう

にと神が与えてくださった賜物だからだ。ここに荒れ果てた世界の回復の鍵がある。神の「歓喜」がある。神の「歓喜」の回復は、人間の生きる「歓喜」の回復である。その意味で、このエデンにおける神と人間の関係性の回復を、教会は、今日の世界の中で語るのである。

4 神の恵みに生きる家族。世界回復の道しるべとしての教会

では、その神と人間の関係性の回復というものを、今日の世界において、一体どこに我々は見るのであろう。24 節を見る。「こういうわけで、男は父母を離れて女と結ばれ、二人は一体となる」。及川信は言う。

「24 節は、『結ばれ』『一体となる』と〔いう言葉が〕未完了形、つまり、この時に完全にそうなっていたわけではない、これからなって行くはず、なって行かねばならないという形で書かれているのです。『一体となる』とは、この時のアダムとエバにおいて実現したのではなく、今後実現して行かねばならない事であり、そのことが実現しなければ人は所詮『独り』であり救われない。人間を創造した神様の目的は達成されない。そういう含みがあるのではないかと、私は思います」（及川『アダムとエバ物語』94 頁）。

この言葉を受け止めるならば、人間が男ないし女と『結ばれ』、『二人は一体となる』ということが、正しい意味で、今から、そして将来において実現される道を歩む時に、神の人間創造の完成がある、ということである。

一体となるべき 2 人。その新しい家庭、家族。それは「父母を離れて」形成されると言う。当時のイスラエルの、地縁血縁を重視する考え方から言えば衝撃的な言葉であろう。しかし聖書は、真実の意味で、自分に与えられた存在は神の賜物であるということに生き切ることを我々に求める。そうであるならば、その神の賜物以外のもので、自分の命が保たれると考えられてしまうものを、一度断ち切らなければならない、と言うのである。真実の他者との絆、真実の家族は神の恵みによってのみ、確かなものとされる。家族という、社会共同体の最小単位に神の恵みが注がれ、それによってその共同体は一つとされる。ここに生きよ、と言うのである。家族共同体の一つひとつに、神が共にいてくださる。そのことへの感謝と、悔い改めを持って、い

つも新しく家族形成を志す時に、神の祝福が世界で語られる。

　しかしまた、そのような家族の目指すべき、神の求める真の家族の原型が求められる。それこそが教会である。キリストを頭(かしら)と仰ぎ、またキリストによって一つの神の家族とされた者として、すべての者が、本当の意味で一体として生き得る教会である。

　「あなたがたは皆、信仰により、キリスト・イエスに結ばれて神の子なのです。洗礼を受けてキリストに結ばれたあなたがたは皆、キリストを着ているからです。そこではもはや、ユダヤ人もギリシア人もなく、奴隷も自由な身分の者もなく、男も女もありません。あなたがたは皆、キリスト・イエスにおいて一つだからです。あなたがたは、もしキリストのものだとするなら、とりもなおさず、アブラハムの子孫であり、約束による相続人です」（ガラテヤ 3:26–29）。

　神の約束の相続人は、あの神のエデン、歓喜を受け継ぎ、その回復を果たした永遠の歓喜を生きる者とされる。教会はその先取りである。教会は、十字架によって罪の赦しと、神と人間の和解を完成させ、そしてすべての人間を神のもとに招くキリストを語る。そして教会自身がキリストへの感謝に生きる。その時、教会は神と人間との関係性が回復された歓喜の交わりに生きる共同体として、荒れ果てた世界の回復の道しるべとなるのである。

参考文献

G. フォン・ラート『創世記　私訳と註解　上』（ATD 旧約聖書註解）山我哲雄訳、ATD・NTD 聖書註解刊行会、1993 年

及川　信『アダムとエバ物語　説教と黙想』教文館、2012 年

創世記　3章1-24節

橋谷英徳

1　福音を聞き取ろう

　聖書全体のなかでこの創世記3章ほど、多く解釈され引用されてきた箇所はおそらくないであろう。いくつかの注解書を手に取って読めば、どの注解書でも多くの頁数が割かれている。3章だけでも、まるで小さな書物くらいの分量の記述がなされている。説教者は準備のために注解書を読むだけでも、大変な労苦をすることになる。しかし、ぜひ読んでいただきたい。
　以前、説教塾で「注解書を読むことほど楽しいことはない」と教わったことがあるが、この3章については特にそうである。数冊読むだけでもさまざまな発見が与えられる。黙想を重ねるなかでテキストは新たな響きを奏ではじめ、喜びが与えられるようになる。
　与えられた区分は、3章全体である。実際の講解説教では、より細かく区分して読んだ方が良いと思われるかもしれないが、このように一章全体を説教することによってこそはっきりしてくることがあるように思う。それはこの3章が、福音を語っているということである。いささか沈鬱な内容を語っているようにだけ思われたこの章が、実はそうではないことに、私自身が次第に気づかされていった気がする。
　本黙想の「序論」に、宗教改革者ルターがその晩年に創世記を説教したことが述べられている。ルターはこのテキストから、一体、どのようなことを

聞き取り、説教したのであろうか。そういう想像をしながら読んでみることも宗教改革の500年を記念するこの年に意味のあることかもしれない。

　多くの聖書学者たちが声を揃えるようにして語っていることは、このテキストについての私たちの先入観のようなものがこのテキストの本来の響きを聞き取ることの邪魔になっているということである。少しでもキリスト教の教理の知識を持つ者であるなら、3章を「堕罪」あるいは「原罪」の教理のことを思い浮かべ、そのことを前提にして読んでしまう。しかし、そこで本来、聞き取るべきことを聞き損なってしまうことになってしまうとの指摘であろう。それはここで原罪、罪ということが語られていないということを意味しない。確かにここで私たち人間、そのものが生まれながらにして抱えている罪が語られている。しかし、それを前提にしてテキストを読み込んでしまえば、神の言葉を神の言葉として聞き損なってしまうことになるということである。それゆえ私たちは教理をテキストに読み込むのではなく、テキストそのものに、このテキストの物語そのものによく耳を傾けたいのである。

　まだ若い日に、日本キリスト教会の永井春子牧師が、私の所属していた教会の伝道集会の講師として説教をされた。凛とした語り口に圧倒されたものの、説教の内容のすべてを覚えているわけではない。ただ今でも覚えているのが、その説教がこの創世記3章からの説教であったことであり、またその説教題が「あなたはどこにいるのか」であったことである。それ以来、記憶に刻まれる言葉になった。このテキストからの説教は、この神の呼びかけ「あなたはどこにいるのか」を自分に語りかけられる呼びかけの言葉として聞いてもらうことに、その成否がかかっている。否、神が今も、この私たちに語りかけられるのである。それゆえ私たちは備えて、説教卓に立つことができる。

2　今ここで生きる私たちの罪

　最初に登場するのは蛇である。ここで蛇は、被造物の一つとして、またその被造物のなかで、最も賢さを有する生き物として紹介されている。彼は人間と意思疎通ができる。この蛇の存在は、悪魔（サタン）と名指しされてい

るわけではないが、ここでの蛇は、聖書が他の箇所で語っている悪魔の特質と多くの点で合致していることは確かである。

　悪魔はしばしば私たちを不意打ちにする。それとわかるような仕方で近づいてくることはまずない。蛇が音も立てずに私たちの前に突然、その姿を現して、驚かすように悪魔も、私たちに近づく時、音を立てることはない。悪魔は「光の天使を装う」(Ⅱコリント11:14)。オカルト映画に登場するような悪魔は、本来の悪魔ではない。悪魔の姿が全く戯画化されてしまっているような今の社会の現実を見て悪魔は、ほくそ笑んでいるに違いない。

　蛇は実に賢く、実に巧みに接近し、ついに獲物を捕らえるに至る。はじめに先に語られた神の言葉 (2:16) に疑問符をつけ (3:1)、それに続いて神の善意を否定し、神に背を向けるように促していく。一体、誰がこのような巧妙な誘惑の方法を思いつくであろうか。誰がこのような誘惑を退けることができるであろうか。

　蛇の計略は見事に成功する。4、5節の言葉は、次のような意味の言葉である。「神はただ神のことだけしか考えてはいないのだ。神はただご自分が高くされ崇められることだけを求めているのだ。神はあなたがた人間のことなど何一つ考えてはいない。あなたがたは神にとって価値ある存在、大切な存在ではない。その証拠に神は、人間にほんとうに良きものを与えようとはされていないではないか」。その良きものというのは、「知恵」である。

　人間は知恵深くあること、賢くあることを求めてきた。知恵は大切なもので、良きものである。それは、そのとおりである。しかし、聖書は知恵が人間にとってどれほど、危険なものなのかをも知っている。知恵において人間は「神のように」なる。神に並び立ち、神の上に立ち、さらには神を無きものにする。その結果がどうなったのかということを私たちは知っている。世界も、そこに生きるものもすっかり病んでしまった、その根源的な原因がここにある。それは私たち人間のその出発点にある。また結局は、すべての問題は、神と人間の関係性に、人間の罪の問題に、義の問題に収斂する。

　哲学者の鷲田清一氏は、2017年2月3日の朝日新聞の「折々のことば」に「畏れると恐れるとのちがいを若い人は知っていない」というカトリック

の作家であった遠藤周作氏の言葉を紹介し、こう述べる。

「若い人というより時代の問題なのだと思う。『恐れる』とは、強大な威力を前にして怯え、縮こまること。『畏れる』とは、自分をはるかに凌駕する存在をまのあたりにして震撼し、おののくこと。人々はいつ頃からか、自分を超えたものがなす審判に身をさらすことを拒むようになった。が、そのことで自らに厳しい要求を課すこともなくなった」。

遠藤氏はそれを「若い人」のこととし、鷲田氏は、「時代の問題」とする、しかし聖書はそれをこの人間の出発点に見出していると言えよう。「主を畏れることは知恵の初め」（箴言 1:7）とあるとおり、聖書において本来の知恵は神を知ることにこそある。しかし、人は神の言葉にこそ生きるべきであったが、そうではなく自分の思い、自分の目にかなう仕方で生きることを選びとってしまった。それが神が食べてはならないと言われた木の実を食べたということの意味である（6 節）。使徒パウロもまた神から離れた人間の知恵というものがいかに危険なものであるかを知っていた（Ⅰコリント 1:18–25）。いずれにしても、こうして人は畏れということがわからなくなった。鷲田氏ははっきりと述べているわけではないが、彼が「畏れ」と「恐れ」を並列して述べているのは、人が「畏れ」を喪失するとき、「恐れ」の中に生きるほかなくなるということではないか。

3　不安の正体

この出来事の結果と園の主人である神の審判（法廷）の場面が 7 節以下には記される。彼ら 2 人はもう善だけを知っているのではない。「善」だけではなく「悪」もまた知る者となった。また 2 人は裸であることを知り、それを恥じて、いちじくの葉で覆った。ここでの裸の恥は、互いに対するものではない。これは神に対しての裸意識を意味する（出エジプト記 20:26 参照）。自分が神の前に出ることができない裸の恥ずべき存在であることを知った、だから身を隠すのである。しかし、そこで彼らは正直に神の前に進み出て、その罪を認めて、それを告白し、赦しを神に乞い求めようとはしない。そうではなく、彼らはその恥を自分で覆うことを試みる。それがいちじくの

葉である。

　これは自分で自分を救う、自己救済の試みの象徴と言えよう。しかし、これは神の前に役に立つことはない。それゆえ彼らは園で神の歩く音を聞き、さらに、「どこにいるのか」との神のみ声を聞いた時にも恐れて、身を隠すほかはないのである。

　ブルッグマンは、このテキストに「不安」ということを見、「この物語は不安というものについての神学的論評である」と言う。アダムも女も不安を最初から抱えていた（1節）。そして彼らは、この抱えている不安を神を克服することによって乗り越えようとする（5節）。それこそが知恵の誘惑の正体であった。しかし、それは結局のところ、不安を克服することにはならなかったのである。かえって彼らは自らを恥じ、また「あなたはどこにいるのか」と神から呼びかけられたときにも身を隠す。身を隠すことにも、この不安が現れている。彼らは「自分を肯定し、自分を受け入れることができない」のである。言い換えると、自分に自信が持てない。それは先述した「恐れ」とも関わるのではないか。

　ブルッグマンは、最初から、つまり1節からすでに不安を見ているが、それよりも、禁じられた木の実を食べるということにおいて、不安が生じていると考えた方が良いのではないか。いずれにしても「身を隠す」という行為そのものにこそ、この不安は現れているのである。

　なぜ、不安なのか。それは罪を犯し、神から離れているからである。神との関係が病んでしまっているからなのである。罪の作る「不安」である。このテキストに「不安」を見るということは、このテキストからの説教において大きな意味を持つように思われる。なぜなら、この不安ということは、今日の私たちによくわかる。なんといっても不安なのである。それは個々人の内面においてだけではない、政治や経済、世界情勢においてもこの不安は拡がっている。私たちの生きる今日の社会は、不安社会なのである。そして、多くの場合、私たちはこの不安の正体がよくわからない。正体がよくわからないから余計に不安になる。その解決の道が見出せないまま、途方に暮れて、不安なままに、また、それをなんとか誤魔化しながら、生きているのである。

このテキストは、この人間の根源的な不安の正体を暴く。

さらに2人は、神の問い（尋問）の前に、空しい責任逃れを試みはじめる。「あなたがわたしと共にいるようにしてくださった女が、木から取って与えたので、食べました」（12節）。アダムは、自分の責任を女に転嫁する。それだけではない。この「あなたがわたしと共に……」との言葉は、このような事態に至ったのは神のゆえであると言わんばかりである。罪の転嫁は、あろうことか神にまで及ぶのである。また女は、蛇にこそ責任があると言う。実にみっともない責任逃れの姿であるが、これもまた私たちによくわかることである。テキストは、他ならない人間そのもの、この御言葉を聞いている私たちにその罪の責任があると語る。私たちがこのような状態に至ったのは、私たち自身の責任なのである。悪魔のせいでも、もちろん、神ご自身の創造が原因なのでもない！　「あなたがその人です」（サムエル記下 12:7、口語訳）ということがここで語られている。さらに、もう一つのことがここで語られる必要があるであろう。それは「アダムのせいでも、エバのせいでもない！」と。使徒パウロはこう言う。「このようなわけで、一人の人によって罪が世に入り、罪によって死が入り込んだように、死はすべての人に及んだのです。すべての人が罪を犯したからです」（ローマ 5:12）。

4　審きと恵み

この彼らに対して判決（14–19節）が下される。まず蛇に神は語られ、呪いが宣告される。蛇にはアダムや女にあったような尋問、対話もないままに、いきなり問答無用で呪いが告げられる。そして、驚くべきことに、女にもアダムにも、呪いは一言も告げられない。確かに2人に下された判決は重い。しかし、彼らは殺されてはいないし、呪われもしない。彼らはなお生かされている。猶予が、ある種の保留が与えられる。審きと同時に恵みが与えられる。

女には「お前は、苦しんで子を産む」（16節）と告げられる。それは女として、母としての苦しみである。しかし、女には、母になることが許される。そして、この女はエバ（命）という名前が与えられる。死に値するはずの者

が「命」と呼ばれる（20節）。ここには確かに恵みがある。

アダムにもまた判決が下される。しかし、呪いはアダムをかすめ、地に下される。「お前のゆえに、土は呪われるものとなった」（17節）。アダムはこの土地のために苦しむことになる。土は呪われる、しかし、なお実りを生じさせる。苦労しながらも、そこで生活の糧を得ることができる。

さらに、一つの宣告がなされ、それが実行される。それがパラダイスからの追放である。帰国の道は完全に遮断される（24節）。もはや帰ることはできない。しかし、同時にここにも恵みがある。「主なる神は、アダムと女に皮の衣を作って着せられた」（21節）とある。ここでも恵みが与えられる。

5　不安が平安に

このテキストは、私たち人間の不安の正体が、神との関係から、つまり罪から来ていることが述べられているだけではない。そこから逃れる道が一体、どこにあるのかということもまた語っている。それは神である。神が人間に呼びかけ、語られるということにある。ここでも神は少しも沈黙してはおられない。神がお語りになる、呼びかけられる、ここにこそ救いがある。

このことにおいて、決定的なのは「（あなたは）どこにいるのか」（9節）という呼びかけである。これは探索の言葉であり、招きの言葉である。確かにここで人間はこの神の言葉を聞いて、身を委ねようとはしていない。しかし、ここで終わったのではなく、ここから始まったのである。神は語り、神は招き続けられるということを聖書全体が証ししている。

このテキストはいかにこの解決の道から私たちが逃れて不安の中にとどまり続けるものなのかもまた明らかにしている。

ブルッグマンは現代人の誤った不安への対処の仕方について3つの点から以下のように指摘している（『創世記』104頁以下）。

第一に私たちは自分の意のままになる自由を求めようとすることによって不安から逃れようとする。しかし、そこには境界がない。規範がないために、かえって不安を煽る。

第二に今日の文化は、どんな不安に対してであれ、心理的・経済的、すな

わち表層、うわべだけの対処しかなく、根源的な不安にメスが入れられることはない。

　第三に今日の私たちの社会、とりわけ資本主義社会は私たちの不安を利用することによって成り立っている。消費を促す広告、コマーシャルは、まさに神のリアリティ以外のところに安心があると信じるようにと唆す蛇の誘惑とも似ている。

　説教の課題は、このような人間的なあらゆる不安克服のための努力は、いちじくの葉で覆うようなことでしかないことを語ることでもある。ここでエデンの園に帰る道が遮断されているように、人間それ自身は、どんな努力であれ、どんな知恵であれ、役に立つことはないと説教者はきっぱりと語らねばならない。

　しかし、唯一の道がある。それは全く逆方向の道なのである。人が神のようになる道ではなく、神が人になる道である。それが、主イエス・キリストの道である。「わたしは道であり、真理であり、命である」（ヨハネ14:6）とお語りになられた方の道である。ただこの方においてだけ、不安は消える。否、不安は消えるだけではない、不安は平安に変えられる。イエス・キリスト、この方が、私たちのすべての罪を担って十字架にかかられ死なれることによって、神と私たちの間に和解が成し遂げられたのである。そして、私たち罪ある者は、ただこの方によって、この方を信じることによって義と認められる。アダムとエバに衣を着せられた神は、私たちがイエス・キリストの義の衣を纏うことをお許しになられる。キリストがしてくださったことを、私たちはあたかも自分のしたことでもあるかのように身に纏うことに招かれる。

　「あなたがたは皆、信仰により、キリスト・イエスに結ばれて神の子なのです。洗礼を受けてキリストに結ばれたあなたがたは皆、キリストを着ているからです」（ガラテヤ3:26–27）。

　地上にある限り、私たちの不安は完全にはなくなることはない。不安は残り続ける。しかし、だからこそ、私たちは洗礼を受けて教会に連なり、説教の言葉を聞き、神を賛美する礼拝に繰り返し生きる。ここで福音を聞き、信

じて生きる。そこですでに私たちは根の部分で不安ではなく平安の中に生き始めている。

やがて私たちは終わりを迎える。その時には私たちは全き平安をいただく。そこでも私たちは、「白い衣を身に着け」神を賛美する（黙示録7:9）。黙示録では、この白い衣を着た人たちはどこから来たのでしょうかと尋ねられ、その問いに対してこう答えられる。

「彼らは大きな苦難を通って来た者で、その衣を小羊の血で洗って白くしたのである。……玉座の中央におられる小羊が彼らの牧者となり、命の水の泉へ導き、神が彼らの目から涙をことごとく　ぬぐわれるからである」（黙示録7:14-17）。

このテキストははじめである。しかし、すでにここに終わりがある。キリストは、私たちが不安の中にとどまることをお望みになることはない。それゆえ、羊飼いであるキリストは、道に迷い、不安の中にいる1匹の小羊を今も探される。「あなたはどこにいるのか」と。

参考文献

関根正雄『創世時代講解』（関根正雄著作集13）新地書房、1984年

W. ブルッグマン『創世記』（現代聖書注解）向井考史訳、日本キリスト教団出版局、1986年

榊原康夫『創造と堕落』小峯書店、1973年

W. リュティ『アダム　教会のための創世記講解1』宍戸達訳、新教出版社、1972年

創世記　4章1-26節

高橋　誠

テキストに響くもの

「この聖書のテキストが持つ〈現実性〉は、すぐ認識することができる。このふたりの兄弟の間にある緊張関係は、まさしく今日……ますます危ういものとなりつつある問題、世界的な広がりを持った、人間が共に生きるということが孕む問題にぴったり対応しているということを認識しさえすればよいのである」（C. バルト、『説教黙想集成 1』〔以下『集成』〕258 頁以下）。今日的なニュースに触れる時に肌身に感ずる人間の困難と原罪を重ねて見せる物語と言える。ヴェスターマンはこう言う、「人間が罪人であるということは、第 3 章だけではなくて、むしろ第 3 章から第 4 章とのつながりにおいて、初めて語り得るものなのである。……堕罪の物語そのものとして、第 3 章を第 4 章に対立するものとして、際立たせたり、これを孤立させることによって、教会の教えにおいても、その実践においても、『罪』が、広く一面的に、個人的なものとしてしか理解されないことになってしまった」（『集成』168 頁以下）。第 3 章における罪が、人間の内的な原理として受けとめられてしまい、そのために、聖書が語る人間の共同体における罪を十分に受けとめてこなかったのである。そのことは、教会において個々が抱える罪をクローズアップし、教会共同体がお互いに取り組むべき関わりにおける罪を後退させてきたということにもなっている。共同関係における困難を罪と見る

ことによって、私たちを囲む世界がこの物語の中に見えてくるようになる。

人間の関わりはアダムとエバの物語から説き起こされるが、そこでのアダムの心の底からの「ついに、これこそ　わたしの骨の骨　わたしの肉の肉」(2:23) というラブソングは、兄弟の関わりには見出されない。この歌の有無は、恋愛する男女の惹かれ合う関係と兄弟の主体的で積極的な意志が要求される関係の対比を読み取ることが許されるだろう。兄弟との共同は、見かけ上はあってもなくても良いもののように思われ、そのためにある場合には他者は邪魔にすら思われ得る。

そうした意味で、見かけ上選択的な兄弟との関わりは、どこか重々しい側面を持っている。本来、共同の喜びは人間の深い喜びであり、詩編133編のような歌も生じうる。しかし、4章では兄弟の歌は見出されず、むしろ、響き始めるのは、レメクの復讐の歌である。自己防衛と復讐を歌う情熱こそが、文化も技術も支配するものとなっていく。兄弟の和合の喜びは、それほど簡単な問題ではないのである。3・11の直後に頻繁に語られた〈絆〉は、もはやそれほど語られない。「絆が重たい」というような言葉も耳にしたが、たしかに他者との共同関係は、人間にとっていつも重々しい課題という側面を持っている。ボンヘッファーは、「キリスト者にとって、彼が［ほかの］キリスト者との交わりの中で生きることを許されているということは、決して自明的なことではない」(『共に生きる生活』4頁)と言う。つまり、共同関係の重々しい課題は、教会の交わりについても言いうるものなのである。

とは言うものの、人間は共に生きるように規定されている。反目し合う人間の中で、ただ一つ明るい響きを立てているのは、神の語られる「いや」(15節) である。他者の命をいつくしむ神がそこにあらわれている。命の尊厳を守る「いや」こそが、傷つけ合うかもしれない兄弟が住まう都市を真に支えるものなのである。命を徹底的に支える神を知るためには、聴き手がカインの系図に自分自身を見出す必要がある。その系図に自分自身を発見しないところで、神の恵み深い「いや」が、ほんとうの強さをもって聞こえてはこない。

この箇所を味わい深く読むための一つの注意点は、アベルの敬虔を顕彰す

ることに夢中にならないことである。敬虔な弟の陰にカインを隠してしまい、カインとしての人間存在をまじめに考えなくなるとすれば、創世記が告げる意図を読み損ねることになる。ヴェスターマンがこのことを指摘している。彼は、新約のカインとアベルの物語についての言及（マタイ 23:35、Ⅰヨハネ 3:12、ヘブライ 11:4、12:24）が、後期ユダヤ教のラビたちによる解釈の伝統の影響下にあり、義人アベルと反逆者カインとの対比という神学的図式の中に組み入れられていると言う。その上で、これは特にキリストの教会らしい解釈であるとは言えないと言う（『集成』192 頁）。さらに「教会の伝統は、どちらかと言うと、あるいは完全に排他的に、神と向かい合う人間を語ってきており、カインでもありアベルでもある人間を語ることは少なかった」（『集成』193 頁）と言う。ヴェスターマンの言う敬虔主義的に義人アベルを模範として語ることはしばしば起こることで、それによってほんとうは逃れようがないほどに人間に広く深く巣くうカイン性を真剣に受けとめなくなる傾向については留意すべきだろう。（新約との関連は『集成』197 頁以下でイーヴァントを参照。）

　この部分を説くために以下の構成を提案する。
　1　兄弟の関わりに忍び込む罪。
　2　カインの示す人間像。
　3　悔い改めぬ人間につけられたしるし。

　1　兄弟の関わりに忍び込む罪
「創世記のこれら初めの方の数章は、『支配』を主題として、徐々にそれが堕落していくことを扱った戯曲を提供しているのである。創世記 1:28 では、一組の男と女は植物や他の被造物に対する支配権を持つものとされている。……3:16 の無秩序で苛酷な世界では、男が女を支配している。そして今や、この憐れむべき、拒否された男が、自分自身で責任を負うのである。彼には、門口で待ちうけている獣を馴らす能力はある」（ブルッゲマン『創世記』112 頁）。
　そうすると、支配すべき領域は章を追うごとに、被造物、向かい合う人、そして自分自身の心といった形で、狭められていきつつ決定的な一点、つ

まり支配の劣化の起点を、人との関わりの中で動く自分の心と特定している。要するに、問題は他の被造物ではなく、自分自身の心なのである。自分の心を支配しないから、他者を隷属的に支配しようとし、同じ心で自然を破壊してしまうのである。神経細胞のどれか一つが行う選択とも言えるかもしれないが、その小さな一点に作用する悪を支配することができない。それが行為となって広範な影響を及ぼす。この小さな一点における支配の破れがつくり出すものは、決定的なのである。イーヴァントはこう言う、「この泉から、恐るべき血の流れが何百年もの歴史を通じて流れているのであって、それはいつも繰り返して、兄弟殺し、戦争、革命、死をもたらすような憎しみによって、その流れを増大させる。この流れはその両側に、傲慢な世界国家が並び立っているような流れである。ここにこそ世界国家を形成し、その国家を営んでいく出来事の源泉があるのである」。ポピュリズムは、単純な人間の感情を政治的に体現してしまうが、それは戸口の罪を招き入れてしまうような、つまり支配されない心が、選挙を通じて世界を支配する構図になっていると言える。投票所のついたての中での、人前では語れぬ、小さな、しかし揺るがぬ心の動きがなす選択が、なんと殺伐たる世界を描き出すことであろうか。

　こうした泉を抱えたカインの心は、その思いを明らかにしないまま、弟に語りかける言葉を作る。カインが何を語りかけたかはわからないが、弟を野原にいざなうものであったことは明らかである。「花を見に行こう」、「美しい景色がある」と言ったのかもしれない。あるいは、「飼っている羊が危ない目に遭っている」と言ったのかもしれない。弟がついてくるのであるから、少なくとも何か魅了したり、合理的に納得させたり、弟にとって何らかの価値を宿す言葉だったに違いない。とにかく、横車を押すように弟を引きずっていったのではなかった。

　言葉を尽くして人の目から隠された殺人の野原へと弟をいざなうというのは、人間の言葉のありようを語っている。美しい何か、相手を納得させる何かの裏側に殺意を潜ませた言葉を人間は語るのである。それは表面にだれにでもわかるように相手への悪意がにじみ出ている言葉ではなくて、美しい言

葉、あるいは合理的な言葉であるかもしれないのである。結局、言葉が事実となったそのときに相手を陥れ傷つけるという種類の言葉をカインは語るのであるが、それは私たち自身が語っている言葉の、ぬぐい得ない一つの性質を語っているものなのである。

　ヨハネの教会でもそうである。すぐ側にカインを見ていた。ヨハネは教会に対し「神の子たちと悪魔の子たちの区別は明らかです」（Ⅰヨハネ3:10）と言い、この区別を兄弟への愛だと明示する。改めてなぜ明示が必要かといえば、「カインのようになってはなりません。彼は悪い者に属して、兄弟を殺しました」（同12節）というように、実に教会の人びとの足下にカインになる危険がいつも存在しているからである。そういう意味では、ヨハネが語る神の子は、キリストにしっかりと捕らえられたかつてのカインである、と言うことも許されるのではないだろうか。

　ヨハネの教会ではたびたび実際の殺人が起きたというわけではないだろう。問題は教会に交わされる言葉であり、カインの言葉を語る者が現れるという問題であるだろう。言葉を交わしてたどり着くところが、何らかの意味で血が流されている地点という種類の言葉は、思いのほか多いのではないかと思う。ヤコブの手紙3章1–12節を見れば、1世紀の教会で言葉がどれほど人を悩ませたかはよく読み取れる。こうした言葉の問題は、私たちの教会の問題であって、裏側に相手への殺意を隠したカインの言葉の危険は私たちにも存在する。コリントの信徒への手紙一13章でも、4節以降に愛の姿が列記されるが、肯定表現の「愛は忍耐強い。愛は情け深い」のあと、否定表現で語り始める最初のものが「ねたまない」である。当時の教会がねたみから自由ではなかったことを物語るものと言ってもよい。物語は教会に行き交う一見正しい言葉の背後に潜むものに光を投げかけているのである。

2　カインの示す人間像

　ブルッゲマンは、カインという名が母エバが子供を得たときの賛美の言葉、カーナー（得ること）に由来していると言う。彼によると、「カインは喜び祝われた者であり、存分に気にかけられている」者で（『創世記』108頁）、

アベルの名の「空気、無」との対比もなしている。

　カインは、耕して得る人である。「牧畜生活から農耕生活への移行は、彼らの政治、社会、宗教の各生活面にほとんど革命的な変革を招来した。生活水準は高まり、非常に多彩な食物を楽しむことができるようになった」（『新聖書大辞典』「農業生活」の項）。こうした変化の中で、母の歌った喜びの歌が、彼においては変質したのではないか。母の歌にある「主によって」が失われ、ただ「得た」という言葉で自分の人生を語るようになる。「主によって得た」は、《主に与えられた》と言い換えることもできるが、彼においては、そう言い換えられない、単に得ることだけを注目する生き方へと変質した。自分の人生に何かを与える主体は認識されなくなり、人生はただ自分で得ることだけが問題になるようになる。「現代に濃厚に見られる子は自分が造るものという考えが既にここに現れたとすれば興味深い」（加藤、『集成』157頁）。行為が得るものと直結する。そうすると、得て多く集めることが人の力を表すものとなる。実際にそうしながら、実は物を得て集めることは、愛を集めることの代用物なのではないか。人ひとりが生きるための物は、さほど多くはない。余剰分は、その人の誇りの証となる。一生かかっても使い切れないほどの金や物に囲まれつつ、なお熾烈な競争で新たに獲得しようとするのは、人々からの賞賛を獲得し、周りからひとかどの者と認められるためである。誇りを満たすことが、自分の人生そのものとなる。愛を集める人カインは、案外私たちの姿なのである。

　こうした姿は、現代のSNSなどの関わりに如実に現れる。リアルな生活が充実するという意味で「リア充」と呼ぶ。自分で充実した生活を謳歌するのみならず、それを他者に向けて発信する。ほかの人に自分の充実を認知されて、ほんとうの意味での充実となるといったところに、充実が人との関わりにおける誇りとつながっていることが見えている。単に一人で何かを得て喜ぶことでは満たされないのは、成功や充実が愛に価値が変換されることを求めるからである。SNSで他者の幸福な姿を見ることによって抑鬱状態になると言われる。それが苦痛なのは、他者への賞賛によって自分がスポットライトの影に入り込んだと感じるからだろう。そこでは、自分がすでに十分

持っていることはその人を満足させない。今得ることが問題となる。こういう愛のむさぼりというべき姿は、多くの人のものなのではないか。

カインは得て、多くのものを持つ者であるにもかかわらず、「空気、息」という名のアベルをねたむ。カインがアベルを、すなわち、持てる者が持たない者をねたむのである。今の世界のありようを射貫くもので興味深い。

カインが考える《獲得の道筋》は、自分の能力を遺憾なく発揮して得ることである。一方、アベルの道筋は、持たざる者が神の祝福に与る《恩寵の道筋》である。カインには得るに理由があり、アベルにはない。アベルには神の自由に基づく恵みとして付与されるのである。しかしそのことは、カインの考える獲得の道筋からすれば、得るべき理由もない者が祝福を獲得することで許せず、複雑な感情を腹に抱え込むことになる。

世界に存在するねたみも、これと同じ構図である。一般的には、持たざる者が持てる者にねたみを抱くというふうに考えるのかもしれない。しかし、持たざる者が持てる者に求めることは、ねたみというよりも正当な要求である場合が多いだろう。難民、移民を受け入れることは、そうした人々もまた正当に生きる権利を持っていることを承認することである。現実には、持てる者が自分の既得権を守るために、持たざる者に対して自らを閉じる。そして、持たざる者が何かを得ることをとても不当なことのように扱う。聖書は、これをこそねたみと言う。「あなたのあの息子が、娼婦どもと一緒にあなたの身代を食い潰して帰って来ると、肥えた子牛を屠っておやりになる」（ルカ 15:30）というルカが伝えるあの兄の不満は、カインのねたみとぴったりと重なっていて、一貫して本当のねたみが既得権を持つ強者のものであることを教える。真実の人間の姿は、次の通りである。「あなたをほかの者たちよりも、優れた者としたのは、だれです。いったいあなたの持っているもので、いただかなかったものがあるでしょうか。もしいただいたのなら、なぜいただかなかったような顔をして高ぶるのですか」（Ⅰコリント 4:7）。これは、「わたしは主によって……得た」（創世記 4:1）ことを忘れる誇る人間の傲慢であり、自分らの存在の理解における錯誤である。

3 悔い改めぬ人間につけられたしるし

　カインは神に「弟……は、どこにいるのか」と問われ、知らないと答える（9節）。流された血は大地に呑み込まれ、分解され、自然の循環の中に解消すると考えている。自分のねたみの結末も土に還ると信じしらを切る。しかし、神ご自身は「何ということをしたのか」（10節）とその行為がいびつだと言明なさる。カインのねたみの結末は、それがまるで、人間がつくり出した化学的な合成樹脂がごみとなっても、自然の循環によっては解消せずにいつまでも残るように、アベルの血を大地は分解し尽くさない。ねたみと殺意は人間が持ち込んだものであり、神の創造された世界には不適合な異物だからこそ、不当さを訴える神への叫びとして残る。所詮人間は血を流すものであり、単に「約束をすることが許されるような獣」（ニーチェ）であるとすれば、カインのねたみも土に還るということになるのだが、アベルの血の叫びの残響は、人間が獣以上のものであることを語るのである（イーヴァント、『集成』199頁）。

　カインは悔い改めない。「自分の罪の責任というよりも、罰そのものについてより大きな苦悩を感じ取っただけなのである」（ルター、『集成』201頁）。この罪の深刻さを受けとめないまま都市は築かれていく。そこでは、得て蓄えた力で既得権を守り、弱者のささやかな権利をねたんで圧迫する。それゆえに不安定さを孕みつつ都市は築かれていくことになるのである。

　しかし、他者を殺し自分を悲しむことがない人間に、神は自ら「しるし」（15節）をつけられる。このしるしの機能には2つの側面があり、1つはカインの罪を明らかにすること、もう1つはカインに対する神の庇護である（ブルッゲマン『創世記』117頁）。呪いのしるしでもあり、守りのしるしでもある。このしるしをもって、つまり、神の呪いのもとでカインは他の人間の呪いを免れる。神の呪いには救いが混ざり込む。神は命の創造者としての責任を放棄することがおできにならない。「あなたは憐れみをかけてはならない。命には命……を報いなければならない」（申命記19:21）という言葉から、読む者はカインの血が注ぎ出される番だと考える。しかし、神は人間の暗い想像をよそに「いや」（15節）と言われる。報復律は人間同士に必要である

としても、創造者としての神はどこまでも命に傾斜なさっていることがこうして明らかになる。「しるし」は、報復を上回る命の尊厳という原理を指し示す。報復を主たる支配原理として人間存在は描き得ないからである。ただ神おひとり、断たれていく人間同士の関わりを、つなぎ止めようとされている。本当に都市を成立させるのは、「主の御名を呼」（26節）ぶことである。主を呼ぶ教会は、都市の真ん中に位置し、命を軽んじ合う都市の人々をつなぎ止めるのである。

参考文献
加藤常昭編訳『説教黙想集成1』教文館、2008年
W. ブルッグマン『創世記』（現代聖書注解）向井考史訳、日本キリスト教団出版局、1986年（文中は周知となった「ブルッゲマン」で表記した）
C. ヴェスターマン『創世記Ⅰ』（コンパクト聖書注解）山我哲雄訳、教文館、1993年

創世記　6章1-22節

徳田宣義

　創造者たる神に向かって、この世界と被造物とを保持しなければならぬという任務を負わせることは、全く不当である。
（熊野義孝『熊野義孝全集第7巻　教義学　上』
新教出版社、1980年、422頁）

　キリストは、窮状に陥った人間に、神ご自身が手を差し伸べてくださった究極の打開策であり、人間はただそれを感謝をもって後から発見することができるだけである。
（芳賀力『神学の小径Ⅲ　創造への問い』キリスト新聞社、2015年、147頁）

テキストの射程
　米国に新しい大統領が誕生した（2017年）。身勝手な言動が続いている。メキシコとの国境に壁を建設すると宣言し、その費用をメキシコに負担させると迫っている。また、テロの懸念のある国を名指しし、その国民の入国を当面禁じ、難民の受け入れも一時停止中である。なぜこのような事が起こるのだろうか。
　内戦の出口がみえない国々がある。難民の流出が深刻である。難民や移民の問題は世界の経済と政治に影響を与える。仕事が奪われるという不安や

治安が悪くなるという心配が、排他的な態度を一部の人々にとらせている。人々の懸念と不満と神が望まない排外主義、ナショナリズム、ポピュリズムが結びついて、対決的な大統領令を連打する新大統領を生んでしまったのである。

　米国だけではない。世界各地で、人々の願望や憂慮に訴え、対話よりも対決を選ぶ急進的な反移民感情や排外主義が吹きあれている。人々の恐怖心をあおることで自らを利そうとする政治家の責任は重い。極論だけで話をすすめる先に建設的な明日はない。

　蔓延している一方的な自国第一主義の奥にあるものを見つめる必要がある。そこには、独善的なおごり高ぶる姿勢がないだろうか。自分たちだけが純粋で偉大であると声を張り上げていないだろうか。損か得かという感情がないであろうか。もし、そうであれば、自国第一主義の正体は、自分第一主義なのではないだろうか。自国第一、自分第一とは、国家や自分を崇拝する偶像礼拝なのではないだろうか。

　神の願われた世界の姿は、ここにはない。当該箇所の「堕落」という言葉には、「変質、変性、腐敗」という意味がある。神がよしとされた世界は、我々人間の自分第一主義の罪によって変質、変性、腐敗した。堕落し、神の秩序のみえない世界の中で、我々はどうやって生きていったらよいのだろうか。壁の建設や排外主義や国粋主義とは、自分の都合のよい者たちだけを守ろうとする現代に建造されたハリボテの箱舟のようである。

　我々はどうなのだろうか。生活の改善程度の安価な救いを喜び、じっくり考えることなく利害関係の中で動き、気に入らないものを仲間から外す、隠れトランプになっていないだろうか。我々は、自国第一主義、自分第一主義をきちんと乗り越えているだろうか。神が心痛める国を、社会を、職場を、家庭を形成することに加担していないだろうか。

　創世記1章31節に「神はお造りになったすべてのものを御覧になった。見よ、それは極めて良かった」とある。神が、良いものとして創造してくださった一つ一つのものは、人間の手によって、どうなっており、どうなってしまうのだろうか。それがここでの中心問題である。

1-4節　洪水物語の序曲

　神話的エピソードがもとになっているといわれている。「ヤハウェ以前の宗教史的背景を持つネフィリーム伝説が凝縮され、手を加えられて原初史に加えられたとき、その元来の意味は一変した。なによりもまず、洪水物語の直前に置かれることにより、その伝説は人間に対する神の審きを語る洪水物語の序曲を奏る挿話になった」（月本昭男『創世記Ⅰ』199頁）、それが1-4節である。このように洪水を招来せずにはおかなかった地上の罪の実際を、ネフィリムの伝説に重ね合わせ、ノアの物語の前書きとしたのである。

　「神の子ら」（3節では「人」と言い換えられる）は王のような権力者と考えられている（月本昭男「創世記」『旧約聖書Ⅰ　律法（上）』岩波書店、2004年、15頁）。「妻」は原文では「妻たち」という複数形である。「自分たちが選り好むものをすべて妻にめとった」（同書14頁）と訳すことが可能である。神があわせたもう愛による一対一の結婚ではない。「これこそ　わたしの骨の骨　わたしの肉の肉……こういうわけで、男は父母を離れて女と結ばれ、二人は一体となる」（創世記2:23, 24）という愛し合う夫婦になったのではない。自分たちが気に入った女性をすべて妻にめとっただけなのである。問題は、「神の子ら」と呼ばれる者たちの一方的で横暴な態度によって、神の創造の秩序が叩き壊されていることにある。

　神の霊が宿っていなければ、人間存在はどのようになるのか、バルトが次のように記している。「神がご自分の霊を人間の中に住まわせることをそれ以上なさらない時には、（人間が）息をすることと生きること、からだの精神としての人間の存在は終わるのである。その時には彼（人間）は、もともと自分がそこからとられた土に帰らなければならない」（K.バルト『創造論Ⅱ/2』新教出版社、1974年、352頁）。我々は、神に造られた人間として、自らをわきまえ把握している必要がある。楽園を追われてもなお神のようになろうとする人間に対して、神は、120年という限界を与えられたのである。

5-7節　人の心と神の御心

「人の悪」は、エデンの園における最初の人間の悪からはじまり、カイン、レメク、そしてネフィリムを含めた、それまでの人間の行為全体を指す。したがって、「悪」とは被造物が神の被造物たることを拒むことであり、神を神として崇めることを拒むことである。そのような人間が、心に思い計ることは、常に悪いこととなる。神は、御覧になって、人を造ったことを後悔され、心を痛められた。神の造られた世界は、神の望まれた将来とは全くかけ離れてしまった。それゆえ、「見よ、それは極めて良かった」（創世記1:31）とご自身が創造された人と地上の動物とを、神は心痛と共に「ぬぐい去ろう」と決意されるのである。

8節　しかし、ノアは主の好意を得た

この箇所以前に、ノアの人物描写はない。5章29節に名前があるだけである。したがって、ノアの選びは、神の「好意」としか説明することはできない。神は、洪水に先立って、救いの業を開始されるための端緒となるひとりの人間を探し出しておられたのである。

9-10節　ノアの物語

ノアは、「神に従う無垢な人」だと記されている。「従う」とは、神とのあるべき関係に生きているということである。「無垢（タミーム）」は、犠牲の動物に用いられる言葉である。「完全な、非の打ちどころのない、傷のない」ということであり、「神の『道』やヤハウェの律法はタミーム（詩18:31、19:8）であり、アブラハムやイスラエルの民には『タミームであれ』（創17:1、申18:13）と命じられ」（月本『創世記Ⅰ』225頁）ている。神によって受け入れられる状態という意味がある。「神と共に歩んだ」は、「神と一緒に生活した」ということである。

自由なる愛を本質とする神は被造物なしに働くのではなく、被造物とともに働くことをも欲しておられる。ノアは、自分が被造物であることを受け入れ、神を神とする信仰に生きた応答性に富んだ人間であったのである。

11-13節　神は御覧になった

「堕落」は、ノアの物語に7回使われている。ここでは「変質、変性、腐敗」という意味で用いられている。「破壊されている」とも訳すことができる。「不法」とは、人間の守るべき社会の秩序の破壊のことであり、暴力という意味もある。神の制定された秩序を打ち壊すことは、神に造られた地上が本来の姿を保てず、崩壊するということである。

すでに5節において「御覧になった」とあったが、この12節の「神は地を御覧になった。見よ、それは堕落し、すべて肉なる者はこの地で堕落の道を歩んでいた」という言葉は、創世記1章31節にある6日間の創造の締めくくりの言葉「神はお造りになったすべてのものを御覧になった。見よ、それは極めて良かった」はっきりとした対応をみせている。神がなさることは良かったのであり、神から離れた人間がしていることは、「堕落し、不法に満ちていた」（11節）のである。

そして、神が、「見よ、それは極めて良かった」と言われたとき、「良くない」と言われた唯一の事柄があった。アダムが一人でいることであった。「人間は交わりの存在として造られており、他者との関係において存在するように望まれている」（アリスター・マクグラス『神学のよろこび』芳賀力訳、キリスト新聞社、2005年、108頁）のである。しかし、我々人間は、神との関係を毀棄し、隣人との関係を引き裂き、自然や動物との関係を壊し、「見よ、それは、極めて悪かった」という状況へ転げ落ちている。そこで現れたひとつの傾向が、自国第一主義であり、自分第一主義なのである。

この地上は、人間の愚行によって変質し、神が意図された形態から遠く離れてしまっている。暴力行為と不法が横行したところでは、強いものがのさばる。人との関わりを意味する結婚、家庭、市民社会、国家間等における共同体が問題となっている。それだけではない。経済的利益優先の乱開発、地球温暖化や酸性雨は人間が手をくだしたことで起きている。

川上弘美という作家が、朝日新聞に次のような文章を記している。

研究者に「ＡＩ（人工知能）のいちばん怖いところは、どこですか」と聞いてみたことがあります。「ＡＩに《地球にいちばんいい環境とはなにか》を考えさせると、《人類が最も悪影響を及ぼすので、排除しよう》という結論になることです」との答えでした。
　　　　　　　　　　　　（川上弘美「ありえない幸運、よりよく生きたい」
　　　　　　　　　　　　　　　　　　　　『朝日新聞』2017 年 1 月 1 日）

　ＡＩでさえ、我々人間が、神から委託を受けた被造物の世話役として、失格だと判断している。熊野が「昔は偉大な王者がその領地に向かって自身は赴かないで、彼の『像』をもってその勢威を示したように、人間は神の至上の権威を表すものとして地上に置かれた」（『熊野義孝全集第 7 巻　教義学　上』503 頁）と記しているように、我々人間は神の像に対応して創造され、神の言葉に応答する神の相手として創られていたのである。それにもかかわらず、我々は、どれだけ神を傷つけ、その栄光を毀損していることだろうか。神が「滅ぼす」とお決めになったものが、実質上すでに神との関係を引き破り、人との関係を歪ませ、生態や環境に対する責任も負うことができず、なにひとつできないまま自滅へ向かっているのである。しかし、神はノアを用いて世界の再生を図ろうとされるというのである。

14-16 節　建造命令
　箱舟建造の命令には、その寸法や構造において、エルサレム神殿、とくにエゼキエルに示された新しい神殿の幻との対応が見てとれる。「エルサレム神殿のイメージを下敷きにしている」（月本『創世記Ⅰ』215 頁）のである。「おそらく、これは 13 節の神の言葉の終末論的響きと無関係ではない。13 節は、洪水物語に預言者の終末論的言葉遣いを添えることによって、この物語を太古の物語としてではなく、そこに常に起こりうる世界の破滅の雛形としての意味を与え、現在化したのである。そしてこれを受けて 14–16 節は、箱舟に神殿を暗示させることにより、エゼキエル的な意味において、そこに破滅からの救済と回復の象徴を指し示そうとした」（同 231 頁）のである。

正確な数字の背後には、神のなさることは、具体的で現実的であることが示されている。

17-21節　洪水の告知と乗船命令
「天地創造の秩序は、光をあらしめ、光によって時間を（空間をではなく）光と闇に『分け』、光を昼と、闇を夜と『名付ける』ことから造り出された秩序であった（創世記1:3-5）。それで夕が来て、朝が来る。『これが一日である』。その次に空間の分割（秩序づけ）が行われる（創世記1:6-10）。天の蒼穹をもって、上の水と下の水が分けられる。次に下の水が一つところに集められて、『乾いた所』が現れる。この乾いた所、すなわち『地』が、『すべて肉なるもの』の生きる場所である。

この秩序を、人の罪のゆえに、神御自らが棄却したもうたのが、ノアの洪水であった」（大住雄一「救済と創造」『神学』73号、2011年、39頁）。

天地創造から「見よ、良かった」と言われる創造の秩序が崩壊し、創造以前の混沌に戻ろうとしている。世界から、創造のめぐみが取り去られること、それが裁きである。

「契約を立てる」は、契約を確実に実行するということである。この文章は、9章9節の「契約締結」を先取りしている。神は、ノアに洪水による破滅からの救済を約束された。箱舟建造命令に従うことは、神の約束を受け入れることを意味した。ノアが箱舟に入るのは、単に生き延びるためではなく、新しい時代のために神の約束をもたらすためである。神は、命じることにおいて救済する。神が命じ、救済へ導く。一人によって、多くのものが救い出されるのである。

人間の生活の諸相が救済の中に組み入れられ、ともに箱舟に持ち込まれる。そこには、労働、家族、動物、食糧のすべてが含まれる。神は、我々のことを、このように御心に留めてくださっている。洪水による大地の破滅から生き延びるためだけではなく、「共に生き延びるようにしなさい」と共生関係が語られているのである。

22節　命じられたとおりに

　ノアが用いられ、人類は滅亡を免れた。つまり、神の言葉を聴く神に忠実な人が、この世界にいるということが、全人類にとって重要な意味を持つということである。この国でキリスト者として生きる我々の存在には、まことに深い意味が与えられていることがわかる。家庭の中で家族を、職場の中で社会に仕える働きを、社会の中で人々を「人の悪」（5節）、「堕落」（12節）、「不法」（13節）から守るために、たとえ一人であったとしても神の言葉に生きるノア的存在へ我々も召されているのである。

　神が非常に重要な任務をひとりの人に与えられたことも意味が深い。「一人の従順によって」（ローマ5:19）もたらされたという神のさらに偉大な救いと一致する。我々のことで心を痛まれる神の御心は、こうしてご自身の受肉にまでいたる。すべてを創られた神は、我々人間の思いで腐敗した世界を、主イエスの死と復活をとおして救い出されるために行動を起こしてくださったのである。

　「永遠の生命が個人の完成であるとすれば、神の国は世界の完成である」（佐藤敏夫『キリスト教神学概論』新教出版社、1994年、305頁）。創造と救済の完成は、主イエスと結びついている。したがって、この世にキリストの体が存在していることに、我々は希望を見出すことができる。教会とは、この世にありながら、この世の考えにではなく「自分の信頼と希望をキリストの十字架と復活にかけ、聖霊にかけ、再臨にかける者たちからなる不思議な集団」（芳賀、前掲書371頁）である。我々を救いに導く箱舟があるとすれば、それは間違いなく教会である。神は救いの喜びの知らせのために証言者たちを集められ、教会を創造された。我々は、この世界に対する神の贖いのしるしとされているのである。

参考文献

『ハイデルベルク信仰問答』竹森満佐一訳、新教出版社、1961年

カール・バルト『われ信ず』桑田秀延訳、角川書店、1950年

R. B. ヘイズ『コリントの信徒への手紙 1』（現代聖書注解）焼山満里子訳、日本

キリスト教団出版局、2002 年

George W. Coats, *Genesis with an Introduction to Narrative Literature*, Eerdmans, 1983.

月本昭男『創世記 I』（リーフ・バイブル・コンメンタリーシリーズ）日本基督教団宣教研究所、1996 年

関根正雄『創世時代講解』（関根正雄著作集 13）新地書房、1984 年

G. フォン・ラート『創世記　私訳と註解　上』（ATD 旧約聖書註解）山我哲雄訳、ATD・NTD 聖書註解刊行会、1993 年

W. ブルッグマン『創世記』（現代聖書注解）向井考史訳、日本キリスト教団出版局、1986 年

C. ヴェスターマン『創世記 I』（コンパクト聖書注解）山我哲雄訳、教文館、1993 年

野本真也「創世記」、『新共同訳　旧約聖書注解 I』日本キリスト教団出版局、1996 年

及川　信『ノアとバベル物語　説教と黙想』教文館、2012 年

イェルク・イェレミアス『なぜ神は悔いるのか』関根清三・丸山まつ訳、日本キリスト教団出版局、2014 年

芳賀　力『神学の小径 III　創造への問い』キリスト新聞社、2015 年

創世記　7章1-24節

井ノ川　勝

「ノアの洪水物語」はわれわれに何を語りかけるのか

　「ノアの洪水物語」は過去の物語ではない。「現代に語りかける物語」（左近淑『現代に語りかける旧約聖書1・2・3』ヨルダン社、1975、1980、1986年）である。ノアの洪水の出来事は自然災害ではなく、神の審きの出来事である。それ故、カルヴァンは「全人類がそのよこしまと悪とをもって断罪されることは明白であり」、「毎日毎日洪水が必要であろう」（カルヴァン『旧約聖書註解　創世記1』182頁）と語る。大木英夫はノアの洪水の出来事を「終末論的出来事」（大木英夫『終末論的考察』中央公論社、1970年、27-66頁）であるとし、神からの警告として捉える。現代社会、人間の罪が生み出す洪水は、人間の魂の内面にまで及び、瀕死の状態を生み出している（大江健三郎『洪水はわが魂に及び』新潮社、1973年）。詩編詩人、ヨナが叫ぶがごとしである。「神よ、わたしを救ってください。大水が喉元に達しました。わたしは深い沼にはまり込み　足がかりもありません。大水の深い底にまで沈み　奔流がわたしを押し流します」（詩編69:2-3、ヨナ書2:4-7）。「喉」（ネフェシュ）は「魂」という意味である。

　一般に「ノアの箱舟物語」「ノアの洪水物語」と呼ばれる。しかし厳密に言えば、「神の箱舟物語」「神の洪水物語」である。主人公はノアではない。ノアはひと言も語らない。神が語られ、神が御業を行われ、神が心の内

面までも注がれている。神が神であられるとはどういうことかが主題である（W. ブルッゲマン『現代聖書注解　創世記』149頁）。神は破滅をもたらすことができるが故に、神こそが救いをもたらすことができるのである。

「神の箱舟物語」を囲む大枠は、神の内面の言葉である。「主は、地上に人の悪が増し、常に悪いことばかりを心に思い計っているのを御覧になって、地上に人を造ったことを後悔し、心を痛められた」。「わたしは人を創造したが、これを地上からぬぐい去ろう。人だけなく、家畜も這うものも空の鳥も。わたしはこれらを造ったことを後悔する」（6:5-7）。「人に対して大地を呪うことは二度とすまい。人が心に思うことは、幼いときから悪いのだ。わたしは、この度したように生き物をことごとく打つことは、二度とすまい」（8:21）。「わたしは、わたしとあなたたちならびにすべての生き物、すべて肉なるものとの間に立てた契約に心を留める。水が洪水となって、肉なるものをすべて滅ぼすことは決してない」（9:15）。「ノアの後悔」と「ノアの回心」ではなく、「神の後悔」と「神の回心」が主題である（ブルッゲマン、同上、138-139頁）。「神の回心」が滅びから救いへの転換をもたらした。

与えられたテキストは創世記7章1-24節である。しかし、説教黙想する時に、「神の箱舟物語」（6:5-9:17）の全体の視点からなされることが必須である。そうでないと箱舟は大水の上を彷徨うことになる。特に、7章と8章とは交錯関係にあるので、箱舟がどこへ向かっているのかを指し示している。

二つの資料が奏でる「洪水物語」の神学

7章も二つの資料が交錯している。「ヤハウィスト文書」（J資料、ソロモン王時代）と「祭司文書」（P資料、バビロン捕囚時代）である。神の洪水の出来事に対して、それぞれの資料が独自の神学的な捉え方をしている。時代史的に言えば、「ヤハウィスト文書」を基にして、「祭司文章」が重なり合い、編集されている。それぞれの資料が独自の音色を奏でながら、共鳴し、一つの物語を形造っている。特に、「祭司文書」は洪水の出来事を、バビロン捕囚の出来事と重ね合わせている。

「祭司文書」は洪水の出来事をこう語り始める。「ノアが六百歳のとき、洪

水が地上に起こり、水が地の上にみなぎった」(7:6)。「ノアの生涯の第六百年、第二の月の十七日、この日、大いなる深淵の源がことごとく裂け、天の窓が開かれた」(7:11)。これは同じ「祭司文書」である天地創造の出来事と対応する。「初めに、神は天地を創造された。地は混沌であって、闇が深淵の面にあり、神の霊が水の面を動いていた」(創世記1:1–2)。神は混沌、深淵、水という無秩序な中を、言葉によって天地を秩序あるものに創造された。第二日に、神は水を大空の下と大空の上に分けさせられた。その深淵の源が裂け、天の窓が開かれ、洪水が起こり、水が地の上にみなぎった。創造の秩序の転倒が神によって引き起こされた。混沌、深淵、水という無秩序な創造以前への逆戻りである。それが神が起こされた滅びであった。

しかし、神の御心は人類を絶滅させることにあったのではない。神はノアを選ばれ、箱舟を造らせ、箱舟に入りなさいと招かれた。「祭司文書」はノアの選びをこう語る。「その世代の中で、ノアは神に従う無垢な人であった」(6:9)。「わたしはあなたと契約を立てる。あなたは妻子や嫁たちと共に箱舟に入りなさい。また、すべて命あるもの、すべて肉なるものから、二つずつ箱舟に連れて入り、あなたと共に生き延びるようにしなさい」(6:18–19)。ただ一人の義しい人ノアを、神は御心に留められたことにより、ノアの家族、すべて命あるもの、肉なるものが、ノアと共に生き延びることとなった。「祭司文書」が強調する「残りの者の信仰」である。神の審きを潜り抜けた僅かな者が生き延びて、そこから新しい神の御業が始まる。捕囚時代の生き延びた神の民と重ね合わせている。

「祭司文書」の「残りの者の信仰」を、「ヤハウィスト文書」も既に洪水物語の中に見ている。「主はノアに言われた。『さあ、あなたとあなたの家族は皆、箱舟に入りなさい。この世代の中であなただけはわたしに従う人だと、わたしは認めている。あなたは清い動物をすべて七つがいずつ取り、また、清くない動物をすべて一つがいずつ取りなさい。空の鳥も七つがい取りなさい。全地の面に子孫が生き続けるように』」(7:1–3)。「乾いた地のすべてのもののうち、その鼻に命の息と霊のあるものはことごとく死んだ。地の面にいた生き物はすべて、人をはじめ、家畜、這うもの、空の鳥に至るまでぬぐ

い去られた。彼らは大地からぬぐい去られ、ノアと、彼と共に箱舟にいたものだけが残った」(7:22–23)。

ソドムを滅ぼされる主の御前に立ち、執り成したアブラハムの姿を想い起こす。「この町に十人の正しい者しかいないかもしれません。そのときあなたはこの町のすべてを滅ぼされますか」と問うアブラハムに神は答える。「その十人のためにわたしは滅ぼさない」(創世記 18:32)。パウロは「正しい者はいない。一人もいない」という罪の現実の中で、神の義がただ一人の義人イエス・キリストによって現れた、ただキリストの贖いの業による義によって、われわれ罪人が無償で義とされたと宣言した（ローマ 3:10–26）。「残りの者の信仰」が旧新約聖書に貫かれている。

「神の洪水物語」の滅びから救いへの転換点は、神の御業にある（ブルッゲマン、同上、160頁）。「神は、ノアと彼と共に箱舟にいたすべての獣とすべての家畜を御心に留め、地の上に風を吹かせられたので、水が減り始めた」(8:1)。「祭司文書」である。「御心に留め」（ザハル）は「想い起こす」という意味で、神の救いの御業を表す言葉である。神はただ一人の義人ノアを御心に留め、想い起こされ、滅びから救いへと転換させられたのである。

「洪水物語」を巡る二つの資料の特徴

「洪水物語」を巡る二つの資料のそれぞれの特色は、洪水の期間である。「ヤハウィスト文書」はこう語る。「七日の後、わたしは四十日四十夜地上に雨を降らせ」(7:4)。「雨が四十日四十夜地上に降り続いた」(7:12)。「四十日間、……水は次第に増して箱舟を押し上げ、箱舟は大地を離れて浮かんだ」(7:17)。「四十日四十四夜」を強調する。「四十」は象徴的な数字である。イスラエルの民がエジプトを脱出し、約束の地に辿り着くまで、荒れ野の旅を40年間行った。主イエスは霊に導かれ、荒れ野で悪魔から四十日四十夜、誘惑を受けられた。「四十」は神からの試練を表す数字である。

それに対し、「祭司文書」はこう語る。「ノアが六百歳のとき、洪水が地上に起こり、水が地の上にみなぎった」(7:6)。「ノアの生涯の第六百年、第二の月の十七日、この日、大いなる深淵の源がことごとく裂け、天の窓が

洪水

開かれた」(7:11)。「水は百五十日の間、地上で勢いを失わなかった」(7:24)。「百五十日の後には水が減って、第七の月の十七日に箱舟はアララト山の上に止まった。水はますます減って第十の月になり、第十の月の一日には山々の頂が現れた」(8:3–5)。「ノアが六百一歳のとき、最初の月の一日に、地上の水は乾いた」(8:13)。「第二の月の二十七日になると、地はすっかり乾いた」(8:14)。「祭司文書」は洪水が起こった時のノアの年齢、日付、地上の水が乾いた時のノアの年齢、日付まで語る。洪水が起きた時、ノアは600歳、第2の月の17日であった。水は150日の間、勢いを失わなかった。150日の後に水は減って、ノアが601歳、第2の月の27日に、地はすっかり乾いた。洪水の期間は150日間。ノアが箱舟にいたのは1年と10日間であった。神の審きは長く続き、実に長い期間、洪水は続き、箱舟の中にいたことを表している。70年に及ぶバビロン捕囚(歴代誌下36:21、エレミヤ書25:11, 12、29:10、ダニエル書9:2、ゼカリヤ書1:12)と重ね合わせている。

　「洪水物語」を巡る二つの資料の第二の違いは、箱舟に入れた動物の種類である。「ヤハウィスト文書」はこう語る。「あなたは清い動物をすべて七つがいずつ取り、また、清くない動物をすべて一つがいずつ取りなさい。空の鳥も七つがい取りなさい」(7:2–3)。「清い動物も清くない動物も、鳥も地を這うものもすべて、二つずつ箱舟のノアのもとに来た。それは神がノアに命じられたとおりに、雄と雌であった」(7:8–9)。それに対し、「祭司文書」はこう語る。「彼らと共にそれぞれの獣、それぞれの家畜、それぞれの地を這うもの、それぞれの鳥、小鳥や翼のあるものすべて、命の霊をもつ肉なるものは、二つずつノアのもとに来て箱舟に入った。神が命じられたとおりに、すべて肉なるものの雄と雌とが来た」(7:14–16)。「ヤハウィスト文書」は清い動物と清くない動物とを分けている。「祭司文書」はそのような区別はしない。「ヤハウィスト文書」はなぜ、清い動物と清くない動物を分けるのか。ノアが箱舟から出て真っ先にしたことは、主のために祭壇を築き、主に礼拝を捧げることだった。主に献げ物をするため、清い動物が必要であった。しかし同時に、主は清くない動物も種の保存として箱舟に招かれた。「ヤハウィスト文書」はこう語る。「ノアは主のために祭壇を築いた。そしてすべて

の清い家畜と清い鳥のうちから取り、焼き尽くす献げ物として祭壇の上にささげた。主は宥めの香りをかいで……」(8:20-21)。ヤハウィストはレビ記1-7章の「献げ物の規定」、11章の「清いものと汚れたものに関する規定」に従っている。

箱舟に入った

　6-7章で繰り返される重要な言葉が、「箱舟に入った」である。これは「祭司文書」も「ヤハウィスト文書」も共に強調している。7回も繰り返される。「祭司文書」は語る。「あなたは妻子や嫁たちと共に箱舟に入りなさい。また、すべて命あるもの、すべて肉なるものから、二つずつ箱舟に連れて入り……」(6:18-19)。「まさにこの日、ノアも、息子のセム、ハム、ヤフェト、ノアの妻、この三人の息子の嫁たちも、箱舟に入った」(7:13)。「彼らと共にそれぞれの獣、それぞれの家畜、それぞれの地を這うもの、それぞれの鳥、小鳥や翼のあるものすべて、命の霊をもつ肉なるものは、二つずつノアのもとに来て箱舟に入った」(7:14-15)。「神が命じられたとおりに、すべて肉なるものの雄と雌とが来た(入った)」(7:16)。「ヤハウィスト文書」も語る。「ノアは妻子や嫁たちと共に洪水を免れようと箱舟に入った」(7:7)。「清い動物も清くない動物も、鳥や地を這うものもすべて、二つずつ箱舟のノアのもとに来た(入った)」(7:8-9)。箱舟に入るよう招かれたのは、神である。
　「祭司文書」は箱舟の寸法まで語る。「箱舟の長さを三百アンマ、幅を五十アンマ、高さを三十アンマにし……」(6:15)。長さ135メートル、幅22.5メートル、高さ13.5メートルである。バビロン捕囚時代、預言者エゼキエルが幻の中で見た新しいエルサレム神殿の寸法と同じである(エゼキエル書40-42章)。「祭司文書」において、エルサレム神殿は神が臨在し、礼拝される重要な場所であった。バビロン捕囚時代にあっては、幻の中で見た新しいエルサレム神殿に入りなさいと、神が招いておられる。それを箱舟に入れと重ね合わせている。教会に生きるわれわれにとって、箱舟は教会を指し示している。神は教会へ入れと招いておられる。箱舟の外に救いはない。それとの関連で生まれた言葉が、「教会の外に救いはない」である。教会(エクレ

ーシア）は、神が呼びかけ、神が招き入れた罪人の交わりである。
　神に招かれて「箱舟に入った」後に、神は重要な御業をなされた。「主は、ノアの後ろで戸を閉ざされた」(7:16)。これは「ヤハウィスト文書」である。ノアが箱舟の戸を閉ざしたのではない。主が箱舟に入るよう招かれ、主が箱舟の戸を閉ざされた。この主の御業によって、ノアとその家族、すべて命あるもの、すべて肉なるものが、洪水から逃れて、救われたのである。
　6–7章の「箱舟に入った」と対比される言葉が、8章の「箱舟から出た」である。いずれも「祭司文書」である。「さあ、あなたもあなたの妻も、息子も嫁も、皆一緒に箱舟から出なさい」(8:16)。「すべて肉なるもののうちからあなたのもとに来たすべての動物、鳥も家畜も地を這うものも一緒に連れ出し……」(8:17)。「そこで、ノアは息子や妻や嫁と共に外に出た」(8:18)。「獣、這うもの、鳥、地に群がるもの、それぞれすべて箱舟から出た」(8:19)。箱舟から出て、ノアが真っ先にしたことは、主のために祭壇を築き、焼き尽くす献げ物をささげ、主を礼拝することであった。

十字架という神の審きの洪水

　主イエスがただ一度、ノアに触れている御言葉がある。「しかし、人の子はまず必ず、多くの苦しみを受け、今の時代の者たちから排斥されることになっている。ノアの時代にあったようなことが、人の子が現れるときにも起こるだろう。ノアが箱舟に入るその日まで、人々は食べたり飲んだり、めとったり嫁いだりしていたが、洪水が襲って来て、一人残らず滅ぼしてしまった」(ルカ 17:25–27)。人の子が現れる時、ノアの時代にあったような洪水の出来事が起こると、主イエスは語られた。十字架の出来事を指し示した言葉である。主イエスの十字架の出来事は、神の審きという大洪水の出来事である。
　「祭司文書」と同じバビロン捕囚時代に語られた、預言者第二イザヤの言葉がある。イザヤ書54章7–10節である。
　「わずかの間、わたしはあなたを捨てたが　深い憐れみをもってわたしはあなたを引き寄せる。ひととき、激しく怒って顔をあなたから隠したが　と

こしえの慈しみをもってあなたを憐れむと　あなたを贖う主は言われる。これは、わたしにとってノアの洪水に等しい。再び地上にノアの洪水を起こすことはないと、あのとき誓い、今またわたしは誓う　再びあなたを怒り、責めることはない、と。山が移り、丘が揺らぐこともあろう。しかし、わたしの慈しみはあなたから移らず、わたしの結ぶ平和の契約が揺らぐことはないと　あなたを憐れむ主は言われる」。

　南王国ユダの滅亡。神の都エルサレムの陥落。信仰の砦であるエルサレム神殿の崩壊。バビロン捕囚の出来事。それはノアの時代の洪水に等しい、神の審きの出来事であった。ここで語られる「平和の契約」は、神が全人類の代表としてノアと結んだ「永遠の契約」「虹の契約」を意味している。神が一方的に結ばれた「憐れみの契約」であった。

　カール・バルトが1961年4月2日の復活祭に、バーゼルの刑務所で、イザヤ書54章7–8節の御言葉を説教した（「わずかの間」、『カール・バルト説教選　しかし、勇気を出しなさい　待降・降誕・受難・復活』佐藤司郎訳、日本キリスト教団出版局、2018年、206–223頁）。

　神に捨てられたのではないかという恐怖の中にある囚人に向かって、バルト自らも、わたしも神に捨てられたと感じたことが繰り返しあったと告白する。闇の現実の中で、この御言葉に聴くのである。

　「わずかの間、わたしはあなたを捨てたが　深い憐れみをもってわたしはあなたを引き寄せる。ひととき、激しく怒って顔をあなたから隠したが　とこしえの慈しみをもってあなたを憐れむと　あなたを贖う主は言われる」。

　この御言葉こそ、十字架のキリスト、甦られたキリストを証言しているのである。主イエスはわれわれ罪人に代わって、わずかの間、十字架上で神の怒りを受け、神から捨てられ、滅びを味わわれた。しかし、神は深い憐れみをもって主イエスを引き寄せ、とこしえの慈しみをもって、主イエスを憐れまれ、甦らされた。われわれは、十字架のキリストと甦られたキリストに、神の「否」と神の「然り」を聴いた。それ故、われわれ罪人は神から捨てられ、滅びを味わうことはない。神はわれわれの味方である。神のとこしえの憐れみの中に入れられているのである。

洪　水

　詩編106編23節にこのような御言葉がある。「それゆえ、主は彼らを滅ぼそうと言われた。しかし主のお選びになったモーセは　破れ口で主のみ前に立ち、み怒りを引きかえして、滅びを免れさせた」(口語訳)。「破れ口」は堤防の決壊箇所である。そこから怒濤のように水が溢れ出て、洪水となってわれわれの命を呑み込んでいく。しかし、主イエスは十字架という破れ口に立たれ、身を挺して神の怒りを受け留め、み怒りを引き返してくださった。それ故、われわれは滅びを免れることができた。新共同訳はこういう訳である。「主は彼らを滅ぼすと言われたが　主に選ばれた人モーセは　破れを担って御前に立ち　彼らを滅ぼそうとする主の怒りをなだめた」。ノアの洪水の出来事は、まさに主イエスの十字架の出来事となって最も厳しい神の審きとして起こった。しかし、われわれは十字架で神の宥めの献げものとなられた主イエスによって、神の怒りから救われ、神の箱舟に招き入れられた。

参考文献

G. フォン・ラート『創世記　私訳と註解　上』（ATD旧約聖書註解）山我哲雄訳、ATD・NTD聖書註解刊行会、1993年

C. ヴェスターマン『創世記Ⅰ』（コンパクト聖書注解）山我哲雄訳、教文館、1993年

W. ブルッグマン『創世記』（現代聖書注解）向井考史訳、日本キリスト教団出版局、1986年

J. カルヴァン『創世記1』（カルヴァン旧約聖書註解）渡辺信夫訳、新教出版社、1984年

関根正雄『創世時代講解』（関根正雄著作集13）新地書房、1984年

和田幹男『創世記を読む』（旧約聖書1）筑摩書房、1990年

及川　信『ノアとバベル物語　説教と黙想』教文館、2012年

創世記　8章1-22節

浅野直樹

新たな創造

「『創造物語』と『洪水物語』は対比的に語られており、大洪水による破壊（カオス）の回復は『新しい創造』と位置づけられている」と大島力は指摘する（「創世記の説教」、『説教黙想　アレテイア』95号、4頁）。ここで、創世記1章の天地創造は無から有の創造であるのに対して、ノアの洪水物語においてはそうではなく、有から有の創造である。そしてこれは、洪水という破壊から新たな秩序を生み出すという創造である。この新しい創造のきっかけは、「主は、地上に人の悪が増し、常に悪いことばかりを心に思い計っているのを御覧になって、地上に人を造ったことを後悔し、心を痛められた」（6:5–6）からである。「極めて良かった」（1:31）はずの創造だったが、その後アダムとエバの堕罪、さらにカインによるアベルの殺害と、創造の秩序を損なう事件が続いた。造られた人間が造った神に背くという罪が次々と露呈する。その後も人の罪はいっこうに減らず、かえってますます増えてしまったことを6章5節は示している。「わたしは人を創造したが、これを地上からぬぐい去ろう。人だけでなく、家畜も這うものも空の鳥も。わたしはこれらを造ったことを後悔する」（6:7）。ここから洪水という破壊へとつながっていった。

8章は、「神は、ノアと彼と共に箱舟にいたすべての獣とすべての家畜を

御心に留め」（1節）たところから始まる。新しい創造はここから始まった。人間の罪ゆえにいったんは後悔した神だが、洪水の後再度、被造物を御心に留めたところから、次なる創造は起こったのである。「御心に留める」の原語はザーカル、思い起こす、思い出すというごく普通の意味にも訳すことができる動詞だが、新たな創造は、神のザーカルというアクションが原点となったということである。神がザーカルしなければこの創造は起こらなかった。

確かに8章の新たな創造は、1章における無から有の創造とは区別すべきであるが、無から有の創造のときの神の御心を考えてみることは、今回の創造について理解する助けになる。手島がユダヤ教の考え方として紹介しているのは、天地創造において無と有の間に、この両者をつなぐものとして初めに「知恵」があったという思想である。知恵は人格的存在ではなく、機能的特性として存在していた。その根拠として、箴言8章22節「主は、その道の初めにわたしを造られた。いにしえの御業になお、先立って」をあげる。洪水後の神の創造において、神がザーカルしたことが原点となったと考えるとき、ザーカルとは、かつて無から有の天地創造をもたらした知恵なのであり、この知恵に創造をもたらす力が秘められていたといえる。思い起こすことは知恵であり、思い起こすことは力なのである。

礼拝における主の聖餐を特徴付ける神学的基盤は、アナムネーシス（想起、記念）である。アナムネーシスが、イエスが生きた時代と今日をつなげ、最後の晩餐におけるパンとぶどう酒を、現代の教会においてもキリストの体と血としてもたらす。思い出すことは私たちが日常的にしていることであるが、こうしてザーカルあるいはアナムネーシスという単語に置き換えて考え直すと、これが神から賜った知恵であり、大いなる力であることに気づかされる。次世代に歴史を伝えることも、信仰を継承していくことも、アナムネーシスによる。継承を存続させるのは磁気としてディスクに書き込まれた情報ではない。データ保存ではない。人間による想起である。思い起こすというアクションである。

神が主語

　神は「地の上に風を吹かせられたので、水が減り始めた」（1節）。風が吹くことで表面が乾くという自然現象を我々は経験的に知っている。おそらく古代人もそうだろう。経験的にわかっていると、説教者はそこを見過ごしやすい。状況描写をしているだけだと思い込みがちになる。しかしながら今、主語が神であること、そしてこれがあらたな創造物語であることを考え合わせると、経験知だけで読み過ごしてしまうわけにはいかない。

　風はルーアハである。神が吹かせるルーアハは、神の霊である。地の上に神の力が働いて、水が減り始めたのだ。最初の天地創造のときもそうだった。混沌とした地に闇があり、神の霊が水の面を漂っていた。神の霊が働いて、水は深淵の闇に呑み込まれずに守られていた。水を水として保つのも、水を減らして地を乾かすのにも神の霊が働いている。さらに神の霊が、土（アダマ）で創られた人（アダム）に息を吹き入れたことで、人は生きる者となった。

　我々は自然現象を経験と科学の言葉で説明する。自然現象の多くは、かつては神秘な現象として認識され、神を主語として語られていた。しかしもはや信仰の篤い人でも科学で考え、科学の言葉で語る。明日の天気予報を語るとき、もはやだれも神を主語にしては語らない。

　科学の言葉というのは人間の言葉であるが、神の言葉が人間の言葉に置き換えられてきたという歴史を我々はたどっている。そしてこの置き換えは、どんどん進んでいる。ビッグデータとＡＩによって神秘が科学的に解明され、加速度的に進んでいる。こうした事情は、神の言葉が人の心に届きにくくしている。

　しかしながら、今後いかなる時代が到来しようとも、聖書は確実に神を語る。聖書には神の言葉が生きているからだ。このことは説教者をほんのつかの間安堵させてくれるのだが、当然のことながら、聖書から神を語るという職務の重要性と責任は、それだけ説教者に重くのしかかってくる。説教者も時代の子であり、生きている時代の言葉や思想、時代精神に多分に影響される。時代の移り変わりにつれて、21世紀の説教も新しく語られていくこと

が時代の要請であるかもしれない。そのこと自体が問題となることはないが、語られる神そのものが変わることがあってはならない。聖書の時代の人々が語った神も、今日の我々が語る神も、未来の説教者が語る神も、同じ神でなければならない。

宥めの香り

　大地が乾き動物たちが箱舟から出て行くと、ノアは祭壇を築いて焼き尽くす献げ物を神にささげた。これが、乾いた地上に降り立ってノアが最初にしたことだった。こんがりと炙った肉が宥めの香りとなって天に放たれ、神はその香りを嗅いで満足する。神がこのように擬人化して語られる。旧約時代の言葉づかいがここにある。けれどもこれは、現代の日本で語れる言葉づかいとはいえない。したがって説教者は、これを釈義して再解釈して語ることになる。焼き尽くす献げ物は神への感謝であった。感謝の表現が、宥めの香りを天に在します主に嗅いでもらうことであった。そのときノアが取った行動は、ノアの同時代人には意味あることであった。共通にわかり合える神への感謝が、焼き尽くす献げ物だった。我々と神をつなぐもの、それは我々が神に対して何をするかではない。我々がバーベキューすることではない。神に対してどういう心を向けるかが問われる。感謝の心を神に向けることで、神と人は結び合わされる。人としてまず最初にすべきこと、それは神への感謝なのだとノアから教えられる。ひたすら純粋にそして無垢に神に従って生きたノアが、後世の我々に遺した極めて重要なメッセージがここにある。常に神を主語として考え、生活したノアだからこそこれを語れるのだ。人間の言葉しか聞こえてこない現代社会にあっては、神への感謝は薄れてしまった。人間どうしの絆のために大切な感謝の心ではあっても、感謝を神に向けることは、今日忘れられている。

人の本性と神の本性

　宥めの香りを嗅いだ主は言った、「人に対して大地を呪うことは二度とすまい」。そしてこう続く、「人が心に思うことは、幼いときから悪いのだ」

(21節)。人が生まれながらに罪人であることが、神の言葉としてこのように語られる。神がアダムとエバを創造したとき、人が罪人という前提はなかった。もともと6日間の天地創造は、「極めて良かった」(1:31)のだが、ここに至って神の人間に対するあらたな認識が示されたのである。以後、これが人間の本性となり、神と人との間に罪が立ちはだかっていく。罪は人間の生の前提である。いのちは神から授かったという前提に引き続き、「人が心に思うことは、幼いときから悪い」ことも前提となったのだ。この2つの前提が対立しながら並立しているのが、人間という被造物である。

　そのような人間に対して神が約束をする。「二度とすまい」と強い表現で神の意志が示される。さらにそのあとに続く箇所でも、「わたしは、この度したように生き物をことごとく打つことは、二度とすまい」と語り、神は人に対して憐れみを約束する。罪の本性を抱えて生きることになった人間に対して、憐れみという神の本性がここにある。洪水を引き起こし、地上に生きる生き物のいのちをことごとく奪うのも神であり、それでも人間に深い憐れみを示し続けるのも神なのである。「わたしは裸で母の胎を出た。裸でそこに帰ろう。主は与え、主は奪う。主の御名はほめたたえられよ」（ヨブ記1:21）。すべてを失ったヨブがそのことを告白している。与えるだけが神ではなく、奪うのもまた神であるという認識こそ、正しい聖書の神認識である。マルティン・ルターが『キリスト者の自由』の中で語った有名な言葉、「信仰によって義とされた人は、義人であると同時に罪人である」。ここでも相矛盾する二相が、キリスト者のうちには共存している。ちょうどこれと同じように、神にあっても相矛盾するふたつの本性、すなわち怒りと憐れみ、裁きと赦しが共存している。どちらか片方だけを語ることはできない。聖書の本質を語るときにたびたび引用される「律法と福音」（ルター）もしくは「福音と律法」（バルト）でもそうである。どちらが先かという議論よりも、聖書が示す神は、異なった二相を併せ持っているという特質のほうが重要である。そしてふたつのうちのどちらか一方を語るだけでは、神の本性全体を語ることにはならない。片方だけだとすれば、それは神の本性を語ることでも、キリスト者の自由を語ることでもない。

二度としない理由

　神の「二度とすまい」という強い意思と「人が心に思うことは、幼いときから悪いのだ」という人間の罪に対する指摘の関係をもう少し掘り下げてみたいと思う。文脈的にこれがどうつながるのかという問題である。神は「人に対して大地を呪うことは二度とすまい」とまず宣言する。そして、人は幼いときから悪いという人間の罪の指摘がそのあとに続く。ヘブライ語テキストをみると、ここに接続詞の「キー」が挿入されている。英語聖書 NRSV ではこれが訳出されていて、for でつながる。一方、新共同訳では二文をつなぐ接続詞は訳されていない。口語訳でも同様である。接続詞「キー」は多義にわたって幅広く使われるので、意味をひとつに限定することは難しい。日本語聖書で訳されなかった理由は、日本語の接続詞で限定してしまわないほうがよいという判断があったのかもしれない。NRSV では for、1985 年版ルター訳ドイツ語聖書も denn となっており、いずれも理由を示す接続詞で敢えて訳してある。日本は曖昧模糊に、西洋ははっきりと区分する、というものごとの捉え方の根本的な差異がここに垣間見ることができる。言明を避けたりぼかしたりすると、誤りを避けることができる反面、答えもはっきりとわからない。日本人が日本語で考えたり発言するときよく見かける傾向である。反対に、間違っていても言い切ってしまうというのが、西洋的な言葉づかいとしてよく耳にする。

　さて、そうした違いがここの文脈でどう表れてくるだろうか。理由を示す接続詞を意識して読んでみるとどうなるか。人は幼いときから悪い、だから私（神）は二度と大地を呪わない、となる。文脈がすんなりとはつながらない。幼いときから悪い、だからおまえを呪って滅ぼしてやる、ならわかりやすい。けれどもそうではなく、幼いときから悪いから神は人を滅ぼさない、とつながっていくのだ。日本語聖書によって接続詞を意識せずに読む場合、二文のつながりがしっくりいかないので、それぞれの文章がばらばらに見えてしまう。あとは読者任せである。ヘブライ語辞書をひもといて「キー」の意味を調べてみると、たしかに多義語である。理由を示すだけでなく、

強調として、あるいは時を示したり、逆説を示すのにも用いられる。今この文脈を、強調や逆説の意味で解釈するとわかりやすい。「確かに人が心に思うことは、幼いときから悪いけれども、私は人に対して大地を呪うことはしない」。

ではなぜ西洋の聖書では、for や denn によってはっきりと、「なぜならば」でつないだのか。そうすることで、呪うことを二度としないための理由が、人は幼いときから悪いからなのだとなる。原罪を抱えて生きなければならないという人間の限界を、神が憐れんでくれている。だから呪わないのだと読める。生まれたときから罪をもっている人間を罰によって審くことを、神はなさらないのである。人間が罪を犯しながら生きなければならないという宿命を、神は受け入れている。神が二度と呪わないと言った理由、それは主が憐れみ深い神であることを示す。21節においては、神の「二度とすまい」が2度使われている。そして2つの「二度とすまい」が、人間の原罪を前と後ろから挟み込んでいる。こうした文章構成の中にも、罪をもって生きる人間が、神の憐れみに包まれている様子を受けとることができる。

共に苦しむ神

洪水によってノア一族以外人類は滅んだ。洪水という自然災害が、未曾有のレベルで人命を奪ったのである。この出来事から東日本大震災における津波を想起してしまうのは、筆者だけだろうか。あるいは、その後もたびたび繰り返す豪雨による水害が頭を駆け巡る。水害のみならず、数々の自然災害による犠牲者のことを思い、なぜ神はあの時あそこであの人々のいのちを奪ったのか、それを説教で語ることはできるだろうか。ノアの洪水を引き合いにして、身近に起こった災害について講解的に説教しようと試みた説教者もいるかもしれない。神義論によって護教的に語った説教者もいただろう。引き裂かれた被害者たちの心に、まことの神の平安と救いの約束を届けることはいったい誰にできるだろうか。それができるのは、高名な説教者でも神学者でもなく、彼らと共に生活し、毎週みことばを説く現場の牧師だけである。現場で自分自身も被災して、同じ苦しみの中から、会衆たちと同じ低さから

語られる言葉だけが神の言葉の説教となり、会衆に届く。ボンヘッファーが獄中から語った言葉、「ただ苦しみたもう神のみが助けることができる」を思い出す。被災した中にありながらも神の言葉が現実のものとして語れるのは、そこに被災した説教者も立っているからである。さらには、そこに同じく苦しみたもう神がいるからである。モルトマンは「神は天地を創造するだけにとどまらず、新たな創造を起こしながら絶えず人々の苦難に寄り添いたもう」と語る。人々の苦難に寄り添い、そこからさらに新たな次なる創造を起こしていく神がいてくださるから、苦境と絶望の中にあっても人は神を讃めたたえ、感謝をささげることができるのだと思う。

　「神の痛みの神学」を説いた北森嘉蔵もそうだが、こういった著名な神学者たちが名言を残し、その言葉によって苦しみや痛みを共に担いたもう神の存在が告知されたとしても、それだけで十分とはいえない。その神が、如何にして苦しむ人々に寄り添っておられるのかを、可能な限り具体的に示していかねばならない。そうでないと被災に苦しむ人々に希望の福音は届かない。神学者の理論や発言は説教者の頭に響くことはあっても、会衆の魂にまでは行き渡らない。神学者たちの言葉を、聖書に基づいて具体化するという作業を担うのが説教者である。それは決して目を見張るような奇跡を探すことではない。むしろその正反対で、通り過ぎてしまうような、何気なく見過ごしている日々のちょっとした出来事の中に、神の恵みと祝福を見つけ出すこと。さらにそれを会衆に差し出すという作業に徹することである。説教者は、日々みことばと向き合って現場を生きる（Sitz im Leben）、みことばの証人である。福音がどこでどのように生き、力になっているかをわかりやすく示す作業が説教である。被災者に限らず、信徒はさまざまな苦境や悩みと向き合い、人に言えない重荷を担いながら忙しい日々を生きている。普段はみことばと向き合う暇もゆとりもない。ある人が言ったひとことを思い出す、「先生、笑顔がないところでは笑えないんですよ」。その通りだと思う。笑えなくなった人たちは、人の笑顔も見えなくなってしまう。探せばいくらでもあると思うが、もはや探せなくなっている。そうした人たちに笑顔があることを、あるいは笑顔そのものを差し出す。みことばによって提供していく。そ

れが説教者が果たすべき福音の具体化だと思う。

　逆のように聞こえるかもしれないが、それは苦しむ人々と共にいる神の姿を、みことばの中に見出す作業だとも言える。22節などは、そのひとつの例としてあげることができよう。神は21節において「二度とすまい」と再び語ると、22節でも新たな約束を告げる。「地の続くかぎり、種蒔きも刈り入れも　寒さも暑さも、夏も冬も　昼も夜も、やむことはない」。人が種を蒔くと作物がちゃんと育つように、季節と気象を管理すると神が約束している。洪水のように突如として襲う自然の脅威によって、何もかもが奪われるという絶望を思い知らされる私たちだが、同時に覚えたいのは、やむことのない季節の循環を神が与え、それによって私たちの生活は日々守られているという事実である。そしてそれは、みことばによって約束された、苦しむ人々と共にいる神の姿の一面なのである。苦しむ人々と共におられる神の姿が、22節に顕れている。

参考文献

大島　力「創世記の説教」、『説教黙想　アレテイア』95号、日本キリスト教団出版局、2017年（『説教黙想アレテイア叢書　創世記29–50章』日本キリスト教団出版局、2025年に再録予定）

J. モルトマン『創造における神——生態論的創造論』(J. モルトマン組織神学論叢2) 沖野政弘訳、新教出版社、1991年

手島佑郎『創世記　上』ぎょうせい、1990年

創世記　9章1-28節

小泉　健

神の裁きのもとにある人間と世界

　生きるものをことごとくぬぐい去る大洪水は、自然災害ではない。神の裁きである。神が裁くのは「地上に人の悪が増し、常に悪いことばかりを心に思い計っている」からであった（6:5）。すなわち、わたしたち人間の罪のゆえである。神は「地上に人を造ったことを後悔し、心を痛められた」（同6節）。

　混沌が創造世界に逆流してくる。神が一つ一つ秩序立てて、わたしたちが生きることができるようにしてくださった世界が崩れ落ちていく。人間も、人間が積み上げてきた文化も、人間の日々の営みも、すべてぬぐい去られ、混沌の海に帰する。

　人間の罪のゆえの裁きが他の被造物にも及び、さらには世界の破局にまで至るのは、わたしたちの罪の影響が被造世界全体に及び、世界を歪め、損なっているからである。洪水による破局に神のなさりようの理不尽さを見るのは、思い違いもはなはだしい。裁きとは、義にして聖なる神の御心が行われることである。むしろ、わたしたちの罪こそが被造世界全体を無に帰するほどに深刻なのだということを心に刻みたい。わたしたちの罪は、神にご自分の美しい創造のみわざを後悔させ、心を痛めさせているのだということを、深く心に留めていたい。

創世記　9:1–28

　しかし、わたしたちの罪のゆえに創造世界全体が無に帰することを神がよしとされるというのは、もともと創造世界全体が、わたしたちが生きるための世界として造られたのであることをも示している。神は、人間が滅び去った後の世界の主であろうとはなさらない。神は、わたしたちの神であることから離れて、ご自分だけで神であろうとはなさらないのである。ここにすでに驚くべき恵みがある。
　「われわれは本来、日々ノアの洪水によって神の前に滅ぼされるべきものである」(カルヴァン)。どの瞬間も神の憐れみがわたしたちの存在を支えている。世界の創造もその保持も、神の愛のわざなのである。

祝福されている命 (1 節)

　わたしたちとわたしたちの世界とは神の裁きのもとにある。しかしそれは、わたしたちの命が呪われていることを意味してはいない。ノアの誕生にあたって、大地は「主の呪いを受け」ていることが意識されていた (5:29)。洪水そのものも「大地を呪うこと」であった (8:21)。洪水の前だけでなく、洪水の後でも「人が心に思うことは、幼いときから悪い」(同)。しかし神は、なおもわたしたちが生きることを喜び、わたしたちの命を祝福してくださる。
　神は「産めよ、増えよ、地に満ちよ」(1 節) と告げてくださる。この祝福の言葉は、人間が初めに創造されたときに告げられた言葉の再確認であり、更新である (1:28 参照)。旧約聖書における「祝福」は、子が与えられること、子孫が多くなること、作物が豊かに実ること、手のわざが成功することなど、さまざまな内容をもつが、それらに共通しているのは「命が充満するようになること」である。そのために、神が共にいてくださること、神がお守りくださることも、祝福の内容に含まれる。神は命を望んでくださる。わたしたちの命が満ち満ちた、欠けのないものになることを望んでくださる。主イエスは言われた。「わたしの父の御心は、子を見て信じる者が皆永遠の命を得ることであ」る (ヨハネ 6:40)。

管理する務めと肉食の許可（2-4節）

　天地創造に際して、「産めよ、増えよ」との神の祝福に続いて告げられたのは、「地を従わせよ」「生き物をすべて支配せよ」（1:28）との命令であった。この言葉によって人間は自らを「万物の霊長」とみなして高慢になり、大地を搾取し、環境を汚染するに至った、との批判もなされた。しかし、本来の意図は、神の良き創造の良き管理者として世界を守ることにあったに違いない。だから神はお造りになった人を園に住まわせ、「人がそこを耕し、守るようにされた」のであった（2:15）。草や果実が食べ物であり（1:29）、動物は人間を助けるものの候補であった（2:19–20）。

　洪水の後、人間と他の被造物との関係は変化する。動物たちは「あなたたちの前に恐れおののき、あなたたちの手にゆだねられる」（9:2）。人間と動物の間に敵意が生まれる。そして、肉食が許可される（3節）。しかし動物の肉を食べることは、それに先立って動物を殺すことを意味している。それゆえに、それは神がお造りになった命を損なう行為であることをいつも覚えていなければならない。命は神のものであって、人間の自由になるわけではない。肉を「命である血を含んだまま食べてはならない」（4節）のは、そのためであろう。

神の像としての人間（5-7節）

　動物を食糧とすること、すなわち動物を殺すことができるということは、人間を殺すこともできてしまうということでもある。すでにカインはアベルの血を流した。また、動物を殺すことと連続して殺人が語られていることは、人間が他者の人間としての尊厳を踏みにじり、他者を動物のように扱うことがあり得ることをも示唆している。わたしたちの罪はそれほどまでにはなはだしい。しかし、そんなことがあってはならない。殺してはならない。「産めよ、増えよ」とお語りくださる神の祝福の中で、わたしたちもまた他者を生かし、他者の命を豊かにするのでなければならない。

　人の命と尊厳が最大限に重んじられなければならないのは、「人は神にかたどって造られたから」である（6節）。人間は神にかたどり、神に似せて

造られた（1:26, 27）。神の似姿、神の像（イマゴ・デイ）、神のイコン（エイコーン・トゥー・テウー）として造られた。

「神にかたどられている」とはどういうことだろうか。「神の像」とは何なのだろうか。このことについては多くのことが語られてきた。古代、中世には「理性」だと言われ、近代には「人格」だと言われた。今日は「言語能力」すなわち「対話性」だと言われ、さらに「関係的存在」であること、「交わりをもって生きる存在」であることだとも言われる。これらの理解のどれにも正しさがあるように思われる。たしかに神は人格的なお方であり、三位一体の交わりと一致のうちに生きておられる。そのような神がご自分にかたどり、ご自分に対面する相手として、すなわち、語りかけ、応答を期待し、交わりをもち、共に生きる存在として、人間をお造りくださった。

そうであれば、人間が堕罪によって神の像を失った、という教えも真剣に受け取らざるを得ない。このことについても、さまざまな見解が表明されてきている。そこでは「形式的神の像」の残存について論じられたりする。しかしいずれにせよ、罪とは神の言葉に背くことであり、神への反逆であり、自分が神のようになって真の神を否定することである。そうであれば、それはすなわち、自分が神の像であることを否定することそのものにほかならない。わたしたちは罪人であり、キリストがおられなければ、わたしたちは神の像を失っている。

にもかかわらず！　神はわたしたちをそのようにはご覧にならない。神は罪人であるわたしたちを、なおご自分にかたどって造られたものとして見てくださる。語りかけるべき相手として、交わりをもち共に生きるべき相手として見続けてくださるというのである。神の信実においてのみ、神の像はなお継続している。

神の像としての人間の責任

神はわたしたちを語りかけるべき相手としてご覧になるだけではない。わたしたちに責任を与えておられる。

> 「人の血を流す者は
> 人によって自分の血を流される。
> 人は神にかたどって造られたからだ。」（6節）

「人によって」である。殺人という行為に立ち向かい、正義を行うことを、神はわたしたちに求めておられるのである。

　神ご自身がわたしたちの命を貴いもの、何をもっても償うことのできないものとして見ておられるだけではない。神は、わたしたちもまた、他者の命をかけがえのないものとして見るようにとお求めになる。殺さないだけでなく、他者が殺されることのないように守り、他者の命が損なわれるようなことがあれば、それに立ち向かうようにと要求しておられる。

　洪水を起こすことによって、神は人間の悪を裁き、ご自分の手で正義を行われた。しかし今、神は正義の執行を人間の手におゆだねになる。はたして人間にそんなことができるのだろうか。神はできると言われる。なぜなら「人は神にかたどって造られたからだ」。命を生かす神に似ているのだから、命を重んじ、人を生かすことを追い求めることができる。そのようにして、造られたものを管理することができる。

　もちろん罪ある人間は、ここで託された神の権能を正しく用いることができない。どうしても、神の像が回復されなければならない。そして神は、実際に人間に神の像を回復しようとなさる。そのために神は「神の似姿であるキリスト」を世に遣わされた（Ⅱコリント 4:4、コロサイ 1:15）。わたしたちはキリストを信じ、キリストを着せられることによって、「造り主の姿に倣う新しい人を身に着け」ることになる（コロサイ 3:10、エフェソ 4:24）。それによって神の像を回復されるのである。そのときに初めて、神と対面することも、他者を生かすこともできるようになる。このようにして実に洪水も、洪水後の神からの委託も、キリストによる人間の再生を目指しているのである。

ノアの契約（8-11 節）

　神が契約をお立てになる。ここでの契約は「約束」「誓約」に近い。神が一方的に約束なさり、ノアの応答を求めていないように見えるからである。それなら、これはどういう意味で「契約」なのだろうか。

　このことを考える上で興味深いのは、洪水よりも前にすでに神はノアに「わたしはあなたと契約を立てる」と言っておられたことである（6:18）。そのとき「ノアは、すべて神が命じられたとおりに果たした」（同 22 節）。そういう形で応答しているのである。

　ノアは「神に従う無垢な人であった」「神と共に歩んだ」と言われている（同 9 節）。これは、ノアに罪がなかったことを意味していない。ノアも罪人だった。ただノアは神の言葉に応え、神の言葉に従い、そうやって「神と共に歩んだ」。洪水をも神のみわざとして受け取り、しかも良い神の良いみわざとして受け取った。洪水は滅ぼすためではない。滅ぼし尽くすためではない。神は人の悪に真剣に立ち向かい、人の罪に御心を痛め、裁くことによって救おうとしておられる。ノアがそれをどこまで理解していたかはわからない。しかし、滅ぼす水のただ中を通り抜けて救われる体験をさせられた。そういう者として契約の当事者になっているのである。

「契約のしるし」（12-17 節）

　ノアの契約は「しるし」を伴っている。虹である。旧約聖書には、この後にもしるしを伴う契約が出てくる。神はアブラハムとは重ねて契約を結ばれたが、その一つはしるしのある契約だった。しるしは割礼である（17:10-14）。さらに、シナイ契約においても、この系統の契約が見られる。しるしは安息日である（出エジプト記 31:13-17）。

　しるしを伴う 3 つの契約。しかし、ノアの契約は、他の 2 つの契約とは異なるところがある。割礼を受けることと安息日を守ることは、長くイスラエルであることのしるしとなった。異邦人がイスラエルを見出すしるしだっただろうし、イスラエルが自らのアイデンティティの拠り所とするしるしでもあったに違いない。しかし虹はすべての者の頭上に現れる。何しろこの契

約は、神と「地上のすべての生き物」との間に立てられた契約なのである。

　人間の罪は普遍的で、それゆえ洪水は「すべて肉なるもの」(6:13 ほか多数) に及んだ。しかし、裁くことを通して救うとの神の約束もまた、「すべて肉なるもの」に向けられている。神の救いの御心もまた普遍的なのである。

　想い起こすためのしるし
　しるしは想い起こすためにある。たとえば、神の言葉を記した紙を入れた小箱を「しるしとして」自分の手に結び、額に付け、戸口の柱に取りつける。神の言葉をいつでも心に留めるためである (申命記 6:6–9)。結婚指輪は結婚のしるしであろう。他の人が見て、その人が既婚者であると知るしるしでもあるが、夫婦が自分の指、お互いの指に指輪を見て、結婚の誓約を思い起こすしるしでもある。しるしは記念として、いつも心に刻み、何度でも想い起こすためにある。

　割礼や安息日も同様である。割礼は神の民であることの消されることのないしるしである。見るたびに、神の民のしるしがその身に刻まれていることに誇りを抱いたであろう。さらに安息日を守る。神が安息を与えてくださる方であり、自分たちを聖別してくださる方であることを知るためである。生きる時間の中に神のしるしが刻まれているのである。

　ところが虹は、ここでも他のしるしとは違っている。虹は、わたしたちが神との契約を思い起こすために置かれているのではない。神は「雲の中に虹が現れると、わたしはそれを見て、神と地上のすべての生き物、すべて肉なるものとの間に立てた永遠の契約に心を留める（ザーカル）」と約束してくださった (創世記 9:16)。神が見て、神が心を留めてくださる！　神のためのしるしだというのである。

　洪水が救済に変わるのは、ただ神がノアたちを「御心に留め（ザーカル）」てくださることによった (8:1)。神においては想い起こすことは行動することを含んでいる。神の想起は、神の救済行為と結びついているのである。たとえば、神はアブラハムを御心に留め、ロトを救い出された (19:29)。ラケルやハンナを御心に留め、その胎を開かれた (30:22、サムエル記上 1:19–20)。

アブラハム、イサク、ヤコブを思い起こし、エジプトからの解放を始める（出エジプト記 2:24–25）。約束を想起することで、イスラエルを滅ぼし尽くすことを思い直される（同 32:13）。

　虹が現れるとき、わたしたちが契約を想い起こさなければならないというのではない。そう命じられてはいない。むしろ、わたしたちに先立って、神ご自身が契約を心に留め、約束を想い起こしてくださるというのである。神は想い起こして、その約束を、今ここでも実現してくださる。神の救いが今ここで始まるのである。

　ルドルフ・ボーレンは、神の想起の中に説教を基礎づけた。

　「説教は、人間に神を想起せしめる呼びかけとなるより先に、まず神に想起を求める呼びかけとなる。……説教がこのような神の想起より生じ、神の自己想起をその源泉とするならば、神の風が吹き、ロトはソドムから逃れ出、不妊の胎は開かれる」（『説教学Ⅰ』第9章、邦訳 283–284 頁）。

　そうであれば、説教は神ご自身の約束に基づいていることになる。わたしたちの神は、想起する神でいてくださる。心に留めることを望んでいてくださる。説教がなされることを待ち望んでいてくださるのである。

ハムの罪（18-23 節）

　夫と妻、兄姉と妹弟と並んで、親子はもっとも基本的な人間関係の形である。エバは夫を罪に誘い、アダムは妻に責任を押しつけようとした。カインは弟を襲って殺した。今、親子の間であってはならないことが起こる。ハムは父ノアの裸を「見る」ことで、さらに、父のことを他者に「告げる」ことで、父を敬うことをせず、かえって辱めた。

　「あなたの父母を敬え」との戒めは、十戒において「殺してはならない」よりも前に置かれることになる。神を神とすることを命じる第四戒までに直結する第五戒である。親は子に教育を通して直接的に、また生きることそのものを通して間接的に、神を畏れることを教える。子は親を、自分に神を指し示してくれる存在として重んじるべきである。

　神の語りかけを聞いたのは父ノアである。すべて神が命じられたとおりに

して、箱舟を造ったのは父ノアである。神だけを頼りにして生きることを教えてくれたのは父ノアである。神のために祭壇を築き、献げ物をささげ、自分のためにもとりなしの祈りを献げ続けてくれたのは父ノアである。父を侮ることは、父がより頼んでいる神を無視し、父をよしとしている神の判断に逆らうことである。

罪との戦い（24-27 節）

神はアダムに「どこにいるのか」と呼びかけて、捜し求めてくださった (3:9)。神はカインに「お前の弟アベルは、どこにいるのか」と問うて、なおも神に立ち帰る機会を備えてくださった (4:9)。しかしここで、もはや神はハムに直接呼びかけることをなさらない。

洪水は世界史の大きな転換点である。創世記の 11 章までが原歴史として扱われることもあるが、むしろ洪水までが原歴史である。象徴的な言語で普遍的な人間の姿が語られてきた。洪水の後、新しい時代を迎える。具体的、個別的な歴史が語られるようになる。ハムの罪はもはや人類全体に影響を及ぼすのではなく、カナン人にだけ関わるのである。

そして、契約の中で人の血を流す罪に立ち向かう責任を与えられたことに従って、ノアは今、自らハムの罪に立ち向かう。もっとも、ノアがすることができたのは、呪うこと、すなわち災いを告げることだけであった。災いに終わるしかない罪人に祝福を告げるためには、どうしても神の救いが必要であった。

参考文献

関根正雄『創世時代講解』（関根正雄著作集 13）新地書房、1984 年

Gordon J. Wenham, *Genesis 1-15* (WBC), Word Books, 1987.

H. ミューラー『福音主義神学概説』雨宮栄一／森本あんり訳、日本キリスト教団出版局、1987 年

R. ボーレン『説教学Ⅰ』加藤常昭訳、日本キリスト教団出版局、1977 年

創世記　11章1-9節

蔦田崇志

序

　創世記の前半（1–11章）をそれに続くイスラエル史（族長物語）と並べて原初史、すなわち被造物の原初、人類の原初を描いたものと捉えるならば、このバベルの塔は、原初史の最後を飾るエピソードである。一方では神が創造された偉大で麗しい森羅万象が、罪のために音を立てて崩れてゆくそのなれの果てにバベルの塔はそそり立つ。罪が、祝福を受けた被造物を、分けても人類を創造主から引き離してしまった。エデンの園から追放されたのみならず、洪水によって致命的な追撃を受け、そして今や地の果てに離散してしまった。他方、創世記の、そしてモーセ五書のこれからの展開を占う視点から言えば、この塔は信仰の父と称されるアブラハム（アブラム）が神によって呼び出されるその舞台設定を仕上げる役割を果たしている。この短いエピソードは斯くしてこの上ない絶望を露わにしながらも、主の御手が彼らの上に重く覆っている事実を見せるのである。

人類発展の絵図（1-3節）

　この物語は思いの外前向きで楽観的な滑り出しを見せる。「世界中は同じ言葉を使って、同じように話していた」とは何と望ましい世界であろうか。人は互いに通じ合い、思想や文化、価値観や情報を共有することができる環

境にあった。単なる言語現象ではない。人類はまさに「話して」通じ合うことができたのである。現代社会がこの共有の欠如のためにどれだけ不便を強いられていることか。何とかして共通の「ことば」を持ちたいと試みてきたことか。この絵画は神に呪われ、罪に汚されて、惨めになっている世界を描いているようには思えない。むしろユートピアか、それこそ楽園を彷彿とさせるような世界に映る。

　さらに人々は移動をして、物理的に一つ所に集まる。住むのに整った環境を見出したのだ。人はどの時代であっても己にとっての「シンアルの地の平野」を探し求めている。安定した生活環境、治安の保証、加えて食糧事情の豊かさなどを求めて探求を続ける。大洪水後の人社会が再形成される中、当時初めて勇者として認められたニムロドの支配がこの一帯に及んでいたことも十分に想像できる（創世記 10:8–12）。

　そしてれんが作り（3 節）が象徴するのは言うまでもなく技術革新である。れんがを焼いて強固にする術を彼らは得た。それで、石に勝る建材を手に入れた。さらに彼らは「しっくいの代わりにアスファルト」を開発し、活用するようになる。情報・知識はますます豊かになり、新たな知識に基づく技術の発展は加速的に進み、人類にとって深刻な課題となっている不便が改善され、まさに祝福を謳歌しているような世界が描かれている。近現代社会は殊更にこのような価値観を原動力として邁進してきたように見受けられる。時代設定も史実性についても手掛かりの著しく欠けるエピソードでありながら、何と現代社会の絵図と見事に重なることか。

塔が建つ先に立つ志（4 節）

　ここで人は明確な意思表示をする。

　「さあ、天まで届く塔のある町を建て、有名になろう。そして、全地に散らされることのないようにしよう」。

　都市の建設が彼らの目的であることは明らかだが、彼らの意欲は天まで届く塔を建てるところにまで及ぶ。鍵はその塔が天に届くこと。月本昭男は私訳の解説に「メソポタミアの主要都市には前三千年紀から都市神を祀る階段

状の高塔ジックラトが建てられた」ことを想起させ、この塔に宗教的役割があったことを暗示している（月本『旧約聖書Ⅰ　創世記』32頁、脚注12）。断定はできないものの、含蓄のある指摘である。いずれにせよ頂が天に届くほどの建造物を目指す彼らの勢いには目を見張るものがある。原書には「（我々は）建て（ニヴネー）」に続いて「ラ・ヌー」という前置詞と一人称複数の接尾辞が続き「我々のために」というような意味が付加されていて、その塔が彼らの手のわざの達成した頂点を象徴するような意義があることを匂わせる。少なくとも神を讃えて謙（へりくだ）る様子は見受けられない。創造主への礼拝はおろか、ともすると都市神を祀る信心さえ持ち合わせていなかったかもしれない。

　「有名になろう」と彼らは息巻く。月本は「われら自ら名を為そう」と訳し、新改訳聖書では「名をあげよう」としている。「ナアセー（作る）・ラ・ヌー（我々のために）・シェーム（名前を）」という語順であるが、鍵は「シェーム」が語感も含めて前後の文脈の中で、対比的に繰り返されるところであろう。10章21節より32節まではセム（シェム）から始まり、エベルを経由して（24節）ヨクタンの息子たちに至る系図が記載されている。バベルの記事を挟んで、11章10節からエベルを経由して（16節）ペレグの息子たちに至る系図が収められている（18節以降）。そしてその延長線上にテラの息子たち、アブラムが続く。つまりバベルの塔の記事はセム（シェム）から始まりエベルを経由したのちの２つの対照的な子孫の流れを、対比しながら描いていることになる。

　方や文明の繁栄を極めて、その延長線上で名（シェーム）を挙げようと狼煙を上げたセムの子孫、他方では神によって召し出され神ご自身が祝福を約束され「あなたの名を高める」と告げられたセムの子孫が描かれている。その意味でバベルの塔は単に頂（いただき）が諸天に届く建築物の是非を問うだけのものではなく、そこに深く絡みつく祝福、繁栄、名声の問題と結びつけて読むエピソードなのである。神は確かに人の祝福を御心とされ、その名声が高められることを望まれる。しかし、その経緯は如何に。バベルの塔はそこに光を当てる物語として、原初史を締めくくるのに相応しい。

人類が一つとなる（4節後半）

　さて、文明の達成を寿ぎ、名声を上げようとする前向きな動機付けに加えて、もう1点、彼らは自分たちが「全地に散らされることのないように」この都市を築き、塔を建てることにしたと言う。離散の恐れに対応しての策であった。ここに人類が神の祝福と結実の地を去って東へと移住した先で（創世記 3:24, 4:16）見出した安堵の根拠・条件がある。望みの地を見つけ、そこに定住し、そこから散らされないことである。彼らはその東の方からさらに移動をしてシンアルの地、ニムロドの足跡が残る地に集結した。

　神は生命あるものを創造された時に、被造物を祝福し「産めよ、増えよ、満ちよ」と命じられた（創世記 1:22, 28）。人を筆頭に生命あるものが全地に満ち溢れ、方々に広がることは祝福の証でこそあれ、人類の弱体や衰退を必ずしも意味していなかったはずである。まして不幸や呪いの現れなどではなかった。しかし人は散らされることに恐れをなし、一つとなることを目指した。神ご自身が「降って来て」有り様を見たのはこの時であった。

神がご覧になった世界（5-6節）

　神は地上に降りて来て、そして人の子らの手のわざをご覧になり、「このようなことをし始めた」と告げられる。これは単なる観察ではなく「彼らのなし始めたことがこれなのだ」（月本昭男訳）、あるいは「始めた最初の仕事がこの有様だ」（関根正雄訳）、と訳されているように神の憫然とした御思いの現れである。神の、人の子らに対する御思いについてはすぐに触れるが、まず読者の目を引くのは創造主であられる神が、町と塔を見るために降りて来られる事実であろう。かつてエデンの園にてアダムとエバを探して「どこにいるのか」と近づいて来られた神は（創世記 3:9）、またしても近づいて人の子らの下にお出でになり、彼らをご覧になった。

　神は人の子らが同じ言葉を用いていることをご覧になり、そして神は彼らが一つの民となろうと志していること、散らされまいとしていることをご覧になった。彼らが一つであろうとする激しい動機付けと、彼らが東方から移住して住むのに望ましい地に留まったこと、町と塔を築いたこととを神は結

びつけなさった。しかしこの結びつきが継続することは神の望まれるところではなかった。人の子らがこの先思いつき、実行に移していく「企て」が何であれ、その先に善はなく、祝福もなく、何よりも人の子らが求める安住と連帯は、この類の企てでは得ることができず、したがって留めなければならない。「これでは……妨げることはできない」とはその深刻な現状を言い表している。神は人の子らを治めなさる能力に限界を感じておられるのではなく、彼らの向かう先に一点の希望も見出せないことをご覧になったのである。神がさらに「降(くだ)って行って」（7節）介入なさることを御決めになられたのはこの時であった。

神のご介入（7節）

「我々は降(くだ)って行って、直ちに彼らの言葉を混乱させ、互いの言葉が聞き分けられぬようにしてしまおう」。

人の子らの有り様をご覧になるために降って来られた神は、さらに降って行かれ、いよいよ彼らの間で御手のわざを始めなさる。「我々は降って行こう（ネーレダー）」も「混乱させよう（ナーベラー）」も共に一人称複数の願望形／勧告形（Cohortative）変化を取っていて強い決意を表し、まさに「直ちに」そして確かに神のわざが施される勢いを見せる。「我々にかたどり、我々に似せて、人を造ろう」（創世記1:26）と神が告げたときも同じ願望形が取られている。人類の暴走を目の当たりにされた神は断固とした御心を持って降りて来られた。

神はここで何よりも人の子らの言葉を混乱させなさった。この言葉こそは彼らが舞台に登場した第一の特色である（11:1）。「同じ言葉を使って、同じように話」すことこそ彼らの強みであった。そしてこの秀逸こそが皮肉にも、神をして直ちに介入をさせた元凶となった。それにしても、言葉が一つであることがそれほど害悪なのか。むしろ頂が天に届くほどの塔を建てること、名を挙げようと野心に燃えること、そしてその動因である傲慢や神への反骨・不敬虔が問題なのではないのか。

確かに最新の技術を誇るかのように都市を作り、塔を建てる野心に神への

畏敬が無く、むしろ全能の神、創造主に対峙して同じようになろうとする傲りがあるとすれば、それは忌み嫌われることである（箴言 16:5 他）。あるいは時折解せられるように、神から譲り受けた土地を軽んじ、人間的な損得勘定に乗じて、その土地を離れて他所へ移動したことへの神からの戒めと捉えることもできよう。確かに後の時代にイサクの長子エサウは神からの嗣業を軽んじた事例として取り上げられている（創世記 25:27-34）。しかし、神は降って来られたとき、都市を破壊し、塔を倒されはしなかった。あるいは彼らの名に不名誉をもたらすこともなかった。彼らがもと居住していた地に追い返されたわけでもない。神は彼らの言葉を混乱させなさった。

　ここで想起するのは、人の子らが詰まるところ「全地に散らされること」を恐れていた点である。有名になることも、都市を築くことも、そして頂が天に届く塔を建てるのも、全地に散らされないためであり、そしてこれらのすべてを可能にさせていたのは彼らが共有していた同一の言葉であった。神は人が能力の限りを尽くして都市を作ることに優って、頂が天に届くような塔を建てることに優って、また名声を上げることに躍起になることに優って、人々が神の祝福に応答して、全地に広がり地を満たすことを好まず、一つ所に止まることで満足してしまう姿をご覧になり、彼らはもはやそのためならば何でも企てることを辞せず、その暴走に歯止めが掛からないことをご覧になった。そして神は確かな歯止めをかけられた。言葉が聞き分けられぬようになってしまった。

ことの顛末（8 節）

　かくして人々は直ちに全地に散らされた。これは人々が神の祝福を反故にしたことに対する刑罰なのだろうか。確かに人の子らが最も恐れていたことが現実に起きてしまった。シンアルの地に集った目的も計画も頓挫してしまった。結果残されたのは、未完の塔と住人の激減した都市と、全地に散らされた人の子らである。うち前者 2 件については、人類にとって痛みを伴う罰則とは言い難い。唯一彼らにとって不幸かつ痛手となったのは離散である。これが彼らに対する神の処罰なのか。

短絡的な答えは「然り」。そして不正解でもなかろう。確かに神は人の子らが最も望んでいた企てを妨げられた。そして最も恐れていた事態に彼らを追いやられた。人の子らにしてみれば、間違いなく神からの厳粛な審判と、その審判に基づく刑罰を受けているようにしか見受けられないであろう。後世のダビデは次のように祈った。

「わたしは黙し続けて　絶え間ない呻(うめ)きに骨まで朽ち果てました。御手は昼も夜もわたしの上に重く　わたしの力は　夏の日照りにあって衰え果てました」（詩編 32:3–4）。

シンアルに移動した人の子らが、どのように受け止めたのかは記録されていないが、彼らがこのように実感していたとしても不思議はない。

しかし、審判や処罰はあくまでも下す側の意図と判断が明らかにされなければならない。そしてこちらこそが肝心である。ところが、この記事には罪状が記載されていない。確かに記載されていないからといって、短絡的に彼らが無罪だと断定すべきではない。けれどもたとい断罪があるにせよ、このエピソードで浮き彫りにされるのは、シンアルからの離散そのこと自体にほかならない。神はご自身が創造された世界の隅々に人が大いに増大し全地に満ちるように祝福を告げられた。人の強み、命あるものの強みはその拡散にある。神は人の子らを彼らの企てに反してシンアルの地から全地に散らされたが、それは同時に人類の繁栄と祝福への歩み出しではなかったか。人はかくして「町の建設をやめ」ることができた。

バベルの意味（9 節）

最後に残されたのは、この出来事から読者が読み取るべき教訓と戒めであり、それはこの町につけられた名前に刻まれている。バベルと町が呼ばれたのは「混乱（バラル）」との韻を踏んでのことだと示唆されている。散らされることのないようにと進められた企てが、混乱に終わったことを記憶させる廃墟がバベルである。神がもたらした混乱は徹底的なもので、全地に及び（コル・ハ・アーレツ）、言葉の混乱したその全地に（コル・ハ・アーレツ）神は彼らを散らされた。ここでも拍子の良い韻を踏みながら（ミ・シャーム・

ヘ・フィツァーム)、その拡散が確かであることを印象付ける。地の上に広がり満ち溢れる祝福に期待せず、またその祝福を施される創造主を信頼せずに、己れの達成した技術や能力を頼って広がることを拒んでも、神はそれでも祝福が備えられている道へと追い立てなさる。それが人にとって「離散」と受け止められ、「混乱」としか解することができずとも。

また残された町に付けられた名称バベルは、イスラエル史、また救済史にあっては背教と退廃を象徴する都市、神の審判と断罪を象徴する町バビロンに通ずるとされている(月本『旧約聖書Ⅰ　創世記』30 頁、脚注 1 他参照)。栄華の上に安住し、快楽に浸る町(イザヤ書 47:1–8)、聖徒たちをその信仰のゆえに迫害する地(ダニエル書 3 章他)、そしてやがて神の審判の下に完全に滅ぼされる虚しい栄華を象徴する都市(黙示録 18 章他)としてバビロンは登場するようになる。

そしてまたバビロンは、背教を重ねるイスラエルの民を裁くために神の爪牙とされ(エレミヤ書 20:4–6 他)、背信の民に滅びと嘲り、そして廃墟をもたらす(同 25:9)勢力でもあった。

しかしイスラエル史の記録はその結語に、神がその民に与えられた地(ハ・アーレツ)が「ついに安息を取り戻した。その荒廃の全期間を通じて地は安息を得」た、と告げている(歴代誌下 36:21)。バビロンを術として執行された捕囚と離散の悲劇も、民の帰還と回復の準備となったことを示している。バビロニアはやがてペルシアに覇権を譲り、表舞台から姿を消す。バビロンは再びバベルのように、神の御心を示す器と化して忘れられる。

福音的な意味(結びに変えて)

頂が天に届くことを目指したバベルの塔は、今や言葉の混乱を象徴する。そしてその混乱をもたらしたのは神ご自身であった。とすれば、その言葉の混乱を修復させるべく、再び天から降って来られたキリスト・イエスはまさに「肉となって」人々の「間に宿られた」言ではなかろうか(ヨハネ 1:14)。いつでも神は、御自身の方から人に近づいて来られる。ヨハネはイエスの証言を記録する。「あなたがたがわたしを選んだのではない。わたしがあな

たがたを選んだ」(ヨハネ 15:16) と。そのイエスを「命の言」(Ⅰヨハネ 1:1) と仰ぐヨハネ自身も告白している。「わたしたちが神を愛したのではなく、神がわたしたちを愛して、わたしたちの罪を償ういけにえとして、御子をお遣わしになりました」(同 4:10) と。

エルサレムから離れようとする 2 人の弟子たちにも、「イエス御自身が近づいて」来た (ルカ 24:15)。そして彼らに聖書を悟らせられた (同 27, 32, 45 節)。そのルカが記録した五旬祭の日の聖霊降臨の出来事もまた、「天下のあらゆる国から帰って来た」人々が皆口を揃えて「(使徒たちが) わたしたちの言葉で神の偉大な業を語っているのを聞こうとは」と言って感嘆している (使徒 2:11)。言葉が再び一つになったのではない。それでもこの時言葉の混乱は止んだ。

今や人々はイエスによって全地に送り出される。語るべきことばを託されて。「あなたがたの上に聖霊が降ると、あなたがたは力を受ける。そして、エルサレムばかりでなく、ユダヤとサマリアの全土で、また、地の果てに至るまで、わたしの証人となる」(使徒 1:8)。「産めよ、増えよ、地に満ちて地を従わせよ」(創世記 1:28)。この祝福は今なお生きている。

参考文献

月本昭男『旧約聖書Ⅰ　創世記』岩波書店、1997 年

関根正雄『新訳旧約聖書Ⅰ　律法』教文館、1993 年

創世記　12章1-9節

楠原博行

1　アブラムの召命

以下直訳的になるが、創世記12章1-3節を、できるだけヘブライ語原典に基づいて訳す。

1節　主はアブラムに言われた。
　　　行け！　あなたの地から、
　　　あなたの親族から、あなたの父の家から、
　　　わたしがあなたに見せようとしている地へ。

何の理由も前提もなく「主はアブラムに言われた」と記されている。突然「主」が現れて、アブラムに語られる。これから起きることすべての主語が「主」となる。創世記12章から始まるとされる「救済史」／「救いの歴史」の主語が主なる神であるということである。

主なる神がアブラムに語られる。それは「行け！」という強い命令の言葉である。「行け！」、「あなたの地から、あなたの親族から、あなたの父の家から」、「出て行け！」ということである。「あなたの地から、あなたの親族から、あなたの父の家から」と少しずつ世界がせばまっている。新共同訳では「あなたの地から、あなたの親族から」がまとめられて「生まれ故郷」と

訳されるが、もともとは3段階、「あなたの地から、あなたの親族から、あなたの父の家から」である。そこには、ひとつの解釈があるのだろうが、口語訳では「時に主はアブラムに言われた、『あなたは国を出て、親族に別れ、父の家を離れ、わたしが示す地に行きなさい』」と、やはり3段階に訳されていたのである。

　ここで「あなたの地」とは「あなたと結びついている土地」ということである。それがさらに狭められて「あなたの親族から」、そしてそれがさらに狭められて「あなたの父の家から」出て行けとの命令が発せられる。「神の言葉は、それまで慣れ親しんできたすべての自然の環境から徹底的に離れてしまうことを要求している。そこから始まる」とゲルハルト・フォン・ラートは言う（von Rad, S.121）。

　どこへ行けと言うのであろうか。「わたしがあなたに見せようとしている地へ」である。新国際訳英語では「I will show you」、ルター訳ドイツ語では「das ich dir zeigen will」。「show」、「zeigen」、新共同訳では「示す」であり、「見せる」とも訳せる。しかも will と未来形である。まだ見ていない土地、未来において初めて主なる神がお見せになる土地に向かって出て行けと言うのである。

　　2節　わたしはあなたを大きな民にする。
　　　　わたしはあなたを祝福する。
　　　　わたしはあなたの名前を大きくする。
　　　　あなたは祝福となる。

　アブラムへの約束の言葉が続く。その基本となるのは祝福であるとG.フォン・ラートは言う（S.122）。
　「あなたを大きな民にする」／「あなたの名前を大きくする」と神は約束される。「名前をなそう（ヘブライ語アーサー。新共同訳では、有名になろう）」として、直前の11章で人々はバベルの塔を造った。しかし挫折した。自分たちの力で有名になることができなかったのである。しかし12章では反対

に主ご自身がアブラムに対して、あなたの「名前を大きく」しようと約束されるのである。

「わたしはあなたを祝福する」／「あなたは祝福となる」。主なる神がアブラムを祝福するだけに止まらない。アブラム自身が祝福となる。アブラム自身が祝福となる、の意味のひとつの説明が、新共同訳の「祝福の源となるように」だろう。アブラムがすべての人びとの祝福の仲立ちとなる、媒介者となるの意味であると考えられる。口語訳では「祝福の基」と訳された。美しい訳であると思う。

3節　あなたが祝福する者たちを、わたしは祝福し、
あなたが呪う者を、わたしは呪う。
わたしはあなたを祝福する。
そしてあなたによって祝福される。
すべての土よりの家族は。

その祝福は、アブラム個人の祝福を超えて行く。アブラムが祝福する者を主なる神も祝福する。アブラムが呪う者を主なる神も呪う。アブラムは呪いまで媒介する。G. フォン・ラートは次のように述べる。「しかしここでは、裁きという発想は祝福の言葉によってほとんど覆い隠されてしまっている」(S.122)。何よりも「あなたが祝福する者たちを、わたしは祝福し」と「祝福する者たち」が複数であるのに対して、「あなたが呪う者」は単数だろうと言うのである。アブラムにより地上のすべての人間が祝福される。

2　従うアブラム

この突然の命令に、アブラムは従う。G. フォン・ラートは、アブラムが何も言葉を発しないこと、ただひとこと、短い言葉で「旅立った」と記されていることを強調して、「強烈な印象を与える」と言う。「その偉大な単純さにおいて、この出来事の意義にはるかにふさわしい」(S.123)。これはアブラムの模範的な意味をこめて描かれているのだろうとも言うのである。

6節には、シケム、モレの樫の木というアブラハム物語において、この後、重要になる場所が出て来るが、「当時、その地方にはカナン人が住んでいた」と記される。神がアブラムにお見せになるその土地には、アブラムが自由にできるところはないということである。7節に「あなたの子孫にこの土地を与える」とあるが、アブラムに対しては何も与えられない。彼の子孫に与えられると言うのである。それからアブラムは祭壇を築く。8節に「主の御名を呼んだ」とある。神の名前を呼び、礼拝をしたということである。

3 原初史の結末

人間の罪の物語は、アダムの原罪、エデンの園からの追放、最初の殺人、ノアの洪水、バベルの塔と続く。その頂点が11章のバベルの塔の事件であった。事件後、人々は、お互いの言葉が理解できなくなり、地上に散らされてしまう。しかし一方で、地上に散らされた人類という結末では、すべての人類の救済という問題は未解決のまま残されてしまうとG. フォン・ラートは言う。そこで彼は、原初史と呼ばれる創世記1章から11章の結末が、11章ではなく、12章1–3節であると考える。世界の始まり、人類が罪に陥ってしまう歴史の結末は、アブラハムから始まる救済史、救済のはじまりであると言うのである。「一般的に11章の中に原初史の結末を見るならば、原初史はあまりにもたくさん、独立し、孤立した意味を持つことになる。その本来的な結末はむしろ12章1–3節であって、それが鍵となっている。それにより初めて、救済史の前に置かれた、宇宙的な張り出し構造（Vorbau）について、その神学的な意味において理解することができるのである」（S.118）。

12章3節の「地上の氏族はすべて　あなたによって祝福に入る」（新共同訳）の「地上」と訳された言葉は、通常この意味で用いられるヘブライ語エレツではなく、土という意味のアダマーが使われている。

「お前は女の声に従い
　　取って食べるなと命じた木から食べた。
お前のゆえに、土は呪われるものとなった。

お前は、生涯食べ物を得ようと苦しむ。」(創世記 3:17)

アダムに対して発せられたのは、土、アダマーに対しての呪いであった。今、その土から出るすべての人びとがアブラムによって祝福されると告げられる。アブラムによって、人間は罪の悲惨に終わることはなくなる。それら悲惨さからの神の救い、救出が開始される。このように言葉が選ばれているのは偶然ではないと思う。

4　祝福

ヘルマン・バルトはこの箇所の黙想の中で次のように記している。「(とりわけ創世記 8:21 以下では) 限定的な神の守りについて語っていたところを、今やアブラハムにおいて神の守りのわざが開始される。それは『地上の氏族はすべて』(12:3b) に向けられており、全くのオープンエンドで閉じられていた原初史への答えが記されているのである。12 章 2 節以下の約束の言葉の中では 5 回以上も『祝福する』〔ヘブライ語〕の語根が用いられている。これこそがこの物語の中に今、入ってきた新しいパースペクティヴである！……呪いには祝福がまさること、これを目当てとして、12 章 3 節 a 以下は、アブラハムを祝福する人は、それゆえ主により祝福されることを、複数形を用いて語る〔動詞『バーラク (祝福する)』が複数形。von Rad, S.122 も参照〕。反対にアブラハムを『軽蔑する』者は……それゆえ主により呪われることを、単数形を用いて語る〔動詞『カーラル (軽蔑する)』。ケーラー・バウムガルトナーの辞書によれば、『小さい者、取るに足りない者として扱う』の意味 (ゴードン・J. ウェナムはこの違いを強調している、Wenham, p.276 ff.)。他方、同じ辞書によればピエル形では『呪われたことを宣告する』意味と説明している〕」(Barth, S.362)。

間違いなくこの箇所の中心にあるのは祝福の約束である。いくつもの神学辞典が旧約聖書における「祝福」について記しているが、G. J. ウェナムによる創世記の注解書の中の短い記述を挙げておく。「バーラクを根とする語は創世記に旧約の他のどの部分よりも多く現れる (310 の他の箇所に対して

創世記に 88 回)。神の祝福は人の繁栄と幸福において最も明らかに示される。長寿、富、平和、豊かな収穫、子供たちという項目が、創世記 24 章 35–36 節、レビ記 26 章 4–13 節、申命記 28 章 3–14〔原文は 15〕節などの祝福のリストの中にしばしば挙げられる。現代、世俗的に『ラック(幸運)』、『サクセス(成功)』と呼ぶものを、旧約は『祝福』と呼んでおり、それは神のみがあらゆる幸運(グッド・フォーチュン)の源であるとの主張からである。確かに、神がその民の中を歩んでおられるという臨在は最も大きな祝福である(レビ記 26:11–12)。物に対する祝福はそれ自体が神の慈悲に対する疑う余地のない表現となるのである」(Wenham, p.275)。

意見が分かれるのは 3 節後半の「あなたによって祝福に入る」(新共同訳)である。バーラクのニフアル形は旧約聖書の中に 3 回しか現れず(ここと 18:18、28:14)、その意味は 3 つの立場に分かれている。1. 受動態で「祝福される」、2. 中動態で「祝福を見出す」、3. 再帰動詞として「自らを祝福する」。第三は、言ってみれば「地のすべての氏族は言うであろう、『アブラハムのようにわれわれが祝福されるように』」となる(Wenham, p.277)。あるいは「地の氏族は言い合うだろう、『神があなたをアブラハムのようにしてくださるように』」(Barth, S.363)。

聖書、注解書の翻訳には幅があるようである。ただ意味の違いは大きくないと G. J. ウェナムは言う。「アブラムを祝福する人が祝福され、地上の氏族がすべてアブラムを祝福するならば、当然『地上の氏族はアブラムによって祝福される／祝福を見出す』ことになるからである」(Wenham, p.278)。またクラウス・ヴェスターマンも次のように記している。彼はこの部分を再帰的に「地のすべての氏族は、自分たちをあなたによって祝福することになる」と訳すのである。「いずれにせよ 12 章 3 節 b が告げるのはこれである。神の行為は、アブラハムへの約束において、彼とその繁栄とに限定されたものではなく、地のすべての家族を含めた時に初めてそのゴールに到達する、ということである」(Westermann, p.152)。

5　説教のために

H. バルトは説教者に対して次のように提言する。創世記が記す、アダムの罪による生活環境の低下、つまり、女性に対する男性の支配、困難な耕作などの、生活の質の低下は3,000年以上続いているとして、われわれが当たり前に思っていることさえも、創世記のテキストによれば、生活の質の低下である。「だから説教者は……原初史において全く言及されず、現代になって新たに現れたような、生活の質の低下について（たとえば人間による容赦ない自然、被造物の扱いと、その結果について、など）、人間の罪に対する呪いであると認め、アブラハムとその子供たちから始まる、祝福の物語の地平で描き出す自由を有するのである。なぜならこれこそが、呪いを背負わされた世界の中に神が祝福の動きを引き起こされるという、創世記12章1節以下の息をのむようなビジョンなのであるから」(Barth, S.362)。

また、彼は、古典的な G. フォン・ラート、H. W. ヴォルフ等の黙想を土台として、説教黙想を記すが、G. フォン・ラートが先立つ原初史とのつながりが決定的であるとすることを挙げつつ、「原初史の文脈を最初から考慮に入れなくても、脱出／旅立ち、あるいは約束／服従／信仰というキーワードが心を引きつける……これが徹頭徹尾、このテキストの意図であって、このキーワードは形式的なカテゴリーにとどまることはなく……人間と関わる神の歴史、つまり創造された世界の、宇宙的、終末論的地平に含まれることである」(Barth, S.361) と述べる。

むしろ、これらのキーワードこそ、日本のキリスト者にとっても励ましになるものであり、アブラハムの召命物語も親しみ深いものである。この物語に信仰の決意を促された信仰者も少なくないと思う。この箇所が当時、新たな説教テキストのカレンダーに入れられたこと（1981年当時ではあるが）を H. バルトは喜んで、「この旧約の偉大で印象的な箇所が説教テキストのリストに入れられたことは『説教テキスト』改訂の良い側面に数えられる」（同）と言う。それまでは受難節第二の日曜日の周辺テキストにとどまっていたからである。改訂後、現在も三位一体日後第五の日曜日の旧約テキストとして用いられており、その際の福音書テキストはルカによる福音書5章1–11

節であり、主キリストが、もう一度網を降ろすようにシモンにお求めになり、「しかし、お言葉ですから」とシモンも従うところである。主はこのシモンを共にいたヤコブとヨハネと共にお召しになった。「日曜日の聖書テキストの間で響き合う意味では、さらにヨハネによる福音書1章35–42節が肩をならべる。弟子の召命はアブラハムの召命の新約的な写しなのである」(Barth, S.365)。

アブラムの召命は主キリストの弟子たちの召命と結びつき、さらにわれわれキリスト者の信仰への召しへとつながっている。われわれの説教の中で大きな主題となるに違いない（筆者担当のルカ5章の黙想、『説教黙想アレテイア ルカによる福音書 1–11章』141頁以下も参照されたい）。

加えてアブラハムの召命記事は新約聖書の中で繰り返し取り上げられていることである。使徒言行録3章25節以下ではアブラハムの信仰の系譜にあることを聴衆たちに確信させ、ガラテヤの信徒への手紙3章6節以下でパウロは、アブラハムの名前を挙げて「信仰による義」を語る。「神の民は時間を越えて、自分のことをアブラハムへの約束の受け手として見て良いのである。神はその民を祝福し、その名を高め、同時に民を道具として、世界全体に祝福の力を分け与えさせる」(Barth, S.363)。さらにヘブライ人への手紙11章の信仰者のリストの中でアブラハムは別格である。何度も繰り返して「信仰によって」の言葉と共にアブラハムの歩みが語られている。

また、この箇所が記されたのが捕囚期であることも手がかりになるかもしれない。捕囚の民に物質的困難はなく、むしろバビロンの社会に組み込まれたがゆえの、イスラエルの民としてのアイデンティティの危機、信仰の危機に彼らは直面していたのである。だからアブラハムの召命と約束は、散らされた（バベルの塔！）捕囚の民の、その小ささゆえの、異文化に取り込まれたがゆえの、不安に対する言葉だったとも考えられる。これもわれわれにとって縁遠い主題ではないはずである。

説教者にとっては常のことだが、教会員の葬りの準備をしながら、この文章を書いている。91歳、教会最高齢の婦人だった。1943年、戦時中18歳で洗礼を受けられた。どのような思いで信仰に入られたのか。「どの時代に

あってもキリストの教会は、この物語の中に、寄留者となってまで、神と、その導きとに、ひたすら身を任せたアブラハムにおいて、信仰の姿と信仰の歩みとが、模範的に描かれているのだと考えてきたのである」（Barth, S.365）。間違いなく日本のキリスト者もそのようであったと思う。信仰の父、信仰の模範としてアブラハムの召命物語を読んだに違いない。

「何のために神はわれわれの人生と、われわれのわざとを、お用いになられたのか、安心して神におゆだねすることができる。われわれは、それぞれの場所で、祝福のしるしであり、他の人びとに対しては、呪いをやわらげるもの、光を与える者となるようにと命じられているのである」（Barth, S.366）。

参考文献

Gerhard von Rad, Das erste Buch Mose Genesis (ATD), 12. Auflage, Vandenhoeck & Ruprecht, 1987.

Gordon J. Wenham, *Genesis 1-15* (WBC), Word Books, 1987.

Claus Westermann, *Genesis 12-36*, Tr. by J. J. Scullion S.J., Augsburg Publishing House, 1985.

Hermann Barth, in: A. Falkenroth und H. J. Held (Hg.), Hören und fragen, Ergänzungsband 3+4, S.361ff., Neukirchener Verlag, 1981.

創世記 13章 1-18節

小副川幸孝

13章の構成

　13章は、12章から始まる「アブラハム物語」の中で記されるアブラム（アブラハム）の人間性と神を信じる者としての姿を、甥のロトとの決別という出来事を通して生き生きと描き出した箇所である。

　ここでの主要なテーマは、主に次の4つにまとめることができるだろう。

1. 12章10節以下に記されているエジプトでの過ちからのアブラムの神への立ち帰り（1–4節）
2. 財産の増加（この世的な豊かさ）がもたらす分裂と決別（5–9節）
3. ロトの「人間的な、あまりに人間的な」決断と18章16節以下で示されるソドムの滅亡への伏線（10–13節）
4. 神の変わらない祝福と約束、アブラムの信仰（14–18節）

　文献学的には幾つかの資料の混在が指摘されるが、基本的にはJ資料に基づくものであろう。しかし、物語構造の文学性が高いことからまとまった伝承として伝えられてきたもののように思われる。そこで、全体の構成を見れば、アブラムの神への立ち帰りで始まり、立ち帰ったアブラムへの神の祝福で終わっている。それに加えて、信仰者としてのアブラムの姿とこの世的な判断をする甥のロトの姿が対比的に描かれ、その中で、その後の物語（ソドムの滅亡など）と古代イスラエルの祭儀伝承（ヘブロンでの礼拝など）への伏

線が文学的に張られるという構成になっている。こうした物語構造は、読み手、あるいは伝承の聞き手を物語の展開を追いつつ最後の「アブラムへの神の約束と祝福」へと導くと同時に、この章で示される幾つかのテーマの意義を伝えようとするものであるから、私たちもその物語の意図に従って本章の理解を深めたい。示されているテーマの意義は深い。

神への立ち帰り

12章後半の記述によれば、アブラムは、ネゲブでの飢饉を避けてエジプトに避難したが、エジプトでの自己保身のために妻サライ(サラ)を「妹」と偽ってファラオの妻の一人として提供し、その見返りとしての多くの財産を得た。しかし、その嘘が発覚してエジプトを追われた(12:10–20)。そこで13章は、彼が再びネゲブ地方へと帰り、そこからベテルへの旅を続けることにしたところから始まる(13:1–3)。1節は前章で述べられたエジプトでのアブラムの過ちと失敗を踏まえた記述である。

エジプトでアブラムは、彼なりの人間的な知略を用いて保身を図り、それによって多くの財産を得たが、結局は追放という憂き目にあった。神なしに行った自分の賢しらな知恵と判断が招いた結果をアブラムは恥じ、後悔したのかもしれない。彼は、偽りによって「多くの家畜や金銀」を得たが、大切な「信頼」は失ったであろう。彼は「ネゲブ地方へ上」り(1節)、そこから「更に、ベテルに向かって旅を続け、ベテルとアイとの間の、以前に天幕を張った所まで来た」(3節)。

この道程は、彼がエジプトに逃れる際にとった道を逆行したことを意味する。つまり、それは、彼が自分の知恵と判断でエジプトへ逃れたことを深く後悔したことを文学的に表現したものとして理解され得る。そして3節で、わざわざ「ベテルとアイとの間の、以前に天幕を張った所まで来た」と記すのは、エジプトでの失敗を経験したアブラムが自分の原点に帰ったことの強調である。そこは彼が「主のために祭壇を築き、主の御名を呼んだ」(12:8)場所である。彼は、エジプトで自分の愚かな知恵による過ちを知らされ、再び神に立ち帰る道をとったのである。

このことは、私たちに信仰者の模範的な姿を提供する。人が過ちや挫折を経験して困窮に陥った時にどこに立ち帰るのかは極めて重要なことである。なぜなら、人は常に過ちや挫折の危険の中に置かれ、それを経験してしまうからである。さまざまな状況判断をして、良かれと思ってしたことが悪しき結果になることをたびたび経験する。しかし、自分が立ち帰ることができるものを持っている者は、そこから身を翻らせて回復と再生へと再び進むことができる。アブラムは、自分の人生の出発点となった「神の祝福」に立ち帰る。恵みと祝福をもって人を導かれる神は、その立ち帰りの「原点」を与えられる。信仰とは、その神への立ち帰りに他ならない。マルティン・ルターは16世紀の宗教改革の契機となった『95か条の提題』の中で「キリスト者の生涯は悔い改めの生涯である」と宣言したが、「悔い改め」とは繰り返しの「神への立ち帰り」に他ならない。信仰者の生涯は神への回帰の生涯である。出発点に戻ったアブラムの姿は、そうした信仰者の姿を示し、こうしてアブラムは、「神の祝福」に基づく旅を再生する。

　要約すれば、アブラムは、神の祝福の約束を信じて人生の旅路を歩み始めた。しかし、その旅路の初めにあったのは生命の存続さえ脅かす飢饉であった。そこで彼はエジプトに逃れ、自分の知略を用いて自己保身を図ろうとするが、結局は失敗した。だが、神は、その失敗から彼を救い出し、彼と妻サライを守られた。そして、彼は神に立ち帰るのである。

　私たちはここで、妬みのゆえに弟アベルを殺し、罪を犯してしまったカインが自らの罪を自覚した時に、神が再びカインを守ると約束された出来事を思い起こすことができるかもしれない（4章）。神を信じる者となったアブラムは、神に立ち帰り、祝福の旅を再び始めたのである。

　しかし、神の祝福の約束はまだ成就しない。繁栄や富の所有、安定した生活を求めることの問題は、大きな課題として残っている。それらは通常、「祝福」の具体的な内容として考えられるものである。2節は「アブラムは非常に多くの家畜や金銀を持っていた」と記すことで、この問題を直接取り上げることを暗示する。そして、富の所有が5節以下のロトとの分裂の要因となることを示すのである。ましてやそれらの「非常に多くの家畜や金

銀」は、エジプトでファラオを欺くことによって得られたものである。そのようなものが決して「神の祝福」の内実ではないことがロトとの分裂で示されるのである。

富による争い
　「アブラムと共に旅をしていたロトもまた」、多くの富を所有するようになっていた。しかし、聖書は、「彼らの財産が多すぎたから、一緒に住むことができなかった」（6節）と語る。
　元々、創世記で描かれる族長たちは家畜飼育遊牧民として生活をしていた者たちである。G. フォン・ラートは彼らの生活を次のように描写する。「彼らはむしろ小家畜飼育遊牧民であって、定期的に、徹頭徹尾平和的な意図で沃地にやって来て、定着民との友好的な合意に基づき、夏の間、すでに収穫の終わった畑で彼らの家畜の群れを放牧するのである」（『創世記　上』289頁）。したがって、彼らが使用することができる土地も水場も限りがあり、今や多くの家畜を養うようになっていたアブラムとロトにとってそれらは決して十分ではなかった。そして遂に、「アブラムの家畜を飼う者たちと、ロトの家畜を飼う者たちとの間に争いが起きた」（7節）のである。
　これまでの人類の歴史が所有をめぐる争いであったことを考えれば、ここで示されるアブラムとロト、そのそれぞれのしもべたちの争いは、極めて現実的な問題であり、それはいわば、私たちの課題でもある。人は、不足の中で多くの富と多くのものを所有することを求めるが、富の所有は争いと分裂を生む。人は、今日でもなお、戦争という馬鹿げた行為で領土と資源を奪いあおうとしている。不足が貪欲を生み、貪欲が争いを生む。そして、争いは、当事者同士だけではなく、周辺の多くの人々への悪影響を及ぼす。7節の後半で「そのころ、その地方にはカナン人もペリジ人も住んでいた」という一文が添えられているが、それは彼らの争いが彼らと友好的な関係にあった定住民たちにも悪影響を及ぼしたことを意味する。アブラムは、この問題をなんとか平和的に解決しなければならなかった（8節）。そこでアブラムはロトとの決別を決断して、ロトに選択権を与えるという方法をとる。そこに、

神に立ち帰り、神の導きを信じていこうとするアブラムの「信仰の父」としての姿を見ることができる。
　アブラムは、自分が年長であることや部族の長であることの一切の人間的な権威を放棄する。彼は、「あなたの前には幾らでも土地があるのだから、ここで別れようではないか。あなたが左に行くなら、わたしは右に行こう。あなたが右に行くなら、わたしは左に行こう」（9節）と語る。このアブラムの姿には、徹頭徹尾神に信頼して、すべてを神に委ね、この世的な事柄に左右されない信仰者としての姿がにじみ出ている。

ロトの決断
　他方、選択権を譲られたロトは、「目を上げて」周囲を眺める。彼らがいた「ベテルとアイとの間」（3節）は見晴らしの良いところであり、死海南岸のツォアル辺りまでのヨルダン渓谷が一望できたに違いない（フォン・ラート『創世記　上』290頁）。そこで、「ヨルダン川流域の低地一帯」がよく潤って、生活を安定させ、豊かな暮らしを送るためには最適な場所のように思われた。その土地のことが「主の園のように、エジプトの国のように」（10節）と形容される。それは「生きるための苦労がなく、繁栄と豊かさが与えられる」というほどの意味であろう。まさにその地は、「女が見ると、その木はいかにもおいしそうで、目を引き付け、賢くなるように唆していた」（3:6）と表現された「エデンの園の木」であり、アダムとエバが誘惑されたように、ロトはその地に魅了される。「ロトはヨルダン川流域の低地一帯を選んで、東へ移って行った」（11節）。
　この選択は、荒地での長い旅を経験してきたロトにとって当然のことであったであろう。人は、生活の苦労があればあるほど生活の安定と繁栄を求めたがるし、現に目の前にあるものによって物事を判断するからである。家畜遊牧民であった彼らにとって商業活動や文化の香りがする都市は魅力的であったに違いない。それは容易に繁栄が得られそうなものを与えてくれる。ロトは何かに引きつけられるかのように「ソドムまで天幕を移した」（12節）。
　しかし、このロトの選択と決断が誤りであったことが、「アブラハム物語」

の中での「ロトの物語」で示されていく。ここではそれを前提にした文学的伏線が張られているのである。まず、10節で「主の園のよう」だと形容されたヨルダン川流域の低地一帯は、「主がソドムとゴモラを滅ぼす前であったので」と但し書きがつけられている。そして、ロトが天幕を移した「ソドムの住民は邪悪で、主に対して多くの罪を犯していた」（13節）と記される。つまり、ロトは自分の目で周囲を見回し、最も良さそうなものを選択したが、それは「滅び」への選択であったと言うのである。創世記は、それを後で「ソドムの滅亡」という出来事で伝えるが（19章）、神なしに、「人間的な、あまりに人間的な決断」をしたロトの問題点が、神への信頼と信仰の欠如であることを明瞭に示すのである。「まことに人は目で見たものによって過つ」。ロトはその典型として描かれているのである。

アブラムへの神の約束

ロトに選択権を譲ってカナン地方に住んだ（12節）アブラムには神御自身が語りかけられる。「さあ、目を上げて、あなたがいる場所から東西南北を見渡しなさい」（14節）と。

この言葉は10節の「ロトが目を上げて眺めると」という言葉と対比的に記され、一方が自らの意思で四方を見渡したことに対して、他方は神の言葉に従って四方を見渡すということが強調されている。つまり、ロトは自らの意思と判断に従ったがゆえに滅びへと進み、神に立ち帰ったアブラムは、進むべき道を神に委ね、その言葉に従ったがゆえに神の祝福の約束を与えられるという構造になっているのである。そのことによって、自分の思いや判断に従うロトと、神を信じる信仰に立つアブラムの姿が鮮明に浮かび上がり、民族の祖であり「信仰の父」と呼ばれるアブラム（アブラハム）の在り方が信仰者の姿として模範的に示される。12章4節で「アブラムは、主の言葉に従って旅立った」と記された姿が、ここでのアブラムの信仰の具体的なこととして示されるのである。

そして、そのアブラムに、12章7節で語られた「神の約束」が繰り返され、さらに「あなたの子孫を大地の砂粒のようにする」（16節）という約束

が加えられる。しかも、12章7節では「あなたの子孫に与える」と言われた大地は、ここでは「永久にあなたとあなたの子孫に与える」と言われ、加えて、数えきれないほどの子孫が与えられると言われ、エジプトでの挫折を越えて神に立ち帰り、神の導きを信頼するアブラムにますます大きな祝福が与えられるという「神の約束」が告げられるのである。

しかし、アブラムが神の言葉に従って見た土地は、ロトが選択したようなヨルダン渓谷の低地一帯のように繁栄と豊かさをもたらすように見える土地ではなく、むしろ反対に、水も乏しく、昼の熱波と夜の冷気が襲うような荒れた土地であり、砂粒のように増えると言われた子孫は、まだ誰一人として与えられていない。聖書の記述に従えば、アブラム（アブラハム）に子イサクが与えられるのは、25年後である。神の約束の具体的成就は、それを信じるからといって直ちに与えられるわけではなく、それを受け取るには長い年月を必要とした。

しかし、この何もないように思えるところに「神の約束」を見ること、それが「信仰」に他ならない。「信仰とは、望んでいる事柄を確信し、見えない事実を確認することです。……この人たちは皆、信仰を抱いて死にました。約束されたものを手に入れませんでしたが、はるかにそれを見て喜びの声をあげ、自分たちが地上ではよそ者であり、仮住まいの者であることを公に言い表したのです」（ヘブライ 11:1, 13）と言われているとおりである。目に見えることや性急に成果を求める者にはそれが見えない。アブラムに「さあ、目を上げて、あなたがいる場所から東西南北を見渡しなさい」と呼びかけられた神の言葉は、そのように「見えるものではなく、見えないものに目を注」ぐ（Ⅱコリント 4:18）在り方を示すものでもあるだろう。

17節の「この土地を縦横に歩き回るがよい。わたしはそれをあなたに与える」は、法的に土地の所有権を示す際にとられた方法の一つであり、その土地がアブラムの所有として認められることを意味している。神の約束が具体的なことであることを示すものであろう。

ヘブロン

アブラムの信仰の旅路の最初の物語、つまり、エジプトでの挫折と神への立ち帰りの物語は、18節のヘブロンへの移動とそこでの礼拝をもって締めくくられる。

ヘブロンはアブラムの生涯にとって重要な地になる。彼はヘブロンの「マムレの樫の木のところに来て住み」(18節)、そこでマムレの兄弟であるエシュコルとアネルと同盟を結び (14:13)、諸王たちの争いに巻き込まれてソドムに住んでいた甥のロトがメソポタミアの4人の王たちの連合軍に捕虜として連行されたのを聞き、同盟を結んでいたエシュコル、アネル、マムレと共にロトを奪還したりしている (14:24)。ヘブロンの地は、アブラムにとって比較的平穏に共存できる地であったであろう。

やがて彼は家畜飼育遊牧民としてそこからネゲブ地方、ペリシテ人の地ゲラルに移動したりするが、創世記の記述によれば、彼の妻サラはヘブロンで死に、アブラハムは、彼女を葬るために、マクペラの洞穴のある一帯をヘト人エフロンから通用銀400シェケルで買い取った (23章)。この洞窟には、その後、アブラハム自身や彼の息子イサクとその妻リベカ、そしてイサクの子であるヤコブとその妻の1人であるレアが葬られている。マクペラの洞穴は、今日、「族長たちの墓」としてユダヤ教、キリスト教、イスラム教によって神聖視されている。

アブラムが「見えるかぎりの土地をすべて、わたしは永久にあなたとあなたの子孫に与える」(15節) と約束された土地のうち、彼が具体的に所有できたのはヘブロンのマクペラ洞穴とその周辺のわずかなものにすぎなかった。しかし、神に立ち帰ったアブラハムが祭壇を築いて礼拝したヘブロンは、彼にとって「神の祝福の約束」の大きさを豊かに示したに違いない。

黙想のための小さなまとめ

アブラム (アブラハム) は、エジプトでの挫折の後、神に立ち帰った。それは自分の原点への立ち帰りであり、それがアブラハムの信仰の姿の基本的パターンとなった。それはキリスト者の生涯のパターンでもあるだろう。そ

こで彼は、自分の判断や知略ではなく、素直に、そして素朴に神に信頼し、神に委ねる道をとった。そして、さらに大きな祝福を与えられ、祭壇を築いて礼拝した。

　礼拝とは、神への立ち帰りに他ならない。神に立ち帰る者を神は祝福される。この箇所ではそのことを覚えて黙想したい。

参考文献

G. フォン・ラート『創世記　私訳と註解　上』（ATD 旧約聖書註解）山我哲雄訳、ATD・NTD 聖書註解刊行会、1993 年

創世記　15章1–21節

吉村和雄

　与えられている箇所は、創世記のアブラハム物語において中心的な箇所である。新約聖書においては、パウロがローマの信徒への手紙4章で、創世記のこの箇所を取り上げて、信仰による義認という、彼の神学において中心となることがらを説いている。アブラハムは、割礼のない者にとっても、割礼を受けている者にとっても、すべて信仰を持つ者の父であり、その信仰は、わたしたちにとって模範であると言っている。そのアブラハムの信仰とは何か、彼がわたしたちの信仰の模範であるとはどのような意味においてであるのか。それがこの黙想の中心になるだろう。なおテキストにおいては「アブラム」となっているが、この黙想の中では聖書の引用箇所以外は「アブラハム」と、また妻「サライ」は「サラ」と表記する。

恐れるな

　この箇所は「これらのことの後で、主の言葉が幻の中でアブラムに臨んだ」という言葉で始まる。「これらのこと」の中には、創世記12章からのすべての出来事が含まれるだろう。創世記1章から11章までは物語の部分である。天地創造からバベルの塔の物語に至るまで、神によって創造された人間が、どのような経過をたどって神から離れ去ってしまったかが語られる。その人間を、もう一度神のもとに取り戻そうとされる神の救いの業が12章

から始まるのであるが、それを神はアブラハムという一人の人間を召し出し、彼と契約を結ぶという形で始められた。その約束とは、彼を大いなる国民にし、それによって彼を祝福の源とすることである。地上の氏族はすべて彼によって祝福に入る。つまり、神が彼らの神となり、彼らが神の民となるという幸いな関係に導き入れられる。そういう意味でアブラハムは、神が救いの業のためにこの地上に築かれた橋頭堡である。たった一人の人との間に、神とその民という関係を築き上げることから、神は世界を救う業をお始めになったのである。彼はその約束を信じて、生まれ故郷のハランを離れ、カナン地方へ移り住む。神はそこでさらに、その土地を彼の子孫に与えるという約束をされたのである。

　しかしながら、その後のアブラハムの人生は、決して平坦なものではなかった。カナンから移り住んだネゲブ地方を飢饉が襲い、彼はやむなく家族と共にエジプトへ下り、そこで妻サラがファラオに召し入れられるという、思いもよらない出来事を経験する。それによって得た多くの財産と共にネゲブ地方へ戻ると、今度はその財産のおかげで彼と行動を共にしてきた唯一の親類である甥のロトと別れることになる。さらにその後、付近の地方の王たちが戦争を始めて、その戦いの中で甥のロトが財産もろとも王たちに連れ去られると、アブラハムは手勢を率いて彼らを追撃し、ロトと財産を取り戻すことまでしている。

　「これらのこと」という一言では到底収まりきれないほどの波乱の時を経て、神がアブラハムに語りかけられたその最初の言葉は「恐れるな」である。これは挨拶の言葉だとも言われるが、しかしここでは単なる挨拶ではなく、内実を持った言葉だと思われる。アブラハムの心に、恐れがあったのである。彼は神の約束を受けている。その約束は、彼に子が与えられることによって初めて実現する約束である。彼を大いなる国民にするという約束も、カナンの地を与えるという約束も、後を継ぐ者がなければ意味を持たない。しかも彼の上には「サライは不妊の女で、子供ができなかった」(11:30)という事実が、なお重くのしかかっている。最初の約束からこの時まで、どれほどの時が経っているか正確には知り得ないが、恐らく10年に近い年数を経てい

るであろう」(16:3)。その間に起こった出来事は、約束が成就するという方向を向いているとは思えない。さらに肉体の衰えを考えれば、時が経てば経つほど、希望は遠ざかる。不安と恐れがこの時アブラハムの心の中で大きくなっていたであろうことは、想像に難くない。そのような彼に対して、神は何らその不安や恐れを解くための言葉を語らず、ただ「恐れるな」と言われる。そして続けて約束の言葉を語るのである。

その約束の言葉は、「あなたの受ける報いは非常に大きい」(1節)である。ブルッゲマンによれば、この「報い」という言葉はしばしば経済的な意味での授与財産を意味していて、「労働に対する報酬、賃金」と訳されるものであるが、ここでは報奨品ではなく、贈り物として理解されるべきだということである。信頼することが約束の条件ではないというのがその理由である。ただ同時に、希望を持つ者だけが贈り物を与えられるのも事実だと言っている(『創世記』250頁)。

報奨品と贈り物と、その間の関係は微妙なものであるようだが、しかしここではその報いが「非常に大きい」ということが、理解するときの鍵になるだろう。アブラハムは神の約束を信じて、故郷を捨ててカナンに移り住んだ。そこですでにひとつの決断がなされている。神を信じて、その約束に自分の身を委ねるという信仰の道へと、踏み込んでいるのである。その限りにおいて、報いを得ることがあり得るだろう。しかしその報いは「非常に大きい」のである。その前にあっては、わたしたち人間がする信仰の決断など問題にならないほどに、途方もなく大きいのである。そうするとそれは、報いというよりも、贈り物になる。マタイによる福音書18章21節以下が語る、1万タラントンと100デナリオンほどの違いである。100デナリオンを赦すことは、1万タラントンを赦される条件にはならないが、100デナリオンを惜しむことは、1万タラントンを失う結果を招く。100デナリオンがどうでもよいわけではない。神はここで、贈り物と言わずに報いと言われた。実際に与えられるものは途方もなく大きいので、それは贈り物である。しかし神はそれを報いと呼ぶことによって、アブラハムの信仰の決断を、評価しておられるのである。

創世記 15:1–21

アブラハムの抗弁

しかしながら、繰り返された神の約束の言葉も、アブラハムを納得させることはできない。一番大切な、子供が与えられるという言質が、まだ実現していない状況で、約束が繰り返されても、それを受け入れることはできない。アブラハムは、正直に自分の思いを語る。「わたしに何をくださるというのですか」(2節)との言葉は、彼の心の中心にある思いを言い表している。「報いは非常に大きい」と神は言われるが、しかし子供が生まれることを抜きにして、報いはあり得ないというのである。

神はなぜ、アブラハムに子を与えることを遅らせておられるのか。せめてその理由が示されれば、アブラハムも納得しやすかったかもしれない。しかし神はその理由をお示しにならない。理由を示さずに、なお約束を信ぜよと言われる。だからアブラハムは納得しない。この状況においては、彼は唯々諾々と神に従うことをしない。言いたいことは、神に向かって、正面から申し述べる。ブルッゲマンは「アブラハムがそれへと招かれた信仰は、明らかに平穏にあるいは敬虔に受け入れられてはいない。それは激しく戦われ、深く論争されて確信されるものである」と言う(『創世記』249頁)。そういう状況を、神ご自身がお作りになっているのである。それはアブラハムだけのことではない。福音書は、助けを叫び求めるその声を主イエスに無視され続けながら、なおも叫び続け、ようやく主の前に出られたときには、厳しい拒否の言葉を聞かなければならなかったひとりの異邦の女性の話を伝えている(マタイ 15:21 以下)。しかし彼女は、主イエスの拒否の言葉を耐え抜いて、ついに主を説得することに成功し、最後は「婦人よ、あなたの信仰は立派だ」という言葉をかけられるに至る。ブルッゲマンはアブラハムについて「約束を受動的に受け取る者ではない。彼は自分の立場を堅持して屈伏しない用意がある」(同書249頁)と言っているが、この異邦の婦人もそれと同じである。アブラハムは、約束の言葉を安易に受け入れることをしなかった。異邦の婦人は、主イエスの拒否の言葉に失望して立ち去ることをしなかった。神は、このような信仰者を、求めておられるのではないだろうか。

アブラハムの抗議の言葉は具体的である。「御覧のとおり」(3節)と言う。あなたもよくご存じの通り、である。「あなたはわたしに子孫を与えてくださいませんでしたから」と続ける。子供が与えられるかどうかは、神による。この事態の責任は神であるあなたにある。はっきりとそう言う。そして「家の僕（しもべ）が跡を継ぐことになっています」と続ける。奴隷を養子にして、跡を継がせる他に方法がありません、と言うのである。そしてその責任は、ひとえに、子供を与えない神にある。それが彼の言い分である。

星を数えてみなさい

自分の心の中をさらけだし、全身をもって抗議するアブラハムに対して、神もまた一歩も後へ引くことをなさらない。「その者があなたの跡を継ぐのではなく、あなたから生まれる者が跡を継ぐ」(4節)と言い放たれる。このあたりの神のなさり方は、アブラハムを最も困難な道へと導いていくようである。子供が与えられないので、アブラハムはやむを得ず奴隷を養子にしようとした。それ以外に、神の約束を実現する方法がないと考えたのである。するとそれに対して神は「あなたから生まれる者が跡を継ぐ」と言われる。養子ではだめだということである。それではと、これは妻のサラの進言によることであるが、若いエジプト人の女奴隷を妻にして、彼女との間に子供を得ようとする(16:1以下)。こうして得られた子供も「あなたから生まれる者」には違いないからである。しかしそれに対して神は「あなたの妻サラがあなたとの間に男の子を産む」(17:19)と言われる。こうしてアブラハムが人の知恵によって考え出した方法はひとつひとつ否定され、人間的には最も困難と思われる道だけが残される。「人間にできることではないが、神にはできる」(マルコ10:27)というところまで、アブラハムは追い詰められるのである。

この物語の頂点は、神がアブラハムを天幕から連れ出して、天を仰がせ、星を数えられるなら数えてみよと言われるところである。満天の星空を見せて「あなたの子孫はこのようになる」(5節)と言われると、アブラハムはそれを信じ、神はそれを彼の義と認められたのである。

創世記 15:1–21

　神を信じることは、神の御心の合理的な説明によることではない。この世の事柄を、その矛盾を、どれほど丁寧に、かつ合理的に説明してもらったとしても、それでわたしたちが信仰を持つことはない。それは、聖書や神学の研究に従事する者たちが、みな信仰を持つわけではないのを見れば明らかである。だからこそ神はアブラハムに対して一切の説明をされず、ただ星空を見せることをされた。そしてアブラハムは、それによって、神を信じたのである。

　星を見るというのは、特に現代人にとっては必須のことである。星を見るためには、神がアブラハムにさせられたように、天を仰がなければならない。天を仰がない人間は、この地上のことしか見ていない。そういう目には、この世界を動かしているのは人間であるように見える。だから人間こそが世界の中心であって、その考えや行動こそが決定的なものだと思い込んでしまうのである。

　しかし天を仰いで星を見たときに、そのような考えは一変する。目の前に広がる大宇宙を見たときに、人間が世界の中心だなどというのは大間違いだと、すぐにわかる。自分は、宇宙全体をも含めたこの世界の片隅にある、ほんの小さな惑星の上に、ほんのわずかな間、生きている存在に過ぎない。そこから、自分の存在の不思議さ、自分が生きているという事実の不思議さに目が開かれる。このような経験をする機会を持たない現代人が、神などないと思い込むのは当然である。だから主イエスがお生まれになったときに、その御許に召された異邦人が、星を見る人たちであったことは、意味が深いのである。

　もちろんアブラハムは宇宙を知らなかったであろう。しかし彼は「天」を仰いだのである。そこには神の威光が輝いている（詩編 8:2）。そこにあるものすべてが神の指の業であって、月も、そして、数えてみよと神に言われた星も、神が配置されたものである。その星の数たるや、到底数えきれるものではない。その神が、自分を御心に留めてくださった。子孫を与え、土地を与えるという約束をしてくださったのである。その自分とは一体何ものなのか。これほどの顧慮に値するものなのか。当然、そのようなことを考えたで

あろう。彼は圧倒的な神の現実を目の当たりにした。だからこそ、「あなたの子孫はこのようになる」と言われた神の言葉を、信じたのである。彼は現実に目をつぶって信じたのではない。現実を正しく見たから信じたのである。そして神はこの信仰を彼の義と認められた。

しかしながらこの「信仰」は、決して「信仰という名の行い」ではない。信仰によって義とされる、とは、「信仰という名の行い」を差し出して、「義という見返り」を得ることではない。信仰とは、神の真実に圧倒され、それに捕らえられていることである（フィリピ 3:8, 12）。捕らえられて身動きが取れなくなり、主の言葉に対して「はい、わかりました」としか言えなくなることである（マタイ 5:37）。だからアブラハムは、「あなたの子孫はこのようになる」と言われた神の言葉に対して「はい、わかりました」と言ったのである。

神の契約

しかしながら、アブラハムはさらに神に問う。この土地をわたしが継ぐことを、何によって知ることができるか、というのである。この土地を自分が継ぐことが確かであるというしるしを、見せてほしいというのである。考えようによっては不信仰とも思える願いであるが、しかし神の約束を自分の人生の中心に置き直して、新しく生き始めようとするときには、これについての確信が必要だったのであろう。事実、神はこのアブラハムの願いを退けず、聞き入れておられる。恐らく非常に古いと思われる儀式が行われる。これは約束を視覚的に捕らえるための、ある種の血の誓いであろうと思われる。2つに切り裂かれた雌山羊と雌牛と雄羊を、それぞれ互いに向かい合わせに置いて、その間を通り抜け、自分が約束を破ったときには、この動物のように切り裂かれてもよいという意思を表明する。そのようにして約束をした両者の間で、その約束を確かなものとするのである。

日が沈み、暗闇に覆われたころ、突然、煙を吐く炉と燃える松明（たいまつ）が、裂かれた動物の間を通り抜けた。約束を破ったときには、この動物たちのようにされてもよいと、神ご自身が表明されたのである。そして、エジプトの地か

らユーフラテスに至るまでの土地を、アブラハムの子孫に与えるとの契約を結ばれた。単にカナン地方を与えるというのではない。それよりもはるかに広い土地を、神は約束された。

　この土地は、ソロモンの治世下に最高潮に達したイスラエルの実際の国境を示している可能性があると言われる。しかしながら、これをより広く、世界を象徴するものとして受け止めることもできるだろう。アブラハムの子孫は、現在、カナン地方をはるかに超えて、世界中に広がっているからである。

　それにしてもわたしたちはここで、裂かれた動物の間を通ったのが、煙を吐く炉と燃える松明、すなわち神ご自身だけであったことに、注意を向けるべきだろう。わたしたちの救いは、神の御心から出ている。神が一方的にアブラハムを選び、約束をし、その約束の確かさを自ら保証して、進めておられるのである（ガラテヤ3:20）。

信仰の父

　アブラハムはわたしたちにとって、信仰の父であり、信仰の模範である。でも創世記が語るアブラハムの姿を見る限り、彼の姿は決して理想的なものではない。パウロはアブラハムの信仰について「彼は不信仰に陥って神の約束を疑うようなことはなく……神は約束したことを実現させる力も、お持ちの方だと、確信していた」（ローマ4:20–21）と言っているが、しかし実際のアブラハムの姿は、わたしたちがこのパウロの言葉から想像するものとは違っている。彼は、神の約束が本当に実現するのか不安になったし、そのために人間的な手立ても講じている。御使いが告げる神の約束の言葉にひれ伏しながら密かに笑うことさえしているのである（創世記17:17）。

　恐らくわたしたちは、聖書が語る信仰の模範とは、わたしたちが思い描く理想的な信仰者のあり方を示すものではないということに、気づくべきなのであろう。疑いも迷いも、アブラハムの中にないことはなかった。時にはそれらを正直に神に向かって語ることもあった。そして神はそれらを不信仰として退けることをされなかった。それはアブラハムが、正直な自分の姿のままに、神の前に立ち続けたからであろう。この人は、自分自身に対する真実

と同時に、神に対する真実をも、失うことがなかったのである。「彼は不信仰に陥って神の約束を疑うようなことはなく」というパウロの言葉は、神ご自身の、アブラハムに対する見方を示している言葉なのではないか。わたしたちの目がどのようにアブラハムを捕らえていようとも、神はこのように彼を捕らえていてくださった。

　そして神はこのアブラハムを用いて、その子孫として主イエス・キリストを生まれさせてくださり、わたしたちをも、信仰によってその系図の中に加えてくださっている。アブラハムが仰ぎ見た天に輝いていた星のひとつに、今わたしたちもしていただいているのである。

参考文献

W. ブルッグマン『創世記』（現代聖書注解）向井考史訳、日本キリスト教団出版局、1986 年

及川　信『アブラハム物語　説教と黙想　上』教文館、2011 年

創世記　16 章 1-16 節

本城仰太

16 章の位置付け

ここに書かれていることは、話としては、筋が明確でありわかりやすい。しかしこの話によって、読者に何を伝えようとしているのであろうか。

時間的なことがわかる手がかりが 2 つ与えられている。「アブラムがカナン地方に住んでから、十年後のことであった」(3 節)。「ハガルがイシュマエルを産んだとき、アブラムは八十六歳であった」(16 節)。直前の 15 章にも直後の 17 章にも、神とアブラハムとの間で契約が交わされているが、16 章は 2 つの契約の間に挟まれている話であり、しかもかなりの期間が空いているのである。

アブラハム、サラの心の動きはどうだったのだろうか。2 人には「あなたから生まれる者が跡を継ぐ」(15:4) という約束が与えられた。しかし時間が経つにつれてサラから子が生まれる望みが失せ、サラは「主はわたしに子供を授けてくださいません」(2 節) と言い、女奴隷ハガルに望みを託すことになる。ハガルから生まれた子は、法的にもアブラハムとサラの子となり、「あなたから生まれる者が跡を継ぐ」という神の約束は保たれることになる。サラも当初は自分から生まれることを信じていたのかもしれないが、「子供が生まれなかった」(1 節) ため、自分から生まれることはもはや信じず、人間のやり繰りによって、神の約束を実現させようとしたのである。

ところが、17 章では再び契約が結ばれるが、神の約束はさらに具体的な言葉になる。アブラハムは「どうか、イシュマエルが御前に生き永らえますように」(17:18) と言うが、「いや、あなたの妻サラがあなたとの間に男の子を産む」(17:19) と神が言い直してくださるのである。つまり、子の誕生までの期間が長くなるにつれて、アブラハムとサラにとっては神の約束が次第にかすんでいくが、神の約束はますます鮮明になっていく。そのような交差が 15–17 章には見られるのである。

さらに範囲を広げて考察してみよう。本書「序論」(小友聡) において、ブルッグマンによる創世記全体の構成が紹介されているが (9頁)、それによると、16 章は「受け止められた神の招き」(11:30–25:18) の中に位置している。この中で、「独り子イサクを捧げよとの神の命令は、アブラハムの人生最大の試練であり、物語のクライマックスとなる」(12頁) が、アブラハムの信仰が神に義と認められた (15:6) という出来事は、22 章でのイサク奉献を神が先に見ていた「摂理 (providence)」であるとされる。こう考えると、16 章は、15 章から 22 章に向かって行く途上の物語であり、先を見ておられる神のまなざしの中で捉えることができるし、捉えなければならないテキストということになる。いくら人間が混乱していたとしても、この枠組みは変わらないのである。

人間の混乱

与えられたテキストの前半 (主の御使いが登場する前の 6 節まで) には、アブラハム、サラ、そしてハガルが出てきている。サラが立てた計画をアブラハムが承認し (2 節)、その計画通りにハガルが連れて来られ、「彼女は身ごもった」(4 節)。ここまでは人間が立てた計画通り、すべて順調に進んでいったかに見えた。

しかし、「人間の計画には必ず見落としがある。………必ず『想定外』がある」(及川『アブラハム物語　上』151 頁)。サラはこのようなことを計画しなければならない辛さを抱えていただろうし、アブラハムもこのような計画を実行しなければならなくなったことは、本心ではなかったかもしれない。

ハガルも身ごもると自分の存在が重くなったのに対して、女主人のサラの存在を軽く見なした。

そういう状況において、サラはアブラハムに対してもハガルに対しても怒りをぶつけている（5節）。アブラハムはサラの訴えに対し、夫として家を治める責任があったが、「あなたの女奴隷はあなたのものだ。好きなようにするがいい」（6節）としか言えなかった。

そのように言われたサラはハガルに「つらく当たった」（6節）。「苛烈な仕打ちを受けた奴隷にできるひとつの救済手段は逃げることである」（デヴィドソン『創世記』144頁）。ハガルは身重のまま逃亡してしまった。逃亡されてしまっては、当初の自分が立てた計画（2節）も台無しになってしまう。サラはどう思ったのか。アブラハムはどう思ったのか。そのことについては、聖書は何も語っていない。

当初は順調にいっていた「人間の計画」が、このような「想定外」だらけになってしまった。「イシュマエルという存在がアブラハムにとって、約束に頼らず、自分自身の働きの実に頼るという誘惑である………このゆえに、イシュマエルは試みであり、そのことが物語を複雑にしている」（ブルッグマン『創世記』267頁）。神の約束に頼らず、人間の力に頼り、その結果が「想定外」であり、三者の関係に混乱が生じてしまったのである。

「どこから来て、どこへ行こうとしているのか」

このような経緯によって逃亡したハガルであったが、そのハガルに主の御使いがすぐに現れてくださる。それが7節以降の内容になる。

御使いはハガルに尋ねる。「あなたはどこから来て、どこへ行こうとしているのか」（8節）。この御使いの言葉に対して、ハガルは答えなければならないが、フォン・ラートは次のように考察している。「ハガルは最初の問いにははっきりと、反抗的な態度で答える。しかし第二の問いには、彼女は何も答えられない。すると使いは、直ちに彼女の過去と未来の双方を引き受けて、言う」（フォン・ラート『創世記　上』333頁）。御使いの問いは2つであり、「あなたはどこから来て」いるのかという問いに対しては、「女主人サラ

イのもとから逃げているところです」(8節)と「反抗的な態度」であったとしても、明確に答えることができた。しかし2つ目の問い「どこへ行こうとしているのか」については、何も答えることができなかったのである。

　そういうハガルに対して、御使いは9節、10節、11節の各節で、3つのことを告げていく。もはやハガルは何も言えない。原文の各節の文頭では「そして彼は言った」という同じ言葉が用いられているのも特徴的である。最初の「女主人のもとに帰り、従順に仕えなさい」(9節)というのは、今のハガルになすべきことが告げられた具体的な命令である。続く「わたしは、あなたの子孫を数えきれないほど多く増やす」(10節)というのは、ハガルに対する神からの約束の言葉である。さらに最後「今、あなたは身ごもっている。やがてあなたは男の子を産む。その子をイシュマエルと名付けなさい、主があなたの悩みをお聞きになられたから。彼は野生のろばのような人になる。彼があらゆる人にこぶしを振りかざすので、人々は皆、彼にこぶしを振るう。彼は兄弟すべてに敵対して暮らす」(11–12節)は、10節の御使いの言葉の内実であり、具体的にどのようになっていくのか、そのことが神から示された言葉である。

　ハガルは、自分はどこから来たのか（逃げて来たのか）は知っていたが、どこへ行こうとしているのか、それには答えることができなかった。ハガルが計画的に逃げ出したとは思えない。ハガルには「人間の計画」が立たなかったのである。

　そういうハガルに対して、御使いは9節のところで「女主人のもとに帰り……」と言う。原文では、「帰れ」が先頭にある。悔い改めを意味する言葉でもある。人間の「想定外」が起こったならば、神に対する悔い改めが伴わなければならない。この「帰れ」という命令形は過去と現在だけを含むものではなく、ハガルが将来歩むべき道も定められた命令形である。人間の計画はあくまでも多くの「想定外」を含んでいる「人間の計画」であるが、確かな将来の約束が含まれた言葉を告げることができるのが、神なのである。

原因譚

　16章の後半には、なぜ「イシュマエル」および「ベエル・ラハイ・ロイ」という名付けになったのか、その理由が書かれている。したがって16章はこれらの原因譚（原因を説明する物語）でもあるが、これらはあくまでもこの物語全体の周辺でしかない。

　「イシュマエル」という名は、11節からも明らかであるが「主は聞いてくださる」という意味である。「イシュマエル」という名を聞くたびに、ハガルの悩みを聞いてくださった神を思い起こすことができる。ハガルやイシュマエルのことが出てくる箇所は、創世記の16章に、21章と25章を加えることができる。21章では、ハガルがイシュマエルと共に追い出されることになるが、ここでも御使いに導かれ（21:17）、ハガルがエジプトの国からイシュマエルの妻を迎えた話が記されている（21:21）。25章では、イシュマエルの系図（25:12）が示され、イシュマエルの子孫がエジプト方面に住むようになったことが記されている（25:18）。イシュマエル族の起源について、触れられている箇所ということになる。

　13節にはハガルの応答が記されている。「あなたこそエル・ロイ（わたしを顧みられる神）です」。神は聞いていてくださる、そして見ていてくださるということである。このハガルの信仰告白の言葉が、その地の井戸の名前、「ベエル・ラハイ・ロイ」と結び付けられている。「この名は、字義通りには『見る生きている方の井戸』と訳され、写本と英訳のほとんどのように『私を見られる生きている方の井戸』と解される」（デヴィドソン『創世記』145–146頁）。13節後半「神がわたしを顧みられた後もなお、わたしはここで見続けていたではないか」の訳し方は一様ではなく、関根正雄は「わたしは実際に神を見、見た後でなお生きている！」（関根『新訳旧約聖書Ⅰ』27頁）と訳している。いずれの訳を取るにしても、神が聞いていてくださり、見ていてくださったからこそ、ハガルもまた神と向き合い、生きることができたのである。この点は、説教においても、原因譚と結びつけて語ることができるだろう。

　これら2つの原因譚について、フォン・ラートは、もともとは独立して

いた非常に古い時代まで遡ることができる 2 つの素材があり、それら 2 つがアブラハムの壮大な物語に結びついたと見ている（フォン・ラート『創世記　上』335 頁）。

　15–16 節は、このテキストの結尾である。ハガルがどのようにアブラハムの家に帰ったのか、サラがどのように女奴隷ハガルを迎え入れたのか、それらのことについて、テキストは関心を示さず沈黙している。ハガルは子を産む。名付けの親はアブラハムである。「アブラムは、ハガルが産んだ男の子をイシュマエルと名付けた」(15 節)。ハガルが御使いから聞いた名を、アブラハムもハガルから聞かされ、その通りに名を付けたのである。

ガラテヤ書をどう読むか

　ところで、創世記 16 章と 21 章のハガル・イシュマエル物語を、パウロがガラテヤの信徒への手紙の中で引用している。それが「二人の女のたとえ」（ガラテヤ 4:21–5:1）である。創世記 16 章の黙想にあたり、キリストを説教する立場からすると、決して無視することのできない箇所と言えるが、どのように読んだらよいのか。

　ガラテヤの信徒への手紙 4 章 24 節に「これには、別の意味が隠されています」とある。ここで用いられている「別の意味」とは、口語訳では「比喩」と訳されているが、元の言葉では「アレゴリー」なる言葉が使われている。寓意的とも訳されるが、古代教会における一つの解釈方法ともなっている言葉である。

　パウロのアレゴリカルな解釈として、次のようなことを言っている。「女奴隷の子は肉によって生まれたのに対し、自由な女から生まれた子は約束によって生まれたのでした」（同 23 節）。「約束」という言葉は、ガラテヤの信徒への手紙では、3 章のアブラハムが出てくる箇所以降、何度も繰り返し出てくる強調されている言葉である。パウロはサラとハガルという創世記に出てくる 2 人の女の物語を持ち出しているが、サラやハガルのことを直接論じているのではなく、「兄弟たち、あなたがたは、イサクの場合のように、約束の子です」（ガラテヤ 4:28）というように、「比喩的」に伝えようとして

いるのである。

　ガラテヤの信徒への手紙のこの箇所の説教で、加藤常昭はこう言っている。「もっと単純な表現で申しますと、24節にあります『奴隷となる者を産む』〔口語訳〕という言葉で説明できます。………生まれた者が皆奴隷になってしまうということなのです。………奴隷状態を産み続けるだけの歴史がある。それがひとつの歴史の姿だと言うのであります」(『加藤常昭説教全集21』224頁)。全世界がこの歴史を免れることはできなかったこと、そのことが説教において展開されていくが、罪の奴隷ばかりが生まれてきた中で、アブラハムとサラから「約束の子」が生まれ、あなたたちこそが「約束の子」だ、というのがこのテキストが持っているメッセージなのである。「この自由を得させるために、キリストはわたしたちを自由の身にしてくださったのです。だから、しっかりしなさい。奴隷の軛に二度とつながれてはなりません」(ガラテヤ5:1)。

　新約聖書の光のもとで旧約聖書をどのように読むか、パウロのこの解釈の仕方は、大事な点を教えてくれる。キリストにおける神の救済史として、パウロはサラとハガルの物語を再解釈しているのである。単に人間たちの混乱を神が救ってくださっただけでは済まないのである。神の約束がアブラハムよりもさらに先にまで貫かれ、キリストの救いへと至るのである。パウロのこの視点で観なければ、ガラテヤの信徒への手紙を理解することもできないし、創世記16章の物語の説教も、単なる宗教的講話で終わってしまうだろう。

キリスト論としての説教

　そこで課題となるのが、いかにしてキリスト論として、創世記16章を、教会の説教として語るかである。

　すでに黙想してきたように、アブラハム、サラ、ハガルの3者とも、「人間の計画」がうまくいかず「想定外」となり混乱の中に置かれていた。そんな中、主の御使いが将来の約束を告げ、実際にその通りに歴史が動いていくのである。この物語において重要な役割をなしているのは、主の御使いであ

ることは言うまでもない。

　フォン・ラートは「主の使いの姿には、奇妙にもキリスト論的な特質がある。創世記 48 章 16 節では、主の使いが『すべての苦しみから贖う者』と呼ばれている。主の使いはイエス・キリストの予型であり、その『影』なのである」（フォン・ラート『創世記　上』333 頁）と言っている。つまり、アブラハム、サラ、ハガルはいずれも苦しんだ者なのであり、主の御使いによってその苦しみから贖われたが、その贖いは未だ「影」にすぎず、本当の贖いはキリストにおいてなされる、ということになる。説教の課題は、「影」としてではなく、いかにキリストのリアリティを語るかにかかってくるだろう。

　創世記 21 章でイサクが誕生したあとも、人間たちの苦しみが続いていく。イシュマエルがイサクを「からかっている」（21:9）のをサラが見て、アブラハムに訴える。その訴えに対して、アブラハムは苦しむ（11 節）。16 章ではただちにサラの言葉にしたがって、ハガルのことを好きにするがいいと言ったアブラハムだったが、このときはそうではなかった。アブラハムは苦しみ、そして神がその苦しみに答えを与えてくださった（12–13 節）。その結果、ハガルとイシュマエルが家を追い出され、ハガルも砂漠で声をあげて泣き、苦しんだが、またしても主の御使いによって救われた。もちろんサラもこのような状況の中で苦しんだだろう。相変わらず人間の苦しみが続いていくのである。

　しかしそのような人間が負ってきた苦しみの贖いが、キリストによって成し遂げられた。その贖いが「影」としてぼやかされて語られるのではなく、キリストのリアルな救いの御業を目指して語られなければならない。パウロの救済史的視点、すなわち、アブラハムとサラから「約束の子」が生み出され、キリストによる贖いを通して、すべてのキリスト者が、罪の奴隷から自由にされた「約束の子」として生まれたことが重要であろう。ガラテヤ教会員もまた律法の行い、つまり、アブラハム、サラ、ハガルのように、自分で何とかしなくては、という思いにとらわれて「想定外」が生み出されてしまった。しかしそれでも神の約束がアブラハムを超えて、キリスト教会にまで貫かれるのである。

キリストご自身もこのように言われる。「はっきり言っておく。罪を犯す者はだれでも罪の奴隷である。奴隷は家にいつまでもいるわけにはいかないが、子はいつまでもいる。だから、もし子があなたたちを自由にすれば、あなたたちは本当に自由になる」(ヨハネ 8:34–36)。

参考文献

及川　信『アブラハム物語　説教と黙想　上』教文館、2011 年

『加藤常昭説教全集 21　ガラテヤ人への手紙・テサロニケ人への第一の手紙』教文館、2005 年

関根正雄『新訳旧約聖書 I　律法』教文館、1993 年

R. デヴィドソン『創世記』(ケンブリッジ旧約聖書注解) 大野恵正訳、新教出版社、1986 年

G. フォン・ラート『創世記　私訳と註解　上』(ATD 旧約聖書註解) 山我哲雄訳、ATD・NTD 聖書註解刊行会、1993 年

W. ブルッグマン『創世記』(現代聖書注解) 向井考史訳、日本キリスト教団出版局、1986 年

契約と割礼

創世記 17章1-27節

藤掛順一

17章の内容

　創世記17章には、主がアブラムに現れて「あなたは多くの国民の父となる」（4節）と告げて契約を立ててくださったこと、それに伴って彼にアブラハムという新しい名前が与えられたこと（5節）、そして契約のしるしとして彼の家に連なるすべての男子が割礼を受けることを命じられたこと（11節）、アブラハムの妻サライにも、サラという新しい名前が与えられ（15節）、彼女に男の子が与えられることが告げられたこと（16節）、しかしアブラハムは主の言葉を信じることができずに密かに笑ったこと（17節）、それに対して主が、彼とサラとの間に生まれる子に「イサク（彼は笑う）」と名付けるようにお命じになったこと（19節）、最後にアブラハムの家の男子が皆割礼を受けたこと（27節）が語られている。主がアブラハムに告げた「あなたを大いなる国民にする」との約束（12:2）が、いよいよ実現に向けて動き出したことが感じられる章である。

13年の空白を経て

　1節に「アブラムが九十九歳になったとき、主はアブラムに現れて言われた」とある。16章の最後の16節には「ハガルがイシュマエルを産んだとき、アブラムは八十六歳であった」と語られていたから、16章と17章の間に

は、13年の歳月が経っていることがわかる。資料的には、16章はJ資料であり17章はP資料であると言われる。しかし私たちは、現在の形に編集された創世記から神の言葉を聞くのであるから、編集者がこの13年の空白の期間を語っていることには意味があると考えるべきである。16章には、アブラムとサライの夫婦が、サライの女奴隷ハガルによって子を得ようとしたことが語られていた。主の約束を受けて旅立った時アブラムは75歳だったが (12:4)、それから10年経っても一人の子も生まれないので、自分たちの工夫で跡継ぎを得ようとしたのである。しかしその結果アブラムもサライもハガルもそれぞれに大きな苦しみを体験したことが16章に語られていた。そのようにしてイシュマエルが生まれたとき、アブラムは86歳だったのである。それから13年、主が彼に現れることも語り掛けることもなく時は過ぎていった。「あなたは多くの国民の父となる」という神の約束を受けて歩んでいたアブラムにとっては、この13年は神の裁きを感じずにはおれない日々だったと言えるだろう。

「最終的な形である現在のアブラハム物語において、16章でアブラハムは、妻の女奴隷ハガルとの間に子どもを作りました。それは、15章で子どもを与えると約束し、契約まで結んでくださった神様に対する決定的な裏切りであり、背信行為なのです。神様は、そういうアブラハムに対して、厳しい裁き、あるいは過酷な試練を与えました。その後の十三年間、彼には子どもが生まれず、彼はついに九十九歳になったのです。つまり、もはや子を作ることは到底できようもないし、妻のサラだって十歳年下とは言え、もはや子を産むことが出来ないのは明らかです。彼らはついに子孫を残すことが出来ないままその人生を終えざるを得ない。そういう裁きを受けていたのです」（及川『アブラハム物語　上』200頁）。17章の冒頭におけるアブラムは、自らの罪が招いた神の沈黙の中にいたのである。

全能の神
　神の沈黙の中で99歳となり、もはや子を得る可能性を全く失ったアブラムに、主が現れ、語りかける。主はここで「わたしは全能の神である」と自

らを紹介している。「全能の神（エル・シャッダイ）」は、祭司資料（P）において、神が族長たちにお示しになった名であり、モーセに至って「主（ヤーウェ）」という名が示されたとされている（出エジプト記6:3）。神の名の啓示のこの変遷の意味ははっきりしないが、「エル・シャッダイ」が人間をはるかに超えた、力に満ち満ちた神を意味していることは確かだろう。人間の可能性が罪によって全く失われ、道が閉ざされたところに、神の全能の力が働き始めた。「全能の神」がアブラムの罪を乗り越えて救いのみ業を再開してくださったことを 17 章は語っているのである。

主のみ顔の前を歩む

全能の神はアブラムに「あなたはわたしに従って歩み、全き者となりなさい」と語りかける。「わたしに従って」は口語訳聖書では「わたしの前に」だった。直訳すれば「わたしの顔の前に」である。神がアブラムに求めたのは、「命令に服従すること」であるよりも、「み顔の前を歩む」こと、神と正面から向き合い、神との交わりに生きることだった。それによってこそ彼は「全き者」となることができる。「全き者」も、倫理的に完璧な者ということではなくて、神のまなざしの前で、神としっかりと向き合って生きる者である。神の顔の前を離れ、神に依り頼むことをやめて、自分の力や工夫で生きようとすることが人間の罪である。16 章のアブラムはまさにその罪に陥り、その結果神の顔を見失っていた。そのアブラムに主なる神は 13 年を経て再び現れ、その全能の力によって、彼をみ顔の前で生きる者へと新しくしてくださるのである。「アブラハムは幾度も誘惑に負けた人間です。神様の顔の前から離れた人間です。自分で選んだ道を歩いたことがある人間です。そして、相当に深い傷を負ってきました。しかし、それでも主はアブラハムの前に現れる、現れてくださる。アブラハムの前に現れてくださる。彼を見捨てない。そして『いつまでわたしを避けて生きているんだ、いつまでわたしの顔の前から離れて生きているつもりだ』とおっしゃってくださる。この箇所は、そういうことを語りかけている。そう思います」（及川『アブラハム物語 上』173 頁）。

契約を立てる

　神はさらに、「わたしは、あなたとの間にわたしの契約を立て、あなたをますます増やすであろう」とおっしゃる。神がアブラムとの間に契約を立ててくださることも、アブラムとの深い交わりを築いてくださり、彼を神の顔の前で、神と共に生きる者としてくださることを意味している。主なる神がアブラムとの間に契約を立ててくださったことは15章にも語られていた。そこにおいては犠牲の動物が裂かれ、主がその間を通り過ぎるという契約締結の儀式が行われた。17章における契約は神のみ言葉のみによって与えられている。この違いは、15章はJ資料における契約であり17章はP資料における契約であることによるとされるが、創世記の最終的な形において、15章と17章の間には16章のハガルの話があり、それによる13年間の裁きの年月が置かれているのだから、両者を別の資料による同じ契約と考えるのではなく、意味と内容の違う別の契約と見るべきだろう。

　15章の契約は、「アブラムは主を信じた。主はそれを彼の義と認められた」(15:6)に続いて語られており、契約締結においてアブラムは犠牲の動物を切り裂いたり禿鷹から守ったりして、ある役割を果たしている。しかし17章の契約は、アブラムに現れた全能の神が一方的にお与えになったものである。主が「わたしはあなたとの間に契約を立てる」と語り、アブラムはそれをただ聞いているだけである。15章において主なる神と契約を結んだのに、その主に信頼せず、主の顔の前から離れ、人間の力と工夫で跡継ぎを得ようとしたアブラムは、神の前でもはや何も語り得ないし、何もなし得ないのである。しかしそのアブラムに主は現れ、再び語りかけ、彼との間に契約を立て、彼をみ顔の前を生きる者としてくださるのである。

新しい名

　「アブラムはひれ伏した」と3節にある。罪人であり神と契約を結ぶことなどあり得ない自分に「わたしはあなたとの間に契約を立てる」と一方的に宣言なさる神の前にアブラムはひれ伏して礼拝したのである。彼にできたの

はそれだけだった。その礼拝において彼は神の顔の前を生きる者とされたのである。そのアブラムに神は語りかけ、「あなたは、もはやアブラムではなく、アブラハムと名乗りなさい」と言われた。神が新しい名を彼にお与えになったのである。アブラムとアブラハムとは言葉の上では意味の違いはないようだが、創世記はアブラハムという名に「多くの国民の父」という意味を見ている。神が与えてくださった契約が実現し、彼が諸国民の父となることがこの新しい名前によって示されたのである。さらに神は、この契約が彼の「後に続く子孫との間」にも立てられる「永遠の契約」であることを告げ、「あなたとあなたの子孫の神となる」(7節)と言われた。さらに、「あなたが滞在しているこのカナンのすべての土地を、あなたとその子孫に、永久の所有地として与える」(8節)とも言われた。これは後に出エジプトの出来事を経てシナイ山においてモーセを通して主なる神がイスラエルの民と結んでくださる契約の先取りであると言える。13年間の裁きの沈黙を経て現れた神がアブラハムに与えてくださった契約は、シナイの契約へと繋がっており、彼の子孫が神の契約の民とされることを告げているのである。アブラハムはこの契約において神によって新しい名前を与えられた。それは新しい人とされたということである。神が契約を立ててくださることによって人は新しくされる。それは徹頭徹尾神の恵みのみ業であり、アブラハムは神を礼拝することの中で、その恵みによって、神のみ顔の前を生きる新しい人とされたのである。

割礼——契約のしるし

神はこの契約のしるしとして、彼とその子孫、そして彼の家のすべての男子に割礼を受けることをお命じになった。創世記において割礼のことが語られるのはここが初めてである。神が一方的に宣言してお与えになった17章の契約の「しるし」(11節)としてこの割礼が位置づけられていることに注目すべきである。この割礼を受けることによって、「わたしの契約はあなたの体に記されて永遠の契約となる」(13節)。アブラハムは、自らも割礼を受け、家の者にもそれを施すことによって、神が宣言し与えてくださった契

約を受け入れ、それを自らの肉体に刻み付けるのである。神が恵みによって与えてくださった契約を自らも受け入れ、神との契約の当事者として生きていくことのしるしが割礼である。

　割礼は、アブラハムの下にいるすべての男子が、家族はもちろん、「家で生まれた奴隷も、買い取った奴隷も」（13節）受けるべきものである。それによって、神との契約にあずかる契約共同体が築かれる。と同時に、割礼は一人ひとりの男子がそれぞれに受けるものでもある。それを受けない「無割礼の男がいたなら、その人は民の間から断たれる。わたしの契約を破ったからである」（14節）とも語られている。つまりこの割礼によって、一人ひとりが神との契約を受け入れ、契約共同体の一員として責任をもって生きる者となることが求められているのである。フォン・ラートは、このことの背景にはバビロン捕囚の状況があると指摘している。

　「このような変化は、バビロン捕囚という事態の中でのイスラエル人の状況と関連しているにちがいない。それまでの偉大な祭儀的諸秩序、すなわち民族共同体を結び合わせていた祭礼や犠牲などがなくなってしまったので、個々人や家族は突然、決断を迫られることになったのである。彼らはその集団のすべての成員ともども、各人一人ひとりが神の申し出に結び付けられることになった。バビロニア人は（東方セム人のすべてがそうであるように）割礼という習慣を持っていなかったので、捕囚に送られた人々にとって、この習慣を守ることが『信仰告白的状況』（status confessionis）となった。すなわちそれは、ヤハウェとその歴史支配への信仰告白を行うかどうか、という問題となったのである」（フォン・ラート『創世記　上』347–348頁）。

　割礼は、主なる神が恵みによって与えてくださる契約を受け入れ、異教徒たちの中で、主なる神の民として、主の顔の前を生きていくという信仰を一人ひとりが告白するという意味を持っている。その点で割礼はキリスト教会における洗礼を指し示しているのである。

礼拝しつつ笑うアブラハム

　神はさらにアブラハムに、「あなたの妻サライは、名前をサライではなく、

サラと呼びなさい」と言われた。神の約束に信頼せず、ハガルによって跡継ぎを得ようとしたのは元々サライだった。彼女もアブラムと共に、神の顔を見失っていたのである。神はそのサライをも契約の恵みにあずからせ、新しい名を与えて新しく生かしてくださる。創世記はサラという新しい名に「諸国民の母」という意味を見ている。神がサラを祝福し、アブラハムとの間に子どもを与え、多くの子孫の母としてくださることがこの新しい名によって告げられているのである。

　この神の言葉を聞いたアブラハムは神の前に「ひれ伏した」。それは3節の場合と同じである。しかし17節にはこうある。「アブラハムはひれ伏した。しかし笑って、ひそかに言った。『百歳の男に子供が生まれるだろうか。九十歳のサラに子供が産めるだろうか』」。アブラハムはここでも神のみ前にひれ伏して礼拝したが、同時に、神の言葉を「そんなことはあり得ない」と笑ったのである。神の前にひれ伏した彼の顔は神を見上げておらず、伏せられている。その伏せた顔で彼は密かに笑ったのである。このアブラハムの姿は、神を礼拝しつつ神の顔を仰いでおらず、神の言葉を聞きつつそれを信じていない人間の姿を表している。それが取りも直さず私たちの姿である。アブラハムは、神が一方的に自分と契約を立ててくださり、新しい名を与えて生まれ変わらせてくださる恵みを受けて神の前にひれ伏し、礼拝している。しかしその礼拝の中で、なおみ顔をしっかりと仰いではおらず、自分とサラとの間に子どもが与えられるという神の恵みのみ言葉に信頼することができないでいるのである。

不信仰を乗り越える神
　それゆえに彼は「どうか、イシュマエルが御前に生き永らえますように」と言った（18節）。それは「神様もういいです。もう自分とサラの間に子どもが生まれるなんてことがあり得ないことはわかっていますから、無理しないでください。子どもが生まれなくても文句など言いません。既にイシュマエルという息子が与えられていますから、彼を私の跡継ぎとして祝福してくださればそれで結構です」ということである。現状を肯定し、神の立場を配

慮して物分かりのいいことを言っているこの言葉が、実はとてつもなく不信仰な言葉であることを私たちは知らなければならない。それは要するに、神にはもう期待しない、ということなのである。

　神はアブラハムのこの不信仰な言葉に対して、「いや、あなたの妻サラがあなたとの間に男の子を産む」(19節) と言われる。アブラハムがもはや神に期待していないことを、神はあくまでも行うと宣言なさったのである。そしてここにおいて、「その子をイサク（彼は笑う）と名付けなさい」と語られた。それまでは、「あなたを大いなる国民にする」とか「あなたの子孫は星のように多くなる」とだけ語られていたが、イサクの名がここで初めて告げられた。そして「わたしは彼と契約を立て、彼の子孫のために永遠の契約とする」とも告げられた。神がアブラハムにお与えになった契約を受け継ぐのは、彼とサラとの間に生まれるイサクであると神が宣言なさったのである。

　この宣言が、「イシュマエルが御前に生き永らえますように」というアブラハムの不信仰の言葉を真っ向から否定する仕方で告げられたことに注目したい。神は、約束を疑い、み業の実現を阻む人間の不信仰と対決し、それを打ち砕き乗り越えて契約をお立てになるのである。イサクという名前が「彼は笑う」という意味であることもそのことを示している。この名を示されたことによってアブラハムは、自分が神の前にひれ伏しつつ心の中で密かに「笑った」ことを神が知っておられ、自分の不信仰がすべて神のみ顔の前に置かれていること、そして神がその自分を新しく生かそうとしておられること、神の力を見限ったシニカルで不健康な笑いに陥っている自分に、真実の喜びによる健康な笑いを与えてくださることを示されたのである。しかも神はここで、「イシュマエルが御前に生き永らえますように」という不信仰に基づく彼の願いをも聞き入れて、「必ず、わたしは彼を祝福し、大いに子供を増やし繁栄させる。彼は十二人の首長の父となろう。わたしは彼を大いなる国民とする」(20節) と言ってくださった。アブラハムはここで、神が自分の不信仰と対決し、それを打ち砕き乗り越えて恵みのみ業を行い、約束を実現してくださると共に、不信仰から発した自分の言葉をも誠実に受け止め、それに応えてくださることを示されたのである。

割礼を受けたアブラハム

23節以下には、アブラハムが「すぐその日に」、自分の家のすべての男子と共に割礼を受けたことが語られている。ここは内容的には14節と繋がっており、元来はその後に置かれていたと思われる（フォン・ラート）。つまり、アブラハムは神から割礼を受けることを命じられた「すぐその日に」、命令に従って家族全員で割礼を受けた、というのが元々の話だったのである。しかし15–22節がその間に置かれたことによって、「すぐその日に」は別の意味を持つことになった。アブラハムはこの日、ひれ伏して礼拝しつつもみ顔の前を歩んでおらず、み言葉を聞きつつも信じておらず密かに笑っている自分の不信仰を打ち砕いて契約を結んでくださり、新しい名前を与えて自分を生まれ変わらせ、み顔の前を生きる者としてくださる主なる神の全能の力と恵みとを体験したのである。彼はその恵みに応答して「すぐその日に」割礼を受けた。主なる神が全能の力によって罪に勝利して与えてくださった契約を彼自身も受け入れて、それにあずかる者となったのである。洗礼において神が私たちと新しい契約を結んでくださり、私たちがキリストによる救いを信じる者として新しく生かされていくことにおいて起こっているのと同じことが、創世記17章に生き生きと描かれているのである。

参考文献

G. フォン・ラート『創世記　私訳と註解　上』（ATD旧約聖書註解）山我哲雄訳、ATD・NTD聖書註解刊行会、1993年

及川　信『アブラハム物語　説教と黙想　上』教文館、2011年

創世記　18章1-15節

石井佑二

1　文脈

　ブルッグマンは、創世記16章、17章も含めてであるが、我々のテキストについてこう言う。「これら三つのテキストは、その約束の成就をあまりにも遅らせている神への信仰に関する問題点をめぐって、解決を模索している」「アブラハムとサラ……の生の物語は、彼らの身体の贖いと彼らの歴史の贖いを待ち望む希望の物語であると共に、耐えきれない呻きの物語でもある」（ブルッグマン『創世記』265頁）。

　18章において、アブラハムは99歳、サラは89歳である。遡ること24年前、12章にて、主なる神が75歳のアブラハムに、新しき土地に旅立つことを示され、その土地を通った時、「あなたの子孫にこの土地を与える」との約束をしてくださった。しかしあれから24年。アブラハムとサラには子どもが与えられなかった。このことに対して、2人はサラの女奴隷にアブラハムの子を産ませることで、「神への信仰に関する問題点」の解決を図った。しかし主なる神はアブラハムに対して明確にそれを否定し、「あなたの妻サラがあなたとの間に男の子を産む」(17:19) と語られた。この時、アブラハムは神を「笑った」。「長年、あなたは約束を実現してくださらなかったではないか。おかげで自分も妻も老人となった。もう取り返しがつかない。それなのにそんなことを言うとは」という、神への嘲笑、不信仰の「笑い」であ

143

る。そして同じ「笑い」、不信仰の過ちを、18章でサラも犯している。だが我々は、この2人の不信仰を、決して他人事と見ることはできない。この現実の地上世界に生きる者として、厳しさを味わいながら、しかし救いを信じて信仰に生きる我々。いつかはこの問題も解決してくださると信じて、歯を食いしばって生きている。しかし神は何の解決も示してくださらない。その苦悩、悲哀を、我々も知っている。

アブラハムとサラの不信仰の姿が示すもの、それは、我々すべての者が知っている人間の苦悩、悲哀、ブルッグマンが言うところの、「呻きの物語」である。問題は、主なる神が我々のこの人間の現実にどう関わろうとしてくださっているか、ということである。「神への信仰に関する問題点」に、確かな解決を与えてくださるのは、神ご自身である。我々の黙想はこの点に立つ。人間の不信仰、悲哀の「呻き」から目を逸らすことなく、むしろそれを真剣に見つめ、なおその現実を生きることができるようにされる。そんな信仰の慰めが語られる、その恵みを見出す黙想を果たしたい。

2　不信仰な者に、信仰への立ち帰りを果たさせる、神の介入

1節以下。「暑い真昼」、休息を取っているアブラハムのもとに主なる神が現れる。2節前半をヴェスターマンは「彼が目を上げて辺りを見回すと、見よ、三人の男が彼の前に立っているではないか」と訳している。それは「見知らぬ人々の小集団が、何の前触れもなくアブラハムの天幕の前に」現れた（ヴェスターマン『創世記Ⅰ』308頁）、ということであり、人間的な予想を超えた、神の主権による神と人間との出会い、神による人間の歴史への介入行動である、と取って良いであろう。この時アブラハムがこの3人の旅人たちに対して、明確に「これは主なる神である」と感じたかどうかはわからないが、とにかく2節後半以下で、3人の旅人たちを丁重にもてなした。これは当時の慣習に基づいて行われたことであったかもしれない。しかしそれが主をもてなすことになっていたと後で気付かされる、その恵みをここで語り得る（ヘブライ 13:2）。

しかし、それを踏まえつつではあるが、ここでフォン・ラートがこう言っ

ていることにも注目したい。「この物語が示そうとしているは、アブラハムがこの見知らぬ人々に対して模範的に振る舞った、ということである。いずれにせよ意味深いのは……語り手がこの約束に先立って、その受け手が神の最も根本的な戒めを身をもって果たす様を或る種の一般的な仕方で描いていることである」。また注として、H. フレイの言葉を引用して言う。「客人歓待は、人間に対して神への畏敬を行為に表わして実証することであり、神への畏敬そのものであった」（フォン・ラート『創世記　上』362–363頁）。さらに言えば、出エジプト記22章20節や、レビ記19章34節で、イスラエルの民自身がエジプトにおいて寄留者であったが、主の護りの中に置かれたことを忘れないために、あなたがたも寄留者への保護と愛を示しなさい、という戒めが与えられている。つまりここで言いたいことは、先に示した通り不信仰な中にあったアブラハムが、信仰の意識を持たないで一般的、慣習的な行為を行っていたとしても、実はそこで、神の戒めに生きている、信仰に生き直すようにと、整えさせられている、ということである。そしてその出来事は、何の予想もしなかった3人の旅人としてアブラハムの前に現れた神、その神の介入によって起こったことである。そのことに我々の心は向けさせられる。アブラハムは信仰を意識していないかもしれない。しかし神は、その介入によって、アブラハムに不信仰から信仰への立ち帰り、神の戒めに生き、信仰によって神との約束に生き直すことができるようにと、その道備えをしてくださっているのである。神の恵みは一方的な神の介入である。しかし同時に、我々が主体性を持ってその恵みを生きるようにと整えてもくださる。それほどに徹底的な恵みである。

3　不信仰のモデルとしてのアブラハムとサラ

9節以下。もてなしの食事が終わった後、旅人がアブラハムに言う。「あなたの妻のサラはどこにいますか」。この時アブラハムは、もうこの旅人が主なる神ご自身であることに気付いているのだろう。語られる言葉を、神の御言葉として受け取る備えができている。すぐにサラの所在を伝える。主なる神は言われる。「わたしは来年の今ごろ、必ずここにまた来ますが、その

ころには、あなたの妻のサラに男の子が生まれているでしょう」。我々は思う。この言葉をアブラハムとサラはどれほど待ちわびていたことであろうか。具体的に「来年」、子が与えられるというのである。それはこれまで、この約束について聞かされてきたどの言葉よりも、生きる力が与えられる御言葉であるはずである。この約束の成就の時、「来年」に向けて、具体的に、果たすべきことを果たしながら、今を生きることができるようにさせられる。そういう御言葉であるはずである。

　ところが、彼らはその御言葉を喜ばない。11–12 節「アブラハムもサラも多くの日を重ねて老人になっており、しかもサラは月のものがとうになくなっていた。サラはひそかに笑った。自分は年をとり、もはや楽しみがあるはずもなし、主人も年老いているのに、と思ったのである」。「自分は年をとり」とは、「古い着物が擦り切れてしまった」という意味である（フォン・ラート『創世記　上』359 頁）。及川信は、サラは「『自分は使い古しのボロ雑巾のようになってしまった』と自虐的に言っている」と語る（及川『アブラハム物語　上』237 頁）。サラは「笑った」。その「笑い」は、先のアブラハムの「笑い」よりも、深い自分自身への絶望、また神に対する失望に溢れている。サラは創世記 16 章 2 節でアブラハムに「主はわたしに子供を授けてくださいません」と言い、女奴隷との間に子をもうけることを自ら提案した。もはや主の約束に期待はできない。自分自身に、そのことが起こるはずがない。深い心の痛みを憶えながらの、当時の提案であったに違いない。「あの時からずっと、私は悲しみに耐えてきた。今更何を言うのか」。そういう心による「笑い」である。そしてそれは、マルコによる福音書 5 章にて会堂長ヤイロの娘の死に対して、主イエスが「恐れることはない。ただ信じなさい」（5:36）と語られた、その御言葉を「あざ笑った」人々（同 40 節）の心と重なる、神に敵対する「笑い」である。ここで言われている言葉は、もはや信仰に生きることに疲れ切ってしまい、また神の約束に敵対する不信仰の中に生きている者の言葉なのである。ブルッグマンは言う。「アブラハムと特にサラとは、ここでは信仰者のモデルとしてではなく、不信のモデルとして描かれている」。「アブラハムとサラは、この時までにすでに彼らの不妊と

いうことに慣れてしまっていた。彼らはその閉じられた未来に諦めをつけている。彼らはその希望のなさを『あたりまえのこと』として受け入れている。福音の約束は、彼らに希望としては受けとめられず、むしろ希望のなさとして抵抗されるのである。……招きはくだらないこととして拒絶されている」（ブルッグマン『創世記』277 頁）。

サラは、そしてアブラハムは不信仰の中にある。しかしそれは、本黙想の最初に述べたとおり、大きな悲しみに満ちたものとしての嘆き、苦悩と悲哀の「呻き」である。この地上に生きる者の誰もが理解し得る「呻きの物語」である。我々は、この地上の悲劇の中で「神は何をやっておられるのか」と問うてしまう。いや、その神に心を向けることすら、馬鹿げたことだと思えてしまうほどに、積み重ねられていく人間の悲哀がある。これがアブラハムとサラ、そして我々の現実である。

神の恵みの介入、信仰に生きる恵みの道備えの中で、人間の不信仰が明らかにされる。しかし主なる神は、明らかにされた人間の不信仰の中で、確かなる信仰の慰めを明らかにされる。

4 「主に不可能なことがあろうか」！

主なる神は、「笑う」サラに対して言われる。14 節。「主に不可能なことがあろうか」。フォン・ラートいわく、「この言葉は、豪華な枠組みの中にはめ込まれた宝石のように見える。そしてその意味は、物語の素朴な族長時代的場面設定を遥かに越えて、神の救済意思の全能性を指し示す証言なのである」（フォン・ラート『創世記 上』360 頁）。この問い掛けは、悲哀の中にあって、不信仰に陥り、希望を失っている夫婦に、新しい希望と信仰の慰めをもたらす。それは人間の苦悩と悲哀を無きものとし、それらを見つめなくてよいものとするのではない。その人間の苦悩と悲哀すら包み込んでしまうかのような、偉大な御力が示されているのである。神御自身が人間の現実に挑戦し、「神への信仰に関する問題点」の解決の道を示すのである。

この御言葉は、フォン・ラートが言う通り、テキストを、時間を、空間を超えて示される。聖書記者ルカはザカリアに対して、ヨハネ誕生という主の

御業の実現を、御使いによって「時が来れば実現するわたしの言葉」(1:20)として示している。また同じく、御使いは主イエスの母となるマリアに対して、主イエスの誕生について「神にできないことは何一つない」(同 1:37)と語る。それらによって聖書が語るのは、神の主権、神の御支配である。人間には理解できないことがある。なぜ苦悩、人間の悲哀が、この現実にはあるのか。それは完全にはわからない。そして人間の力でそのことは解決できない。しかし聖書は言う。「人間にできることではないが、神にはできる。神は何でもできるからだ」(マルコ 10:27)。人間の苦悩、悲哀。それが存在する所において、神は働かれていないのか。そうではない。そこにおいて、なお人間のために、私のために働いてくださる神がおられる。神はなお私を正しく御支配してくださる。その真実に立ち帰ることが求められている。そしてその神こそがまことに、「神への信仰に関する問題点」を解決に導いてくださるということを信じ、悲しみの「呻き」を発しながら、誰に向かって呻いているのかを明確に思い起こすのである。「主に不可能なことがあろうか」として、神の御支配を聖書が語る時に求められているのは、悲哀の「呻き」を発せざるを得ない我々が、それでも神の御支配がここにあると信じ、その悲哀の「呻き」をそのまま神に訴え、委ねること。このことが我々に求められているのである。

　一つの経験を述べたい。東日本大震災が発生した 2011 年 3 月 11 日、私は東北の山形の教会に仕えていた。山形は震度 5 強。目に見える範囲では大きな損害はなかった。しかし停電となり、一切の情報が遮断されながら時を過ごした。その時に隣県にて、数万人の人々の命が失われていることも知らずに。また東京電力福島第一原子力発電所が危機的状況を迎えているとも知らずに。出来事を知ったのは幾らかの時間が経ってからであった。その時から私の信仰の課題の一つは「私は生き残り、あの人たちは亡くなった。今、放射能の恐怖が迫って来ている。この現実とは何なのか。神は何をなさっておられるのか」であった。その「呻き」を持って生きてきた。そのことを思い、説教をし続けた。「この震災においての神の御心とは何か」を求め続け、語り続けた。「呻き」を打ち消すような言葉を探し、語り続けた。しばらく

はそれでよかった。しかしやがて、言葉が枯渇した。そして結局は、聖書と結び付けて、震災の被害状況や、復興の取り組みなどを紹介し、「皆、頑張っています」ということしか語れなくなっていった。そんな自分を自覚しつつも、どうにもできなかった。そんな折、好機を得て、加藤常昭先生を教会にお招きし、礼拝説教と交わりの時を持つことが許された。その時に質問をした。「この震災の状況の中で、教会はどんな言葉を語るべきでしょうか」。この質問の背後にある私の心を読み取ってくださったのだろう。加藤先生は次のような趣旨の言葉で応えてくださった。

「皆、この震災を『未曾有の』震災と言いますが、そうでしょうか。日本で、世界で、さまざまにこのような悲劇がこれまでも起きています。しかしそのたび、神は教会を通じて、人間に立ち上がる力を与えてきたのではないでしょうか。この震災は絶対的なものではありません。このことを乗り越える、真実に絶対的な、まことの支配者なる神がおられる。今、あなたを支配しているものは何ですか？ 『震災』が、絶対的なあなたの支配者になっていませんか？ そうではないでしょう。その震災を越える、真実に絶対的な支配者なる神が、あなたの本当の支配者です。語るべき言葉はその神から与えられるのではないですか」。

厳しい言葉であった。しかし真実の慰めがそこにあると思わせられた。人間の悲哀、それはある。しかしそれは絶対的なものではない。呻かざるを得ない時がある。しかしそれも、ただ神の御支配の中でだけ、あり得るものである。そういうものとして、この人間の苦難、悲哀の「呻き」があると言うならば、そのことを思う時でも、信仰に生きられる。むしろその時に起こる不信仰とは、正しく苦悩、悲哀を見ていないこと、すなわち、その苦悩と悲哀に対してまでも支配者であられる神がおられるということを見ていない、そのことによって起こる不信仰なのである。そうであるならば、悲哀の「呻き」の中で、なお信仰に生きるとは、その悲しみの心をそのままに、神にぶっつけることではないか、と思わせられた。それ以来、この出来事が私の人生の起点になっている。

「主に不可能なことがあろうか」！　この主なる神によるアブラハムとサ

ラへの叱責も、人生の起点、神への立ち帰りが示される出来事となったに違いない。長年、神への希望、その願いが叶えられないままで生きて来た。そこから来る不信仰の、失望の「笑い」がある。しかし、その悲哀をそのままに「不可能なことはない神」にぶっつけるようにと求められている。そうである時に、悲哀の「呻き」、その現実は人間の中に残ったままとなるかもしれない。しかしそうであったとしても、その悲哀の「呻き」を確かに受け止めてくださる神がおられる。だから人間は、なおそこで生きていくことができる。その力を人間に与える、信仰への立ち帰りが示されている。ここに「神への信仰に関する問題点」の解決の道が開かれている。

5　人間の不信仰すら用いて、恵みを語る神

　15節で、主なる神から、不信仰の「笑い」を指摘されたサラは、「わたしは笑いませんでした」と言う。「恐ろしくなり」とあるが、それは自分の不信仰が暴かれることを恐れたのであろう。アブラハムとサラに、約束の成就が具体的、決定的に示された。それに対して、サラの「笑い」が象徴的に言い表す、不信仰に生きて来た過去は、信仰の失敗であり、恥でしかなく、なかったことにしたいものである。「主よ、私の不信仰を、私が見ないですむようにしてください」という思いが、「わたしは笑いませんでした」という言葉にはあるように思える。しかし主なる神はそれを追及し、「いや、あなたは確かに笑った」と言われる。なぜか。それは、神は人間の信仰の失敗をすら、神の恵みが現れるものへと変えてくださるからである。神は人間が不信仰の中にあっても、それをすら用いて救いを語る。そのものとして、我々は、サラの不信仰の「笑い」は、(21章の「イサク誕生」に続いていく) 真の喜びの「笑い」に変えられる、と「希望の物語」を思うことが許されるのである。だから我々は、主なる神が勧めるその通りに、不信仰な自分自身ですら、希望を持って見つめられるのである。

　聖書は、神がひたすらに、ご自身の主権によって、支配者として、その約束に対して忠実、真実であることを語る。カール・バルトが、ローマの信徒への手紙1章17節後半の御言葉を「神の義は、その救いの音信の中に啓

示され、真実から信仰へと至らせるからである」と翻訳し、そこに「ローマ書で問題となっている主題がある」と語った（バルト『ローマ書講解　上』80–93 頁）。それは「信仰の主題」と言い直しても良いだろう。言わんとすることは、神の「真実」によって、我々の「信仰」は確かにあり得るものとされる、ということである。我々は不信仰である。しかしそれが変えられる。その根拠は、ただ神ご自身が、ご自身で果たしてくださった我々への救いの約束を、必ず守り抜いてくださる、という真実である。

　主の真実によって我々は支えられている。だから我々は不信仰な自分、悲哀の「呻き」の現実を見つめながら、その現実の中で、なお希望を持って生きられる。現実に生きるキリスト者と教会。その存在そのものが、主なる神の支えを物語っている。

参考文献

C. ヴェスターマン『創世記Ⅰ』（コンパクト聖書注解）山我哲雄訳、教文館、1993 年

G. フォン・ラート『創世記　私訳と註解　上』（ATD 旧約聖書註解）山我哲雄訳、ATD・NTD 聖書註解刊行会、1993 年

カール・バルト『ローマ書講解　上』小川圭司／岩波哲男訳、平凡社、2001 年

及川　信『アブラハム物語　説教と黙想　上』教文館、2011 年

W. ブルッグマン『創世記』（現代聖書注解）向井考史訳、日本キリスト教団出版局、1986 年

創世記　18章16-33節

橋谷英徳

1　はじめに

　ルターの宗教改革は、「神の義の再発見」から始まったとされる。1513年の夏、ヴィッテンベルク大学で詩編全編の講義をしていたときに、詩編31編1節のみ言葉と出会う。「あなたの義によって私を解放してください」（ラテン語訳による）。このみ言葉によって幸いな体験をしたというのではない。そうではなく彼はこの神の言葉にしっかり躓いた。彼はこの詩編31編の講義をしどろもどろになって行うほかなかったという。彼には、「神の義」それが「助け」になるということがどうしてもわからなかった。「神の義」は、恐れを呼び起こすものでしかなかった。この時のことを彼は後にこう記す。
　「私は罪人を罰する義の神を愛せなかった。いや、憎んでさえいた。そして瀆神（とくしん）というほどではないにしても、神に対して怒っていた。『あわれな、永遠に失われた罪人を原罪のゆえに十戒によってあらゆる種類の災いで圧迫するだけでは、神は満足なさらないのだろうか。神は福音をもって苦痛に苦痛を加え、福音によって、その義と怒りをもって私たちをさらに脅されるのだから』と。私の心は激しく動き、良心は混乱していた」。
　しかし、詩編の講義を重ねて71編まで進める中で、やがてルターは「神の義」の真意を知るようになる。神の義は、神がキリストを通して人間に与えられる恵みの賜物としての義であることを彼は悟った。これが神の義の再

発見、塔の発見の出来事である。ルターはこの時のことをこう語る。
「扉は開かれた。私は自ら天国そのものに入った。そこで、直ちに、聖書全体が、これまでとは全く異なった相貌を呈するようになったのである」。
「神の義」という一語の言葉の理解から、聖書の言葉が新しい響きを奏でるようになり、教会も世界もこれまでとは違って見えるようになった。そこから教会の改革の歩みが始められていった。こうして宗教改革者マルティン・ルターが誕生した。宗教改革は、このような「一点突破から全面展開」(徳善義和)の出来事であった。
「神の義」は現代の課題でもある。相次ぐ災害、放射能汚染、極端な右傾化……。廃墟のような現実が今、私たちの前にある。「義なる神はおられるのか」、「神は義なる神なのか」という神義論的な問いに留まらず、一体、正義とは何か、そのようなものがなお存在するのか、そのような問いが今、私たちの前にあるのではないか。だとすれば私たちもまた、神の言葉に、聖書に向かうほかない。

2 神の義の物語

与えられたテキストはソドムとゴモラの罪を神が確かめるに当たって、3人の人がアブラハムのもとを訪ねたことから始まる。ソドミーという言葉が、「不自然な性行動」を意味するように、性的に非常に乱れていたことが推察される。しかし、それだけでなく、預言者たちが語っているが、豊かさの一方で格差が広がって、貧しい人たちが苦しめられていた。性的な乱れ、腐敗、格差、そうした数多くの罪が集積していたのが、ソドムであり、ゴモラであった。このソドム、ゴモラの姿は今日の私たちの社会とも重なる。このソドムの物語は、「神の義」をめぐる物語として読む時に初めて明らかになる。「神の義」、それは神の正しさ、正義のことを意味する。神から、このソドムの滅びが予告されたときアブラハムは神にとりなす。アブラハムはここで神の御前に立ち、進み出て、語り始める。
「まことにあなたは、正しい者を悪い者と一緒に滅ぼされるのですか。あの町に正しい者が五十人いるとしても、それでも滅ぼし、その五十人の正し

い者のために、町をお赦しにはならないのですか。正しい者を悪い者と一緒に殺し、正しい者を悪い者と同じ目に遭わせるようなことを、あなたがなさるはずはございません。全くありえないことです。全世界を裁くお方は、正義を行われるべきではありませんか」(23–25節)。

このように語っているのはアブラハムという1人の人間である。彼は、ここで神の正義について、神の義について、それは一体、どのようなものであるかを知り、語っている。しかもそれを、あろうことか、神に向かって語っている。ほとんど信じ難い、起こるはずもないことがここで起こってしまっている。神が「神の義」について教えられるというのではない、アブラハムという人間が、「神の義」について神に向かって語る。ブルッゲマンは、ここでアブラハムは、「ヤハウェの神学教師になっている」と語るが、確かにこのような表現は当たっている。

神の義に関するアブラハムの主張は、2つのことである。1つは、正しい者と悪い者とを一緒に滅ぼすこと、悪い者と正しい者とを識別することがないのは、神の義にかなわないということである。このことは私たちにもよくわかることであろう。それは神の義ではない。

しかし、アブラハムはそれに加えて、もう1つの主張をしている。少数の義しい人があれば、その人びとによって町全体が救われるべきではないのか。少数の義しい者たちのゆえに悪い者たちも赦すのが、神の義ではないか、と。一般的には私たちは、正しい者を救い、悪しき者を罰し、滅ぼすのが神の義であると考える。しかし、アブラハムはこう語る。

「神よ、あなたが義なる神であるなら、少数の正しい者によって、赦しを与えるべきではありませんか。悪しき者たちを赦し、彼らの悔い改めを待つべきではありませんか」。

23節と25節の2つの問いの間には、同内容の反復が挟まっている。「あなたがなさるはずはございません」。

この言葉は新共同訳聖書では1度しか用いられていないが、原文では2回、繰り返されている(フランシスコ会訳では「決してなさいませんように」と2度訳出されている)。ブルッゲマンは「それはあなた自身を汚すことです」ある

いは、「それはあなたを冒瀆することです」と訳すべきではないかと語っている。非常に強く、叫ぶようにしてアブラハムはここで神と向かい合って語っている。「神よ、あなたご自身があなたを冒瀆することにならないように」。

このようにアブラハムは神に必死になって語りかける。神の義とは何かということについて、神ご自身に物申す。そして、この神は、アブラハムの叫びを聞き入れられる。「もしソドムの町に正しい者が五十人いるならば、その者たちのために、町全部を赦そう」と（26節）。

アブラハムは、こうして神の義は罪人を裁く義ではなく、赦す義、赦して悔い改めを待つ義であるとし、神もそれを受け入れられる。

3　神の望み

さらに、このテキストは、このようにしてアブラハムという一人の人間を通して、神の義が現されることを神ご自身が望んでおられたということを語っている。

「アブラハムはなお、主の御前にいた」（22節）は、本来、「主（ヤハーウェ）はなおアブラハムの前にいた」ではなかったかと多くの聖書学者たちは指摘する。つまり、現在の本文には写字生による修正が加えられている。事実、その方が話はつながる。18章2節でアブラハムを訪れたのは3人の旅人であったが、このテキストに続く19章1節でソドムに到着しているのは2人だけなのである。つまり、残ってなおアブラハムの前に、主は自ら立ち続けられたことになる。なぜ、このようなことをなさるのか。アブラハムの意見を聴きたいからである。

なぜなら、神にとってアブラハムは、親しい友であり、パートナーなのである。アブラハムに相談を持ちかけ、答えを出すことを願われるのである。

この神の願い、望みは17節以下で、よりはっきりと語られている。

「わたしが行おうとしていることをアブラハムに隠す必要があろうか。アブラハムは大きな強い国民になり、世界のすべての国民は彼によって祝福に入る。わたしがアブラハムを選んだのは、彼が息子たちとその子孫に、主の道を守り、主に従って正義を行うよう命じて、主がアブラハムに約束したこ

とを成就するためである」。

ここでもまた「正義」つまり「神の義」が語られている。アブラハムの子らとその子孫とが正義を行うためにアブラハムは選ばれた。この言葉はアブラハム自身が正義を行うことを神は求めておられるということを意味している。

つまり、まず神がアブラハムに、続いてアブラハムが神に正義を行うことを求めるということが起こっている。神もアブラハムも両者が、相互に神の義を行うことを求め合っている。アブラハムの決死の嘆願は、神が義を行うことをアブラハムに求められたためである。アブラハムが神の義を行うことによって、その子ら、さらには子孫に、それが受け継がれていく。そういう使命が与えられている。アブラハムとその子ら、子孫がこの使命を果たしていく時、アブラハムの子孫は、大きな強い国民になり、世界のすべての国民は祝福に入る。

この神の正義、義は赦す義である。救う義である。

預言者エゼキエルはこのように語る。

「わたしは悪人が死ぬのを喜ばない。むしろ、悪人がその道から立ち帰って生きることを喜ぶ。立ち帰れ、立ち帰れ、お前たちの悪しき道から。イスラエルの家よ、どうしてお前たちは死んでよいだろうか」(エゼキエル書33:11)。

神が求め、アブラハムが行う神の義は、悪い者を滅ぼし、正しい者だけを救うというものでもない。少数の義しい者によって悪い者までも、すべてを救う。このアブラハムの行いは「信仰」のゆえである。彼は、神を信じ、神が義であることを信じた。信じるがゆえに、彼はここでこのように語り、行うことができた。神はこのアブラハムが、この使命を果たすと見込んで選ばれた。そして、ここでアブラハムはその使命を見事に果たす。そのようにして、はじめにアブラハムに語られた主のあの約束の言葉が実現することになった。

「わたしはあなたを大いなる国民にし
　あなたを祝福し、あなたの名を高める

祝福の源となるように。」(創世記 12:2)

4　神の義が示される場所

新約聖書はその最初のページで次のように語る。「アブラハムの子ダビデの子、イエス・キリストの系図」(マタイ 1:1)。この主イエス・キリストこそ、アブラハムの子孫であり、この方においてこそここで語られる神の義が実現した。

ルカによる福音書は、主イエスの十字架の死の出来事を次のように語る。「百人隊長はこの出来事を見て、『本当に、この人は正しい人だった』と言って、神を賛美した」(ルカ 23:47)。

これに先立って、十字架にかけられた主イエスは、「父よ、彼らをお赦しください。自分が何をしているのか知らないのです」(同 34 節)と祈る。

主イエスと共に十字架にかけられていた犯罪人(悪人)の 1 人が、「イエスよ、あなたの御国においでになるときには、わたしを思い出してください」と言って、主イエスに寄り頼んで救われた(同 39–42 節)。

ルカは、この主イエスに神の義(正しさ)の実現を見ている。このイエス・キリストこそ、この神の義を行われた方であり、この方においてこそ、すなわち 1 人の正しい人においてこそ、罪ある人間の全体が救われているということが起こった。

創世記のテキストの場合、50 人から始まって、徐々に値切られるようにして 10 人にまでなっている。しかし、数字そのものにここで固執する必要はない。大切なことは、少数の正しい人がいるならばそのことによって全体を救うということに神の義が現されることにある。そこにはただ 1 人の正しい人ということも暗示されていると言えよう。エレミヤは、「広場で尋ねてみよ、ひとりでもいるか　正義を行い、真実を求める者が。いれば、わたしはエルサレムを救おう」(エレミヤ書 5:1)と語っている。このソドムの場合には、この 1 人の正しい人も存在しなかった。それゆえ滅ぼされるに至った。しかし、この主イエス・キリストにおいて、この 1 人のまことの正しい人であるイエスにおいて、すべての罪人がその罪を赦され、救われた。

私たちもその罪ある人の1人である。

　神は正しいのか、神は義なる方なのか、そういう神への問いを私たちも持つことがある。及川信は、その説教で、そういう時には「私たちはいつも正しい側に無自覚に自分を置いている」と語る。人の正義を問う時も同じではないかと言う。そして、このような問いを問う時に、私たちは、私の罪のために主イエスが十字架につけられて死んだことを忘れているとも語る。

　パウロは、こう語った。「神はこのキリストを立て、その血によって信じる者のために罪を償う供え物となさいました。それは、今まで人が犯した罪を見逃して、神の義をお示しになるためです」（ローマ 3:25）。

　神の義があることも、正義というものがこの世に存在することも、それはただ十字架のキリストによって示されている。聖霊とみ言葉によって、十字架のキリストに、その目を向けるところで私たちはこの信仰に立つことができる。言い換えれば、これ以外の場所で私たちは、この神の義を信じることに生きることはできない。そして、今日の私たちもまた、500年前の宗教改革者のように、この一点において突破されるということが起こりうるのかもしれない。

5　祈り・賛美・説教

　アブラハムへの神の言葉は、神の子イエス・キリストの十字架の死の贖いにおいて実現した。しかし、同時になおこのことは途上にある。ここでのアブラハムの子孫とは、教会のことでもある。つまり、「主の道を守り、主に従って正義を行う」ことは今日の私たちの使命である。確かにキリストにおいて決定的なことは生起した。しかし、完成の時、終わりの時はまだ到来してはいない。「待ちつつ、急ぎつつ」私たちは、この使命を果たすことに召されている。

　（1）　教会はとりなし祈る。神の義があること、それが十字架に示されていることを悟るなら、私たちもまた祈り始めるのではないか。今のこの世界、この国の出来事、有様をただ嘆き儚むことに生き続けることはないであろう。

　私たちはもう一度、祈り始めるであろう。「天にまします我らの父よ、ね

がわくはみ名をあがめさせたまえ。み国を来らせたまえ。みこころの天になるごとく　地にもなさせたまえ。我らの日用の糧を、今日も与えたまえ……」と。「この世界とこの国の罪を、あの人の、この人の罪を、どうかお赦しください。どうか私たちを主イエス・キリストのゆえに滅ぼさないでください」と祈るであろう。また、私たちもアブラハムのように祈るのではないか。「義なる神よ、どうか、あなたがあなたの正義を行ってください」と。教会共同体は、このようなとりなしの祈りに生きる共同体である。
　(2)　教会は、神を賛美する賛美の共同体である。

　　わたしは主なる神の大能のみわざを携えゆき、
　　ただあなたの義のみを、ほめたたえるでしょう。　　（詩篇 71:16。口語訳）

　詩編 71 編は神の義を賛美する。主イエスの十字架の下にいた百人隊長もまた「本当に、この人は正しい人だった」と言って、「神を賛美した」のである（ルカ 23:47）。私たちもまたこの神の義を覚えるところで、神を賛美する。
　(3)　教会は、説教する。説教は、神の福音、悔い改めの福音を伝える。神は、私たちとんでもない悪人のために、御子イエス・キリストを十字架にかけられ、その義を示してくださった。それは、すべての人が悔い改めて、神のもとに立ち帰るためであった。教会は、この神の義を、十字架のキリストを世に宣べ伝えて、人びとを悔い改めに招く。

　祈ること、賛美すること、説教すること、つまり神を礼拝することが、教会に神から使命として与えられている。それが私たちにとって神の義を行うことになる。
　神学校に在学していた時、恩師はしばしばその講義において次のようなことを語られた。「私たちは神の救済の歴史において、その先端にいる。ちょうどトンネルを掘るドリルの先端のような場所に私たち教会は生かされている」と。記憶の中の言葉なので正確ではないかもしれないがこのようなこと

を教わった。つまり、私たちが今の時をどう生きるかということと、神の救いの完成、実現は関わっているのである。このテキストもまたこのことを語っているのではないか。なぜなら、ここで神はアブラハムに「あなたとその子孫が神の義を行う、そのことによって神の国は完成する」と言われていると言ってもよいからである。アブラハムはその神の義を見出し、それを行った。そして、主イエス・キリストに至る。さらに世々の教会もまたここに立ち続けてきたのである。そして、あのルターもまた、この神の義に立ったのである。今日の私たちもここに招かれている。

　神の日の来るのを待ち望み、また、
　それが来るのを早めるようにすべきです。　　　　　　（Ⅱペトロ 3:12）

参考文献

W. ブルッグマン『創世記』（現代聖書注解）向井考史訳、日本キリスト教団出版局、1986 年

W. ブルッゲマン『叫び声は神に届いた――旧約聖書の 12 人の祈り』福嶋裕子訳、日本キリスト教団出版局、2014 年

徳善義和『マルティン・ルター　ことばに生きた改革者』岩波新書、2012 年

W. リュティ『アダム　教会のための創世記講解 1』宍戸達訳、新教出版社、1972 年

及川　信『アブラハム物語　説教と黙想　上』教文館、2011 年

創世記　19章1–29節

高橋　誠

　テキストに響くもの

　破滅の物語のなかにひとすじの恩寵の物語が貫かれている。全くアブラハムに対する神の約束に依存する恩寵の物語である。それを担うのは、アブラハムの甥ロトである。ロトは優柔不断なソドムの住民である。ただ主の使いを迎え入れる姿においてのみ、辛くも彼はアブラハムと重なりを見せる。それでもロトは信仰の人である。むしろ神を迎え入れる一点が際立つことによって、信仰とはただ神の真実を迎え入れることであることが際立つのである。明らかになるのは、信仰は血縁も敬虔も超えて神の真実を受け入れる、ということである。私たちのテキストが、30節以降の、眉をひそめるようなロトの子孫の物語へと続いていることもこの集中と符合する。そこで語られるのは、モアブとアンモンの民の起源であるのだが、それはアブラハムへの「地上の氏族はすべてあなたによって祝福に入る」という約束への応答である（ブルッゲマン『創世記』305頁）。神の祝福が異邦人へと及ぶひとすじの流れを示している。ローマの信徒への手紙4章1–12節が、アブラハムの義を割礼とは別の、彼の信仰によるものとして改めて切り出すと、同様の動きを見せている。

　こうした恩寵が作る物語の動きは、ソドムをも憐れみのうちに見る。このことはこの時代への教会のまなざしを問うものとして、私たちに語りかけて

くる。憐れみを忘れたままの正義で他者の過誤を暴くことにエネルギーを用いる不寛容な時代のただ中で、滅ぶべき町のための執り成しへと私たちを導く。

アブラハムが、叫びの中で滅ぶ町を神との出会いの場から見ている姿（27、28 節）は、現代の教会の姿とも言える。

この箇所の理解のために次の構成で読むことを提案する。

1　福音の原形。
2　滅びる町ソドムを執り成す心。
3　意識されない大きな叫び。

1　福音の原形

物語の顛末を、29 節は「こうして、ロトの住んでいた低地の町々は滅ぼされたが、神はアブラハムを御心に留め、ロトを破滅のただ中から救い出された」と的確な一筆でまとめる。つまり、《滅ぼされる低地の町にアブラハムのゆえに神の救いの御心がなお貫かれていたこと》、これがこの物語のすべてなのである。焦点は、ロト自身が「目を留め、慈しみ（ヘセド）を豊かに示し、命を救おうとしてくださ（る）」（19:19）と気付くように、町の悪さでもロトの敬虔や不敬虔でもなく救いは揺るぎない神の慈しみによるのであって、ここに福音の原形が見えている。

そのようにして救出されるロトは、アブラハムを通して約束される祝福が異邦人へ広がっていくところでその役割を担っている。もちろん、アブラハムの甥であるから血縁とも言えるのだが、テキストは彼を単に血縁者として描くよりも、神の民の境界線から外に向けて立つ者としての関心を持っているようである。「地上の氏族は……祝福」（12:3）という約束は、18 章 18 節で、ソドムに住むロトを扱う前に再び、「世界のすべての国民は彼によって祝福に入る」と繰り返される。つまり、ロトの物語が担っているのは、アブラハムに与えられた世界への約束の消息を示すことである。私たちのテキストが、創世記 19 章 36 節以下で彼からモアブとアンモンが出たという言及へとつながっていて、それ以降ロトは登場しないことからしても、アブラハ

ムへの神の祝福の異邦人への広がりを担っているロトの役割は明らかである。

さらに場面設定は、ロトが神の祝福から最も遠いと目される悪名高き町ソドムにいるというものである。ロトを通して神の祝福と罪深い町との2つが、同時に扱われる。ロトの救出を通して、神の慈しみはしなやかに滅びの町ソドムにも伸べられていることが告げられている。こうして、《悪い町は滅ぼされる》という敬虔主義的で直線的な読み方を砕いている。

ロトがソドム市民であったことは弱められる必要はないし、そうされてはならない。彼は確かに一方ではソドムの人々に「よそ者」(9節)と言われているが、もう片方ではそこの市民として暮らしていることが読み取れる。彼の娘たちがその町で家庭を持ち始めている(14節)。ソドムが滅びることを「冗談だと思った」(同節)という、この町に育った婿たちの感覚を、「ためらっていた」(16節)ロトもある程度共有している。それらを合わせて考えれば、妻が「後ろを振り向いたので、塩の柱になった」(26節)のも彼女だけの問題ではなく、家族全体が未練を抱くほどソドムの人として生きていたことを物語る。そもそも「後ろを振り返ってはいけない」(17節)と戒めねばならないほど、ロト一家にとってソドムは魅力的な町なのである。そのように悪名高きソドムに住まうロトの家族が救われるという形で、アブラハムへの約束の強靱さが極められている。

ソドム市民のロトの敬虔が読み取れないにもかかわらず、その彼が神によって救出されるとすれば、そこに際立つのは、ロト自身がそう気づいているように「あなたは僕(しもべ)に目を留め、慈しみを豊かに示し、命を救おうとしてくださいます」(19:19)という神の救いのご意志である。彼自身には、救出に値する理由が見つからない。こうした形で、異邦人にも及ぶ救いという福音の原形がここに見いだせる。

本当のところ、アブラハムにおいても事情は同じである。「アブラムは主を信じた。主はそれを彼の義と認められた」(15:6)のである。パウロは、この一句を典拠にして、割礼を義の根拠にする考えに対する反論を展開する(ローマ 4:9–11)。やがてパウロが明らかにする信仰義認の胎動を本章に見る。「割礼のないままに信じるすべての人の父」(ローマ 4:11)のもとにロトは立

っている。モアブとアンモンの父祖ロトが神の救いの御心に留められており、すでにここから、アブラハムから異邦人へと及ぶ救いは語り始められているのである。殊勝なロトが自ら脱出したというのではなくて、「主は憐んで、二人の客にロト、妻、二人の娘の手をとらせて町の外へ避難するようにされた」(16節)のであり、彼らはただ神の業に与り、御使いに手を引かれるのである。救われる人間の資質は最小にされ、神の「慈しみ」(19節)と「命を救おうとしてくださ(る)」(同節)御心が最大にされている。

2 滅びる町ソドムを執り成す心

　この福音の動きは、人間への神の憐れみの御心による。しかし、私たちのテキストでは単に神がおひとりで憐れみを注ぎ始められるのではなく、18章のアブラハムの執り成しからそれは始まる。アブラハムは、ソドムを滅ぼさないという言質を神から引き出そうと駆け引きする。神の正義を憐れみと結びつけるように神に問い迫るのである。憐れみ深き神こそ、神としての正しい存在であるということを、読み手の心に深く刻みつける筋書きが見える。

　ブルッゲマンの18章後半と19章を緊密に結んで行う注解は、たいへん興味深い。まるでアブラハムは神の前に問い迫る、神に対しての神学教師のようであると言うのである。彼によれば、真筆性において信頼に足る古い写本の注記も、元来は主がアブラハムに呼ばれてその前に立つという、つまりアブラハムの優位が語られる。この受けいれがたいほど大胆な、すれすれのイメージは、写本家たちによって修正されたのだと言う。「アブラハムはなお、主の前に立っていた」(18:22、口語訳)という主の優位を示す私たちのテキストとは反対だったと言うのである(ブルッゲマン『創世記』292頁)。こうしてアブラハムは、ソドムが神の憐れみのなかに置かれることが正しいということを神に確認する。新共同訳の18章16節以下の小見出しの「ソドムのための執り成し」のとおり、彼の思いはソドムに注がれる。アブラハムの心を見抜き主が「町全部を赦そう」(18:26)と言われるように、彼は自分の甥のロトだけが救出されればよいとは考えていない。ソドムへのアブラハムの憐れみが描かれている。

読み方によってはまるで神の憐れみの足りなさを責めるようにも思える神へのアブラハムの訴えの物語が目論んでいるのは、宗教一般に共通した応報思想を帰せられる神論を特定し、俎上に載せることと思われる。「神は報酬と罰の冷淡で横暴な分配者ではない。むしろ神は、我々すべてのために死からの脱出口を活発に探し求められる」（同書303頁）ということを深い仕方で描くために、神との駆け引きというイメージが用いられている。この応報神学によって物事を勧善懲悪的に、きれいさっぱり整理してしまう考えに対する挑戦をしているとも言える。ソドムの罪は滅ぼされるべきだという道徳主義的な結論を引き出す読み方は、修正が迫られる。応報神学の裏側には、本当は複雑な悪の構造の単純化・表層化が隠れている。単純化で顧慮されなくなるのは、利己的で恣意的に悪を規定し断罪する者たちの愛の枯渇や欺瞞である。それが勧善懲悪の合理性の裏に隠されてしまっているのである。ソドムの町の名からsodomyという言葉を作るような動きが生じる。この町の末路と合わせられ、そうしたあり方が滅ぼされるべきだという道徳的な結論を引き出す読み方の痕跡を示す。預言者たちはソドムの罪を同性愛であるよりも、神に反抗する社会が共通して持つ無秩序さとして扱っている（イザヤ書1:10、3:1–9、エレミヤ書23:14、エゼキエル書16:49などを参照。同書286頁参照）。もちろん、ソドムの町の悲惨な有様を是認するということではないが、不自然な性のあり方としてだけ読んでしまうと事柄を矮小化することになるだろう。そうすると、表面に現れてきている事柄への嫌悪感に終始してしまうことにもなるだろう。本当のところ問題にされているのは、もっと広く深く人間に存在する悲惨さである。前章から印象深くたどられたひとすじの神の憐れみの動きは、本章に入ってもなお見出されるのであるが、道徳的な結論を問題にする読み方は、こうした連続した憐れみの線を見失ってしまうのである。

　人間——とくに正しさを問題にする人間は、ソドムによって説き起こされている悲惨な世界の様相に向き合う時に、憐れみを忘れやすい。ソドムに向き合う時に生じる感情が、往々にしてアブラハムのそれとは異なり、憐れみを失ったものとなることは、よく考えられなくてはならない問題である。

ソドムに対する嫌悪感は、現代の原理主義や過激な活動が世界に向かい合う時に、その正義の背後に隠れている冷酷さや世界に対する憎しみとも通ずる。それらは自分たちが悪と信じ込むものを撲滅することを目指すのである。神に問い迫るアブラハムにおいて正義が憐れみと深く重なるものだったのとは異なって、そこでの正義は冷酷な様相を呈するのである。

このことは宗教の別を問わない。私たちの国を見ても、かつての国家神道に基づく国体のシステムのなかで機能していた教育勅語などが持ち出され、あたかも現代に失われた家族愛とか公共の精神の再生を図っているかに見えるが、実のところ行われているのは、利己主義撲滅運動である。若い元国会議員の「利己的個人主義がここまで蔓延したのは戦後教育のせいだろうと思うが、非常に残念だ」と漏らした発言には、改憲で利己主義を封じて美しい国の構築を考える勢力の政治家たちの本音が滲んでいる。社会の間違ったところを責めることでは、本当の変化は起こらないにもかかわらずに、乱暴に外から一定の型をあてがうことによって、社会変革が起こると信じられている。撲滅が構築につながるというのは幻想である。撲滅は構築ではなく破壊でしかない。この破壊は、改憲論議において人権思想の破壊として現れてくる危険性を持つ。

キリスト教的に導き出された道徳的な価値であっても同様で、道徳主義は同性愛や堕胎に対しての潔癖な関与を作る。そこでは、それらがなくなれば理想的な社会が出現するとどこかで信じ込まれている。しかし、ソドムの滅亡は単に滅びゆく世界の描写なのであって、道徳的な関与の喚起を目論む物語ではない。仮にそれが自ずから生じた破滅であっても他者の正義に基づく撲滅であっても、滅びからは何の構築も起こらない。世界に対しての教会のまなざしは問われる。滅びゆく世界であることは、目に見えて明らかになってきている。その世界を責め、自分たちの正しさに閉じこもることは、アブラハムとは違う地点、神の民の系譜とは違う系譜に立つことになる。み使いによる叫びの調査結果がソドムを断罪するほかないものであるとしても、より深く洞察しなければならないのは、神との駆け引きをした地点から滅びゆく町を見下ろすアブラハム（19:27, 28）の心である。滅びゆく町を、深い悲

しみをもって見つめるアブラハムと共に、神の民は世界を見るのである。

3 意識されない大きな叫び

　憐れみに囲まれるソドムではあるが、その町は滅ぼされる。破滅する町には、憐れみと正義に基づくさばきの両方が働いている。18章でのソドムへの執り成しは、結局ロトとその家族の救出に限定され、町は滅ぼされる。憐れみが罪悪を許諾して万人を救済するのではない。ソドムの「大きな叫びが主のもとに届いたので、主は、この町を滅ぼすためにわたしたちを遣わされた」（13節）と言われるとおりに、叫びの存在は町が滅ぼされる原因そのものである。完成された救いは「もはや……叫びも……ない」（黙示録21:4、口語訳）と言及されるとおり、「叫び」が消えることは救済の1つの内容なのである。したがって、叫びが生み出される状況自身は、神のさばきのもとに置かれる。

　しかしながら、「大きな叫び」（13節）とは、いったいだれの叫びであるのか。ソドムの町全体が滅ぼされたことを考えれば、叫ばせていた者も叫んでいた者も、両方が消されてしまっているような印象すら受ける。この叫びを説き起こしている18章20節は、新共同訳では「訴える叫び」となっていて、その町の外からの「訴える叫び」と読めなくもない。口語訳は「ソドムとゴモラの叫びは大きく」となっていて、原文に近い（新改訳も同様）。叫びはソドムの町に行き交うものと考えてよいだろう。しかしながら、ロトの婿たちが御使いたちの避難のうながしを冗談だと思うのだから、叫びは意識に上って人々を悩ませていたものとは考えられない。ロトにしても、叫びの存在は御使いによって改めて喚起されねばならないものであるのだから、彼が日頃から悲痛な叫びを意識していたのではないだろう。おそらく、叫びは町の日常であって、町の惨状は「世の中、そんなもの」と受けとめられていると言えるだろう。それが「大きな叫び」と言われているのであるとすれば、《意識されない大きな叫び》である。人間が軽く扱われていることが日常となって、それを不当と感じ取る感性が摩滅してしまっている。

　町に行き交う意識されない大きな叫びがどういうものであったかは、ソド

ムの人々が性的に「知る」（5節、口語訳）仕方で御使いたちを認知しようする状況によって物語られているかもしれない。同じ言葉ヤーダーは、前章で神がアブラハムを「正義と公道とを行わせるために彼を知った」（19節、口語訳）と使われている。アブラハムに関してはここがただ一度だけの用例である（ブルッゲマン）。知る存在を、物や道具のようではなく、相手を自由な人間として丁寧に向き合うところでだけ許される、全面的な知り方と言えるだろう。そのように神はアブラハムを親しく大切な存在として知っていることがここで語られている。けれども、ロトの家に詰め寄る者たちは、その全面的な知り方の表面的な形だけを求める。相手の自由も尊厳も侵害される。「『老いも若きも』、しかも『町の隅々から』参加したことが強調されている。実際に、町全体が腐敗しているのである」（ヴェスターマン『創世記Ⅰ』）。町全体が腐敗すれば、それが腐敗であることすら認識されなくなる。ロトの自分の娘たちに関する、不快感を催すような信じがたい提案（8節）も、それがいのちの尊厳そのものが蹂躙されることであることにも気づくことがないところで生じている。人間の尊厳が軽くされる町では、急場しのぎの打開策としてありうるものだと考えられているということなのかもしれない。

　虚心坦懐に相手を知ろうとしないままに、自分の知りたいようにだけ相手を知る。こういう姿は、私たちの時代の人間の関わりをゆがめている。真実の意味で相手を知ろうとすることがないままに、身勝手な理解に基づいて相手への嫌悪を叫ぶ。こうしたお互いの叫びが満ちている時代とは言えないだろうか。『ミニストリー』第20号掲載の社会学者の宮台真司氏と晴佐久昌英神父の対談で、宮台氏は次のように語る。

　「『見る存在』がどれだけ大事かということ。長らく風俗や売春のフィールドワークをしてきた者にとって自明ですが、人は見られなければダメな存在です。……日本では『みる』という言葉がケア（診る、看る）を含みます。日本人は言葉自体の中に普遍的な摂理を織り込んでいます。互いを見ない存在が社会をダメにします。そして前教皇ベネディクト一六世が言うように、全能の神は『見る神』です」。

　ここで神が「見る」ということは、真実の意味で知ることとも言えるだろ

う。もちろん、私たち人間が「みる」ことは、どこまで行っても神の見ることには到達できない。だからこそ、他者を自分がよく知らない存在として謙虚に丁寧に見る。しかも、アブラハムが神と語り合った地点からソドムを見るように、シンパシーをもって見る。この語のパシーの元の言葉は、パトスであって、苦しみをも意味する。つまり、相手の苦しみを知ろうとして見るのである。ソドムのただ中では見えない悲惨が、外からは幾分見えてくるところがあるだろう。アブラハムがソドムを悲しみつつ見る神と出会ったのと同じ地点に教会もあるとも言えるだろう。世界がどんな不幸に生きているのかを本当に知るのは、神にある幸いを知っている神の民である。世界を執り成しつつ祝福へと招くのが神の民・教会なのである。

主な参考文献

W. ブルッグマン『創世記』（現代聖書注解）向井考史訳、日本キリスト教団出版局、1986 年（文中は周知となった「ブルッゲマン」で表記した）

G. フォン・ラート『創世記　私訳と註解　上』（ATD 旧約聖書註解）山我哲雄訳、ATD・NTD 聖書註解刊行会、1993 年

C. ヴェスターマン『創世記 I』（コンパクト聖書注解）山我哲雄訳、教文館、1993 年

創世記　20章1-18節

徳田宣義

　　われわれは信仰を特に神への信頼と服従として理解する。
　　　　　　（佐藤敏夫『キリスト教神学概論』新教出版社、1994年、155頁）

　神の救いは、われわれが考えたり、想像したりするよりも、常により大きく、より豊かなのである。キリストはキリスト者よりも大きく、啓示は我々の信仰に遥かに優り、救いは聖化を遥かに凌ぐ。そのような理由のゆえに、神の名も、神の言葉も、常に宣教され続けなければならない。救いは告げ知られ続けなければならないのである。
　　　　　（F. G. イミンク『信仰論』加藤常昭訳、教文館、2012年、392–393頁）

テキストの射程

　ローマの信徒への手紙の中で、アブラハムの信仰は模範とされている（ローマ 4:16–25 参照）。アブラハムは神の約束を信じ（創世記 15:6）、神の命令に従って自分のひとり子を犠牲としてささげようとする（創世記 22:12）。しかしブルッゲマンは「実際にものがたりの詳細を読むと、手放しで賞賛するわけにはいかなくなる……アブラハムの信仰は有名だが、彼はまた自分の利益に目が行く現実的な男として描かれている」（ブルッゲマン『叫び声は神に届いた』福嶋裕子訳、日本キリスト教団出版局、2014年、36頁）と指摘してい

る。これは正しい。アブラハムは神の約束を聞いて笑い（創世記17:17）、当該箇所では、妻であるサラを王に差し出してしまうからである。

「この土地には、神を畏れることが全くないので、わたしは妻のゆえに殺されると思ったのです」（11節）。アブラハムの弁解の言葉である。信仰とは神を畏れることである。しかし、当該箇所が明らかにしたのは、神に導かれる旅を生きていたはずのアブラハムが、神を畏れるのではなく、人を恐れたことである。それだけではない。アブラハムが「神を畏れることが全くない」と勝手に判断していたアビメレクとその家来たちの方が神を畏れたのである。

当該箇所20章の直前にある18章16節以下と19章において、ソドムの町の物語が記されていた。ソドムという悪徳の町を、神が滅ぼされる決意をされた。そこでアブラハムは、ソドムのために執り成しをしようとしたのであるが、神はソドムの町の信仰を調べた上で滅ぼされた。そして、当該箇所において、ソドムを調査された神が、アブラハムの中に正しい信仰があるかを見出そうとしておられる。しかし、アブラハムの中にではなく、その外に神を畏れる者があった。アビメレクである。この異邦の王をとおして、アブラハムに足りないものが示されている。それと同時にわれわれの心の中に、われわれの生活の中に、アビメレクのように神を畏れる心が果たしてあるかと当該箇所は迫ってくるのである。

1-2節　人を恐れるアブラハム

アブラハムのように「遊牧生活に生きる者は、他のグループや他の民族との間に生じる緊張や対立抗争を覚悟しなければ」（雨宮慧『旧約聖書を読み解く』NHKライブラリー、2006年、34頁）ならなかった。そのような中で滞在したゲラルの地であった。この地方を治める王アビメレクは、気に入った女性を召し入れることができる力を持つ権力者であった。夫を殺し、自分の妻にしてしまうこともできた。したがって、アブラハムは、自分の安全を確保するために、神が約束くださった子の誕生が果たされようとするとき（創世記21章以下）サラをアビメレクに差し出した。ゲラルの王アビメレクは

サラを側室の1人として召し入れた。アブラハムは、神を畏れたのではなく、人を恐れてしまった。神を信頼するに価するお方であると信じきることができなかったのである。

信仰とは、神を信頼するに値するお方であると信じることである。この物語は、アブラハムの信仰、そしてわれわれの信仰を問うているのである。

3節　介入

王は、神の保護下にある他人の結婚関係を侵害する。そのことは、サラによって子を授けるとの神の約束を阻むことに繋がる。アブラハムの信仰の危機に、サラの存在の危機に、そして神の約束を守るために、神はアビメレクの夢の中に介入される。神は夢の中で、アビメレクに死の宣告をされる。命は神の賜物であり、神による命の剝奪が人の死となる。神は、生と死の両方に対して力を持っている圧倒的なお方であり、人間の生死を司るただひとりのお方である。このような神が、この地で抜群の権勢を誇るアビメレクを対話へ招かれるのである。

4-5節　無罪の主張

アビメレクは弁解する。「まだ彼女に近づいていなかった」は、まだ関係がないということである。この記述は、ゲラル滞在がイサクの誕生予告と誕生との間の出来事なので、イサクがアビメレクとサラの間の子であるとする疑いを拭い去り、同時に、サラ自身の姦淫の誤解を晴らす意味を持つ。

「主よ、あなたは正しい者でも殺されるのですか」は、ソドムを助けようとしてアブラハムが神との交渉に用いた表現とほぼ同じ言い回しである。アビメレクもまた、アブラハムとサラから、2人は夫婦でないことを確認していると主張し、罰せられる理由はないと交渉するのである。

6-7節　神の応答

神は、アビメレクの訴えを無視されない。神はすべてをご存知である故に「触れさせなかった」と言われる。アビメレクに取り返しのつかない行為を

させなかったのである。したがって、サラが産む約束の子は、アビメレクの子ではないことが、ここでもはっきりと示されている。

　神はアビメレクの思いを十分に理解された上で、サラをアブラハムに返すように命令される。返すことによって、預言者であるアブラハムはアビメレクのために祈り、命を救ってくれるだろうと付け加えられるのである。

　執り成し手として用いられるアブラハムは、すでに預言者から遠い存在となっていた。しかし、神がアブラハムをその愚行から救い出そうとされ、重要な祈り手として用いられる。このように、神はアブラハムに立ち直る道を与えられる。かつてアブラハムに、イサクを与えると言葉をくださったお方が、ここでアビメレクに逃れるための筋道を語ってくださるのである。

　そして、アビメレクにとって、神の言葉を理解し受け入れることが、彼の今後に関わることになった。神の言葉に従わなかった場合、アビメレクだけではなく、彼の家来たちも共同の責任を問われ、必ず死ぬことを覚悟しなくてはならなかった。神の言葉に従うか否かは、本来このように命に深く関わることなのである。

8節　報告

　王は朝起きて、家来たちを呼び集める。事柄がまことに重大だからであり、判断を誤ると災いを招くからである。直ちに呼び集められた家来たちも、出来事の経緯を聞いて非常に恐れた。したがってアブラハムが、11節で「この土地には、神を畏れることが全くないので」と言っていたのだが、本当は、アブラハムの方が神を畏れず、人間を恐れていたことが、ここで明らかにされているのである。

9-10節　アビメレクの告発

　アビメレクは、アブラハムを呼び寄せた。「あなたは我々に何ということをしたのか」というアビメレクの言葉は、エバに向かって、またアベルを殺したカインに向かって神が語られた言葉と重なる（創世記 3:13、4:10 参照）。信仰の父アブラハムもまた、このようにアビメレクから罪を問い正さ

れ、「何ということをしたのか」と神と人との前で問われる挫折した人物であることが暴露される。10節に「更に」とある。アビメレクが「更に」詰め寄ったのには理由がある。アブラハムが答えられなかったからである。

われわれもまた、隣人との間に罪を犯している。「何ということをしたのか」。「どういうつもりで、こんなことをしたのか」と問われ得ることをたくさん抱えているからである。われわれは、アブラハムとよく似ているのである。

11-13節　アブラハムの自己弁護

アブラハムが、サラは自分の妻であると言わなかったとのアビメレクの問いに対して、アブラハムは妻サラが異母兄妹であることを告げる。「異父（異母）きょうだいとの結婚は後のレビ記20章17節のおきてによってきびしく禁じられるが、古代では珍しいことではなかった」（『創世記』フランシスコ会聖書研究所、1958年、111頁）。また、サムエル記下13章13節から、ダビデ時代には母親が異なっていれば結婚が可能であったことがわかる。その意味で、アブラハムの言葉に偽りはなかった。しかし、アビメレクを恐れ、夫婦という本質的な関係は隠していたのである。また、13節前半では、旅に出された神にも責任があるかのような発言をしている。ソドムにおいて、罪を数えようとされた神が、アブラハムの中にある罪を探り出されたと言い得るであろう。アブラハムは、これらの発言を通して、自分に罪があることを認めている。しかも、それは習慣化していた（13節参照）。アブラハムの過ちの原因は、神ではなくアビメレクに圧倒されてしまったところにある。神に自発的に服従するのではなく、アビメレクの前でソロバンを弾いて服従してしまったのである。アブラハムは自分の行為はアビメレクが神を畏れない故であると言うが、当該箇所はアビメレクの方が神を畏れるものであると示している。アブラハムは、天地を創造された神を畏れる以上に、この地を治めるアビメレクを恐れた。信仰の父が、不信仰の典型となったのである。

14-16節　損害賠償

アビメレクは、自分に仕える者たちを抱えている。他人の命を左右できる権威さえ持っている。そのアビメレクの権力は神の力と対比され、アビメレクは自分よりも上の権威があることを認めたのである。この神の権威が、アビメレクの服従を引き出した。生ける神に直面することをとおして、人間は人間であることを知らされるのである。アビメレクは、アブラハムの執り成しを必要とし、そのためにサラを後宮に召し入れたことの償いとして、アブラハムに莫大な贈り物を与える。こうしてアビメレクは、サラを返還することによって損害を回復し、神はアブラハムの執り成しを通じて、アビメレクの損害を回復される。また、サラについて多大な金銭をアブラハムに与える。これは、彼女にとって「疑惑を晴らす証拠」となるのである。

17-18節　アブラハムの執り成し

アブラハムは神に祈り、神はアビメレクと妻、および侍女たちをいやされ、ふたたび子どもを産むことができるようにされた。神は、こじれ切った関係に、まことの解決の道を備えてくださった。このように神を畏れる信仰と、執り成しがわれわれには必要なのである。

アブラハムは、脅威にさらされると人間的な恐れにとらわれ、神の影響力と権威の及ぶ範囲をみくびった。しかし、そうした者も、神によって他者の執り成し手として立つことが許される。アブラハムは神に選ばれているからである。それはアブラハムの敬虔によるのではなく、ただ神の信じがたい恵みによるのである。

当該箇所が、信仰の父アブラハムの失敗を語り、自己中心的な姿を描くのは、不信仰で自己中心的なわれわれもまた神は用いてくださり、立ち直る道を備えてくださるからである。信仰生活は、神の思いもよらない導きと支えを受けていることを、受け入れていく過程である。神との関わりの中に何度も呼び出され、アブラハムの信仰は成熟していったように、われわれの信仰もまた、そのように育まれていくのである。

おわりに

　神に向かうことによって初めて人間に向かう道が開かれるのであって、神を忘れて人間に向かうことからはじめると、たちまち収拾のつかない混乱が生じると当該箇所は語っていた。

　アブラハムは、断片的な正しさを持った人物でしかなく、神を畏れることからではなく、人を恐れることからはじめたため、ゲラルの地を混乱に陥れた。このようなアブラハムの欠落した部分をわれわれに指し示すために、異邦の王アビメレクが登場した。アブラハムの失敗と神を畏れるアビメレクとの関わりを軸にして、神ご自身が両者に深く関わり、欠けの多いアブラハムを用いて神は御業をなさる。こじれた問題を、ときほぐしてくださるのは神であり、不信仰な者を導かれるのも神であることが示されているのである。

　信仰の父でさえ、不信仰であったということは、人間は意志に反して罪を犯さざるを得ない存在であるということでもある。われわれもまた、朝から晩までの生活と心の隅から隅までを、「どうぞ神様お調べください。必ず、どんなときも信仰を見出すことができますから」と言うことはできない。罪はしぶとくわれわれを蝕む。だからこそ、われわれは目先のことに恐れをなし、自己弁護を繰り返し、人間関係を壊してしまう。このようにわれわれ人間が神を畏れていないから、神が造られた素晴らしい世界は、私利私欲の餌食とされ、毎日毎日、誰かが誰かを傷つけ、神に与えられた命を踏みにじっている。このようなわれわれを救うには、アブラハムを遥かに超える罪のない救い主という執り成し手が必要だったのである。

　神が、救われたわれわれにお与えになりたい人間性とは、どういうものであったのだろうか。執り成し手であるアブラハムと神を畏れ神の言葉に服従したアビメレクの指し示している先を、われわれはみる必要がある。それは、われわれを救ってくださった主イエスである。

　主イエスは、神のために神の御心に服従され、人を愛することからご自分を引き離すことを、誰にも許されなかった。政治的な力、宗教的な権威、そしてサタンでさえ、主イエスの歩むべき道を、脇道にそらすよう強制し、誘惑することはできなかった。この主イエスが父なる神の御心に従い抜かれ、

十字架の道を歩まれ、死に至るまで従順を貫かれた。この主イエスこそが、神に造られた人間の模範である。主イエスの中に完全な姿を取っている人間性こそ、神がすべての人間に初めから期待し、今なお期待している人間性なのである。

　山極寿一という霊長類学者が、朝日新聞に次のような文章を寄せていた。
「大気汚染や原発事故など、安全と安心を与えてくれると期待された科学技術への信頼は低下しました。一方で遺伝子を組み換えて食料の生産性を上げ、ＡＩ（人工知能）は人間の思考力を早晩上回るという。自ら開発したものを制御できるのか、『人間はこのままでいられるか』という壮大な不安のただ中にいる。しかも、その不安を解消する手段を持ちません」（山極寿一「極大化した不安　共に過ごす時間を」『朝日新聞』2017年1月1日）。
　このように不安心が大きくなっている時代をわれわれは生きている。世界中に、蔓延しつつある歪んだ愛国主義、分断され亀裂の生じた社会、あやしげな政策論理、環境資源の浪費、これらが、不安をさらに加速させている。不安は、畏れるべきお方が誰であるかを見失わせる。しかし、われわれは、この国で一足早くキリスト者とされ、それぞれの場所へ遣わされている。われわれは、そこでなお挫折を繰り返し、みじめな姿をアブラハムのようにさらすことであろう。しかし、不信仰な者を守られるのも神である。その証拠がアブラハムだったのである。
　天地を創造された神は、ご自身の御業を捨て去ることはされない。そのために主イエスを犠牲にされたのである。この主イエスに救われ、神のものと取り戻されたわれわれは、畏れるべきお方を畏れ、恐れるべき必要のない存在を必要以上に恐れる必要がないことを見分ける信仰が与えられる。したがって、主イエスによって贖われたわれわれにとって、歪んだ愛は正されるべきものとなり、政治は改革されるべきものとなり、自然環境は神のものとして守られるべきものとなる。このように神のものとして回復されるべきものは、いくらでも数えることができるであろう。
　神の救いは、われわれが考えたり、想像したりするよりも、常により大きく、より豊かである。それ故に、神の名も、神の言葉も説教され続けなけれ

ばならないのである。

参考文献

George W. Coats, *Genesis with an Introduction to Narrative Literature*, Eerdmans, 1983.

G. フォン・ラート『創世記　私訳と註解　上』(ATD 旧約聖書註解)山我哲雄訳、ATD・NTD 聖書註解刊行会、1993 年

W. ブルッグマン『創世記』(現代聖書注解)向井考史訳、日本キリスト教団出版局、1986 年

C. ヴェスターマン『創世記Ⅰ』(コンパクト聖書注解)山我哲雄訳、教文館、1993 年

デレク・キドナー『創世記』(ティンデル聖書注解)遠藤嘉信/鈴木英昭訳、いのちのことば社、2008 年

野本真也「創世記」、『新共同訳　旧約聖書注解Ⅰ』日本キリスト教団出版局、1996 年

水野隆一『アブラハム物語を読む　文芸批評的アプローチ』新教出版社、2006 年

及川　信『アブラハム物語　説教と黙想　下』教文館、2011 年

舟喜　信「創世記」、『新聖書注解　旧約 1』いのちのことば社、1976 年

創世記　21章1-8節

　　　　　　　　　　　　　　　　　　　　　　　小友　聡

　創世記21章1–8節は、「イサクの誕生」の物語である。族長アブラハムとサラの夫婦に約束の子イサクが与えられる有名なエピソードである。新共同訳では1–8節が段落となっているが、聖書協会共同訳をはじめ多くの翻訳聖書は1–7節を段落とし、8節を次の段落、つまり、「ハガルとイシュマエル」の物語の始まりとしている。べつだん問題はないが、新共同訳は8節の「アブラハムはイサクの乳離れの日に盛大な祝宴を開いた」を「イサクの誕生」物語の締めくくりと理解している。

　新共同訳の特徴として、ヘブライ語の語呂合わせをカッコ付きで説明していることが注目される。6節の「笑い」は「（イサク）」と説明される。この説明は聖書協会共同訳（口語訳も）には欠けている。新共同訳は親切ではあるが、誤解を招く恐れがある。「イサク」という名前は「笑い」という名詞を意味せず、「彼は笑う」という動詞形であることが認識されなければならない。

　これに関連して、新共同訳と聖書協会共同訳を比較すると、際立った違いはないが、6節のサラの言葉の訳し方に相違がある。「神はわたしに笑いをお与えになった。聞く者は皆、わたしと笑いを　共にしてくれるでしょう」（新共同訳）は、聖書協会共同訳では、「神は私を笑わせてくださいました。このことを聞く人は皆、私を笑うでしょう」と訳される。意味は同じで

イサクの誕生

あるが、聖書協会共同訳「聞く人は……私を笑う」が字義通りの翻訳である。新共同訳の場合は、イサクに「笑い」という意味が含まれるゆえに、「聞く者は……わたしと笑いを共にする」と訳し、「イサク＝笑い」の誕生を共に喜ぶという意味を強く引き出す。

　黙想の前に幾つかのことを確認しておく。文献学的分析によれば、このテクストはJ（ヤーヴィスト）、E（エロヒスト）、P（祭司資料）が組み合わさってできている。JとEはJE（エホヴィスト）として説明されることもある。1節は神名「主」から始まり（J）、2節では「神」に変わる（EあるいはP）。また、4節には「割礼」があり、5節ではアブラハムの「百歳」という年齢が記され、いずれも祭司的表現である（P）。さらにまた、6–7節はサラが発言していて、7節については1節前半との連続性を指摘できる（J）。8–20節はEの物語とされている。こういった分析から、3つの資料が複雑に絡み合っていると判断される。しかし、これらを厳密に区別してテクストを読む必要はない。最終形態において、内容に矛盾は見られない。もともと異なった資料のテクストが組み合わさってはいるが、最終的に「イサクの誕生」物語として纏まったのである。この物語は、アブラハム物語、さらに創世記全体、そして旧約聖書という文脈において、また、それを超え、新約聖書との関係において読み解かれる可能性がある。そういう深みと広がりを持ったテクストだと言える。

約束の成就
　黙想の際に、まず重要なのは、この「イサクの誕生」がアブラハムへの約束の成就を語るテクストだということである。それはアブラハム物語全体（創世記12–25章）の文脈からわかる。
　1節に「主は、約束されたとおりサラを顧み、さきに語られたとおりサラのために行われた」と記される。「主は、約束されたとおり」サラに息子を与えた。「顧み」とは、主がサラを御心に留め、サラを訪れ、サラに恵みを示したということである。「顧み」はヘブライ語のパーカドで、これは基本的に「訪れる」を意味し、創世記では一貫して神の愛顧という意味で用いら

れる（21:1, 39:4, 5, 40:4, 41:34, 50:24, 25)。しかし、この語は、旧約聖書全体では、哀歌4章22節がそうであるように、「裁く」「審判を下す」という意味でも頻繁に用いられる。

　1節の「約束されたとおり」、また「さきに語られたとおり」とは、17章15–21節と18章9–15節を指す。17章では、アブラハムへの約束として、サラが男子（イサク）を産むことが告げられ、それは「永遠の契約」（19節）であると約束された。アブラハムはその時99歳であった。また、18章では、マムレに現れた主の御使い3人がサラに男子誕生を約束したが、サラはすでに出産可能な年齢を超えていた。この17章と18章のアブラハム・サラへの約束が、21章のテクストに繋がる。「年老いたアブラハム」（2節）、「アブラハムは百歳であった」（5節）において、アブラハムへの子孫誕生の約束は成就したことが強調されている。

　言うまでもないが、これは、アブラハム物語の最初の約束「あなたの子孫にこの土地を与える」（12:7）に遡る。この時、すなわち、アブラハム（アブラム）が神によって召し出され、約束の地に出発した時、彼は75歳であった（12:4）。サラは65歳。アブラハムへの約束はなかなか実現しなかった。いや、ほとんど不可能であるかに見えた。「子供がありません」と諦めかけていたアブラハム（アブラム）に、主は「あなたから生まれる者が跡を継ぐ」（15:4）と約束し、天に輝く無数の星の数を数えさせた。諦めかけていたのはサラも同様である。「主はわたしに子供を授けてくださいません」（16:2）と諦めを語るサラ（サライ）は、夫アブラハム（アブラム）に女奴隷ハガルを側女として与え、これによって息子イシュマエルを得た（アブラム86歳）。人間的な企ては功を奏したかに見えたが、神によるアブラハムとサラへの約束は潰えることはなく、イサクの誕生で成就するのである。

　21章において、約束の成就が「神が約束されていた時期であった」（2節）と記される。「時期」はヘブライ語のモーエードである。これは祭儀的用語で、祭儀暦が意図されている。それは、18章14節「来年の今ごろ」（原語はモーエード）を指す。また、「神が命じられたとおり、八日目に……割礼を施した」（4節）のは、17章12節「あなたたちの男子はすべて……生まれて

から八日目に割礼を受けなければならない」を理由としている。イサクの誕生の出来事が神の約束の成就であることをアブラハム物語が物語る。

　サラは自ら語る。「誰がアブラハムに言いえたでしょう　サラは子に乳を含ませるだろうと」(7節)。「子」は複数形の「子供たち」で、いわば預言者的な、象徴的な意味があるようにも読める。「乳を含ませる」は語彙的に8節の「子供は……乳離れした」に繋がっている。「年老いた夫のために」「わたしは子を産みました」(7節)という表現は、今日の私たちには違和感があるかもしれないが、これは2節の「年老いたアブラハムとの間に男の子を産んだ」とまったく同じ表現である。「……のために子を産む」はヘブライ語で一般的な出産表現である。

　このイサク誕生物語は、士師記13章のマノアの妻、サムエル記上1-2章のハンナを思い起こさせる。マノアの妻もハンナも不妊の女であったが、神の言葉どおりに男の子を産む。マノアの妻はサムソンを、ハンナはサムエルを産んだ。いずれも神の約束の言葉は成就することを語る物語であり、サラの出産とよく似ている。これはまた新約聖書に呼応している。洗礼者ヨハネを産んだエリサベトの物語（ルカ1章）の雛型がこのイサク誕生物語である。神の約束は「にもかかわらず」成就するのである。「主に不可能なことがあろうか」(18:14)と記されるように、神の約束の言葉は決して潰えることはない。神の約束が成就するまで、アブラハムとサラは人間的な疑い、不安、諦めを経験する、しかし神は約束を必ず守ってくださる。

イサクの命名

　このイサク誕生物語において、もう一つ重要なテーマは、イサクの命名である。人名の語源譚は創世記にしばしば見られる。3章20節にエバの名の由来、25章26節にヤコブの名の由来が記されている。名は人物を象徴する。イサクという名は「笑い」と関係する。イサクの誕生は、このテクストに先立ち、17章で予告されていた。「いや、あなたの妻サラがあなたとの間に男の子を産む。その子をイサク（彼は笑う）と名付けなさい。わたしは彼と契約を立て、彼の子孫のために永遠の契約とする」(17:19)。これが21章

のテクストに直接に繋がっている。サラが産む男の子が「イサク」と呼ばれることは神御自身の予告である。この「イサク」という名は、ヘブライ語では「彼は笑う」という意味である。すなわち、ヘブライ語の語根ツァーハクのカル未完了形3人称男性単数「イツハーク」である。この語根はイサク誕生物語のテクストに何度も出て来る。このことに注目しなければならない。

　重要なことは、動詞ツァーハクの両義性である。ツァーハクは「笑う」という意味であるが、同時に「からかう」「嘲笑する」「もてあそぶ」というネガティブな意味をも含む。文脈により、ポジティブな意味とネガティブな意味に分かれる。その両方が「イサク」と結びついている。

　イサクという名は、第一義的にはポジティブである。3節で「アブラハムは、サラが産んだ自分の子をイサクと名付け」たのは、17章の約束の成就であった。それゆえに、サラは、21章6節で「神はわたしに笑いをお与えになった。聞く者は皆、わたしと笑い（イサク）を　共にしてくれるでしょう」と語ったのである。これは、イサクを産んだサラが、心の底から「笑う」ことができた喜びを表現している。「彼は笑う」の「彼」は男性形だが、サラに置き換えてもよい。サラに祝福の「笑い」がもたらされ、サラへの約束が成就したことをテクストは証言する。サラは息子イサクを腕に抱くことにおいて、まさしく「笑い」を両手に抱きしめたのである。新共同訳はそのように訳している。

　他方で、動詞ツァーハクはネガティブなニュアンスをも含む。というのも、17章17節で神によるサラの出産予告に対し、アブラハムはそれを信じようとはせず、「笑って」疑いを吐露したからである。この「笑い」は皮肉な笑いで、不信仰を意味する。アブラハムだけではない。18章12節では、サラも、御使いによる出産予告に対してやはりひそかに「笑った」。「なぜサラは笑ったのか」と主がアブラハムに問うと（13節）、サラは懸命に打ち消し、「わたしは笑いませんでした」（15節）と答えるが、それを受けて主は「あなたは確かに笑った」（同）と言った。緊張をはらむやり取りである。この「笑い」を巡る一連のエピソードは「イサク」という名に関係し、いずれも神の計画を疑う「笑い」である。嘲笑と言い換えてもよい。このように、ア

ブラハムとサラの「笑い」は、極めて不信仰な「笑い」であることが確認できる。言い換えると、アブラハムとサラの不信仰の「笑い」にもかかわらず、それを通して神の約束が「笑い」として成就したということである。

さらに興味深いのは、イサク誕生後、イシュマエルがイサクをからかう場面である。21章9-10節に「サラは、エジプトの女ハガルが……産んだ子が、イサクをからかっているのを見て、……訴えた」と記される。「からかっている」は動詞ツァーハクのピエル形分詞である。ここにおいて、「イサク」という名と「からかう」が共鳴している。ヘブライ語の語呂合わせで、意図的な使われ方である。「イサク」は「彼は笑う」という名であるとすれば、他者がイサクを嘲るという事態も想定される。9節では、アラブ人の祖であるイシュマエルがイスラエル人の祖であるイサクをからかい、もてあそび、嘲笑したと読むことができる。旧約聖書で動詞ツァーハクの用例は（イサクの人名を別として）ほとんど創世記に、しかもアブラハム物語に集中している。このテクストにおいて「笑い」の二義性は間違いなく意図的である。

約束の子イサクが与えられるということは、心の底から「笑い」がもたらされる祝福である。それは、神の計画を疑い、信じようとしなかった者に「笑い」がもたらされる福音を語る。しかしそれだけではないのだ。「イサク」という名は、疑われ、からかわれ、嘲られるという負の意味をも含む。それは、神によって選ばれた者は、祝福（笑い）が約束されるだけではなく、嘲りを受ける経験をもするのだということをほのめかしている。嘲りを引き受けることを、約束の子「イサク」は委ねられているのである。

神の計画

「イサクの誕生」はアブラハムの約束の成就であり、アブラハム物語において重要な位置づけを有する。12章でアブラハムに約束された祝福は、たがえることなく、この「イサクの誕生」において実現し、さらにイサクからヤコブへと祝福が継承されていく。神の計画は着実に実現していく。その計画遂行の道筋でイサクの選びが確認される。イサクは約束の子であり、アブラハムが100歳の時に、90歳の妻サラから生まれるという、驚くべき、奇

跡的な出来事であることがテクストにおいて強調されている。

　このことは、新約聖書にもこだましている。ヘブライ人への手紙11章11節にこう記される。「信仰によって、不妊の女サラ自身も、年齢が盛りを過ぎていたのに子をもうける力を得ました。約束をなさった方は真実な方であると、信じていたからです」。イサク誕生物語が神の御計画に対するサラの「信仰」の物語として解釈されている。

　新約聖書では、パウロ書簡にもイサク誕生物語が影響を与えている。ガラテヤの信徒への手紙4章21節から5章1節にそれが見られる。この箇所は「二人の女のたとえ」である。

　パウロはここで信仰義認をアブラハムに遡って論じている。律法の軛からの自由を説く際に、アブラハムの二人の息子イサクとイシュマエルが例に挙げられる。女奴隷ハガルから生まれたイシュマエルは、シナイ山に由来する契約を表し、シナイ山は今のエルサレムだと説明される。それに対し、自由な女サラから生まれたイサクは、肉によらず、天のエルサレムに属するのだとされる。その際、イサクのエピソードに言及している。「兄弟たち、あなたがたは、イサクの場合のように、約束の子です。けれども、あのとき、肉によって生まれた者が、〝霊〟によって生まれた者を迫害したように、今も同じことが行われています」(4:28–29)。

　パウロは創世記21章を解釈している。相続人ではないイシュマエルがイサクを「迫害した」というのは、21章9節でイシュマエルがイサクを「からかった」（笑った）ことを指している。イシュマエルは旧約では異邦人（非イスラエル）であるが、パウロはイシュマエルをむしろユダヤ教の律法主義を象徴する存在として見る。アブラハムの約束の相続人はイサクであって、パウロによれば、イサクは律法の掟に拘束されず、キリストによって信仰により義とされたキリスト者の群れを指している。律法によらず、信仰によって義とされたキリスト者の群れ、すなわち教会こそがアブラハムの正統な後継者イサクであると、パウロは解釈するのである。これは、キリスト教（教会）がアブラハムの祝福の直接的継承者になるという、パウロの救済史的解釈に基づいている。

パウロによれば、イシュマエルは教会を迫害するユダヤ教を指す。しかし、世界史的に見ると、イシュマエルはイスラム教においてアブラハムの正統な後継者である。パウロはイシュマエル（ユダヤ教）をキリスト教の敵とみなすが、やがてキリスト教はイスラム教とも敵対した。アブラハムからイサクに継承される祝福の約束、神の救済計画は、そのように現在の教会（私たち）に至るまで続いているのである（「今も同じことが行われています」）。

しかし、イサクの選びを、キリスト教（教会）の勝利のシナリオとして短絡的に読むことは望ましいとは思われない。むしろ、神学的に理解する必要があるのではないだろうか。選びとは、約束された祝福「笑い」である。しかし、イサク誕生物語において、イサクの選びは「笑い」の両義性を含む。笑われ、からかわれ、屈辱を味わうこともまた選びに含まれた定めなのではないだろうか。召命を受けた者もまたそれに当てはまる。選びとは祝福を受ける約束であると共に、笑われ、からかわれ、屈辱を味わう経験を通して実現していくのである。

選び

選びを意味するヘブライ語のバーハルが、いみじくもそのことを教えてくれる。バーハルは「選び」を意味する旧約聖書で最も典型的な用語（申命記 7:6–7）である。しかし、イザヤ書48章10節は次のように翻訳される。「見よ、わたしは火をもってお前を練るが　銀としてではない。わたしは苦しみの炉でお前を試みる」。動詞バーハルは、このイザヤの預言では「試みる」と訳される。「わたしは苦しみの炉でお前を選んだ」とは訳されず、「試みる」と訳されるのである。

この預言の直前が意味深い。主が「お前」と呼びかける僕について、「お前は裏切りを重ねる者」また「生まれたときから背く者と呼ばれていることを　わたしは知っていた」と語られる（8節）。これは、アブラハムとサラの不信仰と重なる。「背く者と呼ばれている」僕の選びについて、イザヤは「わたしは苦しみの炉でお前を試みる」と予告する。試みとは、神から選ばれた者が経験することだという預言である。「選ばれた者」は約束された祝

福を受ける。にもかかわらず、選ばれたゆえに試みを受けることを預言者は語るのだ。そこに、旧約において選ばれた者の使命が滲み出てくる。選びと試練は一つである。

　イサク誕生の物語から、神の選びを読み取る私たちに聖書の言葉は大事なことを教えてくれる。神に召し出されているゆえに、どんな試練にもくじけず、たじろがず、前に進めと聖書の言葉は語っているのではないだろうか。

参考文献

越後屋朗「創世記」、『新共同訳　旧約聖書注解Ⅰ』日本キリスト教団出版局、1996年

W. ブルッグマン『創世記』(現代聖書注解) 向井考史訳、同上、1986年

G. フォン・ラート『創世記　私訳と註解　上』(ATD 旧約聖書註解) 山我哲雄訳、ATD・NTD 聖書註解刊行会、1993年

創世記　21章9-21節

浅野直樹

　この物語は16章と似ている。ハガルが、サラによってアブラハムのもとから追放されるという点で共通している。追放の原因がいずれもサラの不満にあるという点も共通している。資料としては、16章のハガル逃亡物語がJとJEとP、この単元がほぼEとされる。したがって資料編集史上からみれば、このふたつは執筆背景の異なる並行記事だと考えられている。並行記事といえども、資料編集史の観点を離れ、単純に両者のテキストを比較してみると、当然のことだがいくつか大きな違いが見えてくる。第1に前者では、ハガルが妊娠中の逃亡であるのに対し、後者ではもっと時間が経過しており、長男イシュマエルが成長し大きくなってからの話になっている。第2に、それゆえ前者においてはハガル単独の逃避行であるのに対して、後者では子イシュマエルを伴っている。また後者では、サラにも子イサクが生まれた後の出来事である。

名のない母子

　新共同訳聖書の見出しは「ハガルとイシュマエル」となっている。ところが興味深いことに、ここでイシュマエルの名前は一度も登場しない。「あの子」、「あの女の息子」、「あそこにいる子供」、「あの子供」となっている。原典ヘブライ語では、子供にあたる語としてナアル、イェレドが使われている。

息子はベンである。物語において名前を名乗るか名乗らないかの違いは大きい。

アブラハムとサラの会話文をみると、サラはハガルのことを「あの女」と呼び、やはり名前が使われていない。「あの女」はヘブライ語でアーマー、これは女奴隷とも訳せるが、16章に出てくる「女奴隷（シフカー）」とは異なっている。2つの単語に特に明確な意味の違いは見あたらないが、アーマーはE文書に特徴的な単語とされる。サラの語りにおいて、サラがハガルの名を呼ばないところから、サラのハガルに対する強い怒りを感じ取ることができる。もともとハガルはサラの女奴隷であり、サラに子供が与えられた今となっては、もはやハガルに対しひけめは何もない。女奴隷の子イシュマエルが、我が子イサクをからかうのは許せなかったのである。サラは、ハガルとイシュマエルの名を口にするのも毛嫌いするほど憎しみを露わにしているということだ。自分の一人息子がいじめられていると知った母親が、激しい感情を抱くのは普通のことである。

　サラは、嫌悪感から2人の追放をアブラハムに直訴する。感情はさておき、2人の追放を訴えるというサラの行動について、これを読んだ会衆は複雑な思いになるだろう。信仰の父アブラハムの妻として、神に従おうとする夫とともに、自分も神に従順に生きようとする女性、それが聖書に馴染んだ人々がサラに対して抱くイメージである。けれどもここに描かれている様子は、それとは遠くかけ離れている。16章にもハガルを訴え追放するサラがいる。これらによって、サラに対する好意的な印象の変更を強いられるかもしれない。サラの態度に失望し、なぜもっとやさしく接することができなかったのかと、サラを責めたくなる人もいるだろう。

妻サラ

　サラは美人だった。美人だったがゆえに、エジプト滞在中もファラオの宮廷でとても気に入られ厚遇を受けた。また「アブラハムも彼女のゆえに幸いを受け」、財産を増やすことができた（12章）。サラは、女性としての魅力で権力者を振り向かせたのである。夫アブラハムを助けたのである。3人の

訪問者が年老いたサラに子供ができると伝えたとき、サラはそれを盗み聞きする。そして思わず苦笑した。「そんな馬鹿な」と疑う一面が顔を出す。笑ったことを指摘されても、サラはしらを切って言い逃れをする。このように人間臭い一面が次々と顔を出す。ここでは、憎しみのあまりに邪魔者を追い出すというしたたかさがある。こうしたひとつひとつのエピソードが、サラの人となりを素直に描いているといえよう。ここから、サラという女性が修道女のように、清貧、貞潔、従順の誓願を備えた人物とみるより、人間社会をうまく渡りながら一生懸命生きた、そういう意味では我々と変わらないごく普通の人だったという見方が可能である。世俗小説の主人公にもなり得るサラだが、神はここからユダヤ人の系譜を起こしたと創世記は記す。

　信仰者は、彼女のうちに理想像を見いだし、こういう女性になってほしいと女児にサラと命名する。しかしながら聖書が描くサラの人となりは、必ずしもそうではない。むしろ自己主張を繰り返した。それでも主に委ねて生きようというのが、信仰者サラである。サラのようになりたい、なってほしいという達成願望的信仰観を語ることもできよう。片や、サラと私は変わらない、ならばこんな私でもいいのだという自己受容的信仰観を中心に説教もできる。ふたつの信仰観の相克は、大きな神学的課題でもある。説教においてサラをどう描き、会衆に提示するかが問われている。

夫アブラハム

　夫アブラハムはどうだろうか。「アブラムは、主の言葉に従って旅立った」(12:4) とあるように、彼はみことばに忠実だった。それゆえに信仰の父とされた。この言葉のうちに、主へのアブラハムの全き信頼を見ることができる。そうした信仰を宿すアブラハムのパーソナリティにも注目しておきたい。それが最も端的で具体的に表れるのが、夫婦間のやりとりではないだろうか。ここにはそれが如実に出ている。ハガルとイシュマエルを追い出してほしいとサラからせがまれたことは、「アブラハムを非常に苦しめた」(11節)。妻の一言に悩み、アブラハムが呻吟する。結果的に、アブラハムは妻の言うとおりにした。子どもが生まれる前のアブラハムは、妻サラに対してどうだっ

たろうか。「わたしが不当な目に遭ったのは、あなたのせいです」とサラに言われて、アブラハムは「あなたの女奴隷はあなたのものだ。好きなようにするがいい」と答えた（16章）。これだけの会話でアブラハムとサラの夫婦関係を云々できないが、一面をかいま見ることはできる。

　こうした場面を切り取ると、アブラハムの人となりも、キリスト者が一般に思い描く旧約聖書の英雄の姿とは、随分かけ離れているのではないだろうか。最も問題とすべきは、アブラハムは怒ったサラに振り回されて言うなりになり、ハガルとイシュマエルを守ることができなかったという点である。人道的には、このことでアブラハムが非難を浴びてもおかしくない。こうしたところから浮かび上がるアブラハムのパーソナリティは、ハガルとイシュマエルを思いやる父親の優しさをもつ反面、優柔不断で決断力に欠けたやや頼りない男という印象も拭えない。アブラハムにやや人間的魅力に欠けているところがあるのを知って、信仰の父としての行動にがっかりする信仰者もいるかもしれない。けれどももう一方で、こんなアブラハムでも神様は大いに祝福してくださるのなら、きっと私のことも祝福してくださるだろうと、励まされる信仰者もいるだろう。この点は、先述のサラの場合と同様である。

　2人に限らず十二弟子でもそうだが、彼らはキリスト教信仰の歴史において名を残した人物であり、それゆえに後世の信仰者にとっては模範となるべき一人一人である。聖書の人物から名前をつけるという西洋的伝統は、今も生きている。けれども彼らを偶像化してしまい、人間的にもすばらしい人格者だったとみなして、それを見習うようにと説教することには躊躇を覚える。これは我々がよく陥りやすい過ちである。偉人が人格者だとは限らない。アブラハムもサラもパウロもペトロも、それぞれの人間的個性が随所に表れる。自己中心的だったり、計算高かったり、ひがみっぽかったり、怒りっぽかったり、つきあいにくい人だったかもしれない。聖書の中の人物をどう見るか。どういう角度から捉えるか。そのことは説教を大きく左右するので、説教者は人物像の描き方にも留意したい。どういう人物として描写するかは、福音の中心部分ではないのだが、会衆にはそれが大きく影響する。そのことに、人は大いに関心があるからである。

この出来事を取り上げて、アブラハムとサラが信仰者としてふさわしい行動をとったかというと、決してそうとはいえないだろう。サラは異邦人ハガルとイシュマエルの隣り人になれず、愛することができなかった。アブラハムも彼らの命を守ることを怠ったからである。信仰者としてふさわしくない態度や行動があったりすると、他者から罪を指摘される。いわゆる「裁き」である。キリスト者は、教会の中でも外でもキリスト者らしくふるまうことが期待される。「霊の結ぶ実」、「愛……喜び、平和、寛容、親切、善意、誠実、柔和、節制」（ガラテヤ 5:22）をたくさん実らせて、キリストの良き証人とされる。その人がどれだけ実を実らせたかを計って、信仰深い人かどうかを言いたがる。そういう見方からすると、アブラハムもサラもこのとき信仰的ではなかったと言わざるを得ない。
　行為義認の罠はどこにもある。確かに、キリストへの信仰から霊の実を生むことが期待され、奨励されるのはそのとおりである。けれどもその逆も真だとはいえない。霊の実の善し悪しやあるなしで、人の信仰を評価することは適切ではない。アブラハムとサラのこうした行動から、彼らの信仰を疑うことにはなり得ない。

神の言うなり

　アブラハムの信仰をみるとき 12 節は見落とせない。神がアブラハムに語りかけたのである。「あの子供とあの女のことで苦しまなくてもよい。すべてサラが言うことに聞き従いなさい」と。アブラハムが苦しんだとき、サラの言うなりに行動するようにと神が指示したのである。2 人を追放すべきかどうかの決断に悩んだとき、アブラハムは神の声に聞き従ったのだ。神の声に聞き従うことこそ、アブラハムが召命を受けたときから最優先してとった行動原理である。したがってアブラハムにしてみれば、追放したのは神からそう言われたからだ、ということになる。善悪の知識の木の果実を食べたアダムとエバが、責任逃れのために言い訳したのと似ている。そのことだけを取り上げると、これを聖なる神の声として受けとることは極めて困難となるが、続く 13 節で神は、「しかし、あの女（ハガル）の息子（イシュマエル）

も1つの国民の父とする。彼もあなたの子であるからだ」と、神は大いなる契約を告げる。アブラハム自身がかって受け取った神の祝福が、今や、追放された2人に向けられているのである。この同じ祝福へのアブラハムの確信は揺るぎない。その結果、苦渋の決断ではあったがアブラハムは、わが息子イシュマエルとその母ハガルを手放したのである。これは、神への信頼がなければできなかった大きな決断である。ここまで踏み込んでみると、アブラハムの決断を優柔不断だったと一概には言えない。断腸の思いで下した決定だったのだ。人の目からみるとサラの言うなりで逃げ腰のアブラハムと映り、周囲からもきっと非難を浴びたことだろう。それでも敢えてそうしたのは、神の大いなる祝福を確信したからである。この点を考え合わせるとこの物語は、このあと出てくるイサク奉献と並べ称することもできる。アブラハムは、人間的地平では妻の言うなりだったが、信仰的地平では、神の言うなりに行動したのである。

　この箇所がエロヒスト文書であるとの分析に基づき、その特徴とされる神への恐れ、倫理的感覚や民族意識の強調を考慮すると、12節はそうした観点で編集され、アブラハムのとった行動をエロヒストが信仰的に解釈し、アブラハムへの責任追及を回避したのではとの見方も可能である。けれどもそのような仮説に基づく釈義をしてここから説教をすることが、はたして会衆に向けて語る神のみことばとして妥当だろうか。創世記が示すアブラハムの生涯は、召命から死に至るまで主と共に歩む人生で一貫している。カナンに向かう旅路も、ロトと別行動を決意したときも、イサクを献げようとしたときも、そこには常に神が共にいて導き祝福した。アブラハムの揺るぎない主への信頼と信仰をそこに見ることができる。

　こうしたアブラハムの生き方と言動は、神を信じて生きるとはどういうことなのかを考えさせてくれる。信仰者一人一人の個別の出来事と物語の中で信仰者の人生を神が導き、そこに神が共にいてくださる。そこには失敗もあり成功もある。人間的に強いこともあれば、脆く崩れるときもある。調子が良いときだけ神が近くにいて、そうでないときは神が遠ざかっているわけではない。サラからハガルとイシュマエルの追放を迫られたとき、アブラハム

は苦しんだ。人間的には弱かった。けれどもそのとき神は、アブラハムから遠ざかってはいなかった。アブラハムにとって神は、どのようなときにも共にいてくださる主であった。アブラハムはりっぱな人格者ではなかったかもしれない。けれどもアブラハムは、神のみを頼りとしたりっぱな信仰者であった。

追放劇

14節で追放されたハガルは、イシュマエルを背中におんぶして立ち去っていく。乳離れしたイサクを3歳とすると、イシュマエルはすでに17歳ぐらいになっており、それをハガルが背負うというのは無理なので、14–16節は、イシュマエルが小さな子供という前提でないと解釈が困難になる（以上『旧約聖書注解Ⅰ』）。先述したように、子供と訳された単語が2種類あり、同注解書が指摘するように使い分けがされている。14節から17節にかけてはイェレド、その前と後では主にナアル。両者の使い分けに明確な区別は見られない。年齢の問題もこれによって解決できるわけではなさそうだ。同注解書によると、「神との関連ではナアル、アブラハムとハガルとの関連ではイェレドが使われている」とするが、よく見てみると必ずしもそうとはいえない。したがって、この部分からの説教は最大限の注意を要する。

16章において、主の御使は追放されたハガルに対して以下のように祝福する。「わたしは、あなたの子孫を数え切れないほど多く増やす」。「やがてあなたは男の子を産む。その子をイシュマエルと名付けなさい」。21章においても、神は追放されたハガルとイシュマエルを顧みて「ハガルよ、どうしたのか」と呼びかける（17節）。そして「わたしは、必ずあの子を大きな国民とする」と祝福する（18節）。これは、アブラハムが授かった大いなる祝福と変わるものではない。ここにある神の祝福がもつ意味は大きい。なぜならば、この神の顧みと祝福が、彼らの危機のとき表されたからだ。

こういう形での追放は悲惨であり、人道的にあってはならない。けれどもこの悲劇から、すなわち人間関係のもつれにより切り捨てられていく中から届けられた祝福は、大きな希望となる。今日もなくならない非人道的事件や、

身の回りで起こる理不尽な出来事のただ中でも、神の声は届けられる、神の約束と祝福は途切れていないことを物語っている。祖国を追われて難民となった人々のことを思う。運良く受け入れてくれる国がある一方、難民認定を受けられず強制送還される人々がいることを思う。神はハガルとイシュマエルに井戸を用意した。同様に今日、生活の糧を奪われた人々のために井戸を用意することは、神と共に歩む民に対して、神が託していることである。

神はすべてを受け入れる

人は大きな災難に遭うと立ち止まる。神は私から離れて、いったいどこへ行ってしまったのかと立ちすくむ。けれどもそうだろうか。神が、私から離れてどこかへ行ってしまったのだろうか。別の見方もできるのではないか。あまりのショックの大きさに私のほうが立ち眩みして、私が神を見る心のまなざしが曇ってしまったと考えることはできないだろうか。神が離れていったのではなく、私が神から離れていたのではないか。私たちは自分中心に考える癖がある。自分は同じで周辺が変わったと思いこむ。けれどもキリスト者はもう1つの視点が与えられている。神の視点である。この視点に立ったとき、理不尽な現実に揺さぶられ神から離れていこうとするのは自分自身である、と気づかされる。神は揺らぐことなく神であり続け、常に共にいてくださるのである。むしろそういう辛いときこそ、共にいる神を身近に感じられるのではないか。

以上述べてきたところをまとめると、次のように言うことができよう。人間社会で受け入れられないことでも、神は受け入れる。アブラハムとサラ、ハガルの間で繰り広げられた人間関係のもつれからも、そのことが見て取れる。2つの側面からそれがわかる。1つは信仰者の個性や人格という観点である。アブラハムの優柔不断と決断力の乏しさ、サラの癇癪と無慈悲な訴えなどは、人間的には欠点もしくは短所ともみられる。ところがそうした好ましくない個性であっても、神はそのマイナス的要素をも受容し、その人に祝福の約束を届ける。人格的個性や考え方、そしてその社会的評価と、神の祝福との間に相関関係を見いだすことはできない。

2つめとして試練や苦境は受け入れ難いが、神はそうした中でも「子供の泣き声を聞かれ」る（17節）。そして試練や苦境を利用する。さらにやがてはそれを祝福へ至るきっかけとしてしまう。イシュマエルはやがて成長し、母の祖国エジプトから妻を迎えた。そしてイシュマエルの系譜からアラブ民族が誕生していった。私たちの涙と痛みは神不在のしるしではない。悲しく辛い出来事の中でも神は生きておられ、やがては豊かに祝福をもたらしてくれる。

最後に、今日のユダヤ人とアラブ人の民族問題は解決の糸口が見つからないが、両者はアブラハムを共通の祖先としてもっていることを覚えたい。イサクはイシュマエルに「からかわれた」のだったが、アブラハムの死に際して、ふたりは父アブラハムをいっしょに葬っている（25:9）。そしてイサクはその後、ハガルゆかりの地ベエル・ラハイ・ロイの近くに住んだ。こうした歴史をたどりながらユダヤ教とイスラム教の知恵を働かせることで、この根深い問題の解決へとつながることを願う。

参考文献

野本真也他「創世記」、『新共同訳　旧約聖書注解Ｉ』日本キリスト教団出版局、1996年

Cuthbert Simpson, Walter Russell Bowie, "The Book of Genesis," *The Interpreter's Bible*, Abingdon Press, 1952.

創世記　22章1-19節

　　　　　　　　　　　　　　　　　　　　　　　小泉　健

神の命令

　神が命令をなさる。過酷な命令である。
　「あなたの息子、あなたの愛する独り子イサクを……焼き尽くす献げ物としてささげなさい」（2節）。
　この命令の苛烈さは、この言葉そのものの中にすでに十分に現れている。イサクは実の息子である。愛する子、ただ独りの子である。心臓が凍りつき、体の底から震撼させられる言葉である。もう他の言葉は耳に入らない。神の命令が魂を占領する。生きることの中心にどっしりと場所を占める。
　イサクは一人息子であるにとどまらない。もっと大きな意味を持つ子供である。アブラハムとサラは子供の誕生を、ほとんどその全生涯をかけて願い続けた。2人はおそらく若い時に結婚しただろう。イサクが生まれたのはアブラハムが100歳の時である。どれほどの願いと落胆、祈りとあきらめが積み重ねられたことだろうか。さらにイサクは、神が約束してくださった子供である。「わたしは彼女（サラ）を祝福し、彼女によってあなたに男の子を与えよう」（17:16）。しかもイサクは、単なる1人の子供ではない。「あなたを大いなる国民に」する（12:2）との神の約束の担い手である。イサクは、神との契約を受け継ぐ者なのである。「わたしは彼（イサク）と契約を立て、彼の子孫のために永遠の契約とする」（17:19, 21）。

アブラハムが神の約束を最初に受け取ったのは、75歳の時だった。しかし、長く子供が与えられなかった。86歳の時には、なんとか子供を得ようとして、女奴隷ハガルによって子供をもうけることもした。イサクが与えられたのは、それからさらに14年後のことである。人間的な可能性がついえたところで、ただ神の約束のゆえに、ただ神が「顧み」てくださったゆえに誕生したのがイサクである（21:1）。
　ついにイサクが生まれた。ハガルとイシュマエルは追い出された。アブラハムの息子は、名実ともにイサクだけとなった（21章）。「これらのことの後で」（1節）。神は大いなることを約束されたが、アブラハムが実際に与えられたのはイサクだけである。それでも、たしかにイサクを与えられた。イサクは約束の最初の実りである。初穂を与えられた。「これらのことの後で」。これらのことの後で、神はその初穂を、約束の実現を「ささげよ」と言われる。「ここで彼は、彼の未来全体を放棄するように迫られているのである」（フォン・ラート）。
　そのイサクは事故や病気で取り去られるのではない。人間には説明のつかない災いに見舞われて命を落とすのではない。アブラハムが自分の手で「ささげる」ようにと命じられている。神がそれを命じておられる。まことに過酷な命令である。

「ささげる」とはどういうことか

　わたしたちは、神の命令の前にたじろがずにはいられない。つまずきを覚える。そのとき、そうであればこそ、神のこのご命令の衝撃をやわらげようと試みるようなことをしてはならない。むしろ自分の体全体で受けとめるべきである。
　「ささげよ」と神はお命じになる。「これはささげることができません」とわたしたちは握りしめる。「これだけは勘弁してください」と言って、自分の手元に残そうとする。アブラハムがどうしても手放すことのできないただ一つのもの、それがイサクである。そのイサクを「ささげよ」と言われて、初めてアブラハムは「ささげる」とは何を意味しているのかを知る。

やがてイスラエルの民は「初物」を神への献げ物にすることになる。穀物の初穂も果実の初物も（出エジプト記 23:19）、家畜の初子もである（申命記 15:19）。人間の初子をいけにえとすることはないが、神のものとし、やはりささげるのである。「すべての初子を聖別してわたしにささげよ。イスラエルの人々の間で初めに胎を開くものはすべて、人であれ家畜であれ、わたしのものである」（出エジプト記 13:2）。

　初物は十分の一と結びついて「最上のもの」という意味を持つこともあるが、本来はまさに最初の収穫、初なりのもの、初子である。「たくさん生まれた中で最初のもの」ではなく、「まだ他は生まれる前に最初に生まれて、今はまだこれしかないもの」である。その時点での実りのすべてである。それをささげてしまう。その後には収穫が続かないかもしれない。それでもささげる。それは、すべてをささげることのしるしである。そして、あとに続く実りを神の御手から受け取るのである。

　ささげるとは、神にすべてを明け渡し、神の言葉にお従いすることである。献身である。キリスト者であるとは、神に献身して生きることである。しかし、わたしたちはささげることができない。ささげたつもりでも、なお握りしめているものがある。「わたしのイサク」がいる。「これを取らないで」と願いながら胸に抱きしめている思いがあり、考え方があり、行いがあり、関わりがある。誇りとし、拠り所としているものがある。喜びとし、生きがいとするものがある。執着しているものがある。神が言われる。「あなたのイサクを、あなたが愛ししがみついているものをささげなさい」。

アブラハムの「服従」

　物語の大部分は沈黙の中で進んでいく。アブラハムは声を失っている。自分から声を出すことができない。語りたいのをこらえて黙っているのではない。言葉がない。語ることができないどころか、理解することもできない。神のことも、自分のことも、将来のことも、何もわからない。わからないままに、アブラハムはただ静かに従う。神の言葉に従う。

　森有正は、この箇所が服従を教えたものである、という通常の理解に反

発する。「ここでアブラハムが示しているのはもちろん服従以上のことです。単なる服従などというものではない」。「そうではない、もっと深いものがあるに違いないと思います」。言葉にすれば、「服従」としか言いようがないのかもしれない。しかし、わたしたちが知っている「服従」でアブラハムを理解してはいけない。むしろ反対であって、「アブラハムのその例から本当の服従はどういうものであるかということを教えてもらうのです」。そこで、「服従」という言葉が持ちうる、わたしたちが知らない高い意味を知らされることになる。森有正はそれ以上の説明を加えることはせず、聖書のほかの人物のイメージを重ね合わせながら、出来事そのものに思いを向けるようにと促している。

わたしたちが「服従」と言う時には、おそらく強い能動性が含まれている。神の御心を受け取り、それを自分の心として生きる。神の言葉を聞いて、ひたすらにその言葉を守り、お従いする。神の教えを喜び、深く味わい、そのとおりに右にも左にもそれずに歩み続ける。それが服従だと考える。

ここでのアブラハムはそうではない。そのような能動性の源になるはずの理解がない。今アブラハムは、神がわからないし、神の命令を理解することもできない。神は「隠された神」であり、神の言葉は異質な言葉、外からの言葉である。アブラハムがこれまで抱いてきた神理解はもう役に立たない。いや、そもそも神は人間の神理解に収まらない。これまで聞いてきた神の約束の言葉も、今や全く新しい響きをたて始めて、その意味をとらえることができなくなった。

しかし、アブラハムがたしかに受け止めていることがある。神が神であられること。神が生きて働いておられること。しかもこのわたしに向き合い、このわたしに語りかけておられることである。神が「アブラハムよ」と呼びかけておられる。アブラハムは「はい」と答える。それ以降のアブラハムのふるまいは、ただひたすらに、この「はい」の具体化なのである。

3節と9節は、とりわけ克明にアブラハムの行為を描写する。無声映画を観ているかのようである。アブラハムはよどみなくふるまい続ける。一つ一つの行為が積み重ねられていく。最後の瞬間へと緊張が高まっていく。こう

いう形で語ることによって、聖書は乾いた事実を報道しているのではない。アブラハムの服従を物語っているのである。

最初と最後の対話

　アブラハムは静かに従い続ける。その静けさを破って、3つの対話が行われる。静けさと対話とが鋭いコントラストをなしている。

　最初の対話は、神とアブラハムの間で交わされる（1, 2節）。神が「アブラハムよ」と呼びかけてくださる。ここからすべてが始まる。アブラハムは「はい（ヒンネニー）」と答える。「ヒンネニー」は「見よ」と言って注意を促したり、後に続く文を強調したりする「ヒンネー」に一人称単数の語尾形がついた語である。語の成り立ちからすると、「わたしを見よ」となる。呼びかけられた人の返事として使われる語だから、「はい」と訳して間違いではないが、意味あいからすると、「わたしはここにいます」「ここに控えております」ということである。英語で「here!」と答えるのと似ている。

　わたしはここにおります。お言葉を聞く用意はできています。何なりとお命じください。「わたしがここにおります（ヒネニー）。わたしを遣わしてください」（イザヤ書6:8）。生涯をかけて神と共に歩み、御言葉に聞き続けてきた人の言葉である。僕が主人の手に目を注ぐように主に目を注ぎ（詩編123:2参照）、僕が主人の言葉を聞き漏らすまいとするように主の御言葉に耳をそばだててきた人の、生きる姿勢そのものである。

　そのアブラハムに対して、神は「ささげよ」とお命じになる。アブラハムは神の命令を聞いて、それに従う決心をして、そして従い始めた、というのではない。従う者であるアブラハムに神が呼びかけてくださり、アブラハムは従う者として「ここにおります」と答えたのである。

　第三の対話は、最初の対話と同じように神（の使い）とアブラハムの間で交わされる（11, 12節）。最初の対話と対をなしている。今回は、呼びかけは2度繰り返される。「アブラハム、アブラハム」。アブラハムは最初の呼びかけに対してと全く同じように「はい（ヒンネニー）」と答える。最初の対話で「あなたの息子、あなたの独り子」のことが取り上げられ、彼をささ

げよと命じられたのだったが、今回も「自分の独り子である息子」(原文は2節と全く同じで「あなたの息子、あなたの独り子」)のことが取り上げられ、「その子に手を下すな。何もしてはならない」と命じられる。

真ん中の対話
　第二の対話は、父アブラハムと息子イサクの間で交わされる(7, 8節)。一行はすでに3日の旅路を乗り越えてきた。2人の若者とろばをあとに残し、今は父子の2人きりである。父は、危険のない薪を息子に背負わせ、けがをする危険のある火と刃物は自分の手に取る。ここに、息子に対する父親の細やかな愛が現れている(フォン・ラート)。2人は黙って歩いて行く。「二人は一緒に歩いて行った」(6, 8節)という言葉が2度繰り返される。深く結びついた2人が、お互いの存在を深く感じながら、お互いの存在を深く喜びながら、一緒に歩いて行く。彼らには言葉を必要としない絆がある。かけがえのない2人だけの時間がある。「二人は一緒に歩いて行った」。この言葉にはさまれて、ただ1度だけ沈黙が破られる。
　今回は神でなくイサクが呼びかける。「わたしのお父さん」。アブラハムは、神の呼びかけに対して答えるのと全く同じ言葉で、「ここにいる(ヒンネニー)。わたしの子よ」と答える。アブラハムは3度呼びかけられ、3度とも全く同じように答えるのである。新共同訳を初め、多くの翻訳ではそのことが見えなくなってしまっている。文語訳だけは3度とも「我此にあり」と訳した。アブラハムは、ほとんどこの1語だけを繰り返しているのだから、そこに注目すべきであろう。
　アブラハムは、神の御言葉に注ぐのと同じ注意深さで、息子の言葉に耳を傾ける。神の御顔の前に全身をさらし、神の語りかけを全身で受け止めるように、イサクに対面し、イサクの言葉を受け止める。わたしはここにいる。ひと言ももらさずにお前の言葉を聞いている。お前の問いかけに、わたしは全力で答えよう。アブラハムは、神に対して「わたしはあなたと共にここにおります。あなたの契約の中にいます」と答えたように、イサクに対して「わたしはお前と共にいる。お前と共に神の契約の中にいる」と語るので

ある。
　アブラハムは、黙って歩き続けてきた。イサクに言葉をかけたくても、語るべき言葉を持たなかった。しかし今、イサクの呼びかけと問いかけによって、アブラハムはどうしても口を開かなければならない。イサクは神を礼拝することを真剣に考えて問うている。「焼き尽くす献げ物にする小羊はどこにいるのですか」。答えないわけにはいかない。ごまかすことは許されない。アブラハムは、全力で答えようとする。ひと言でも語るべき言葉を持たないと思っていたアブラハムが、このとき、こう語ることができた。「わたしの子よ、焼き尽くす献げ物の小羊はきっと神が備えてくださる」。この言葉は、物語全体の構造からしても際立った場所に置かれている（ブルッグマン）。

神と共に歩いて行く

　イサクの問いかけに対するアブラハムの答えは、3日間の旅路なしには語れなかった。「わたしはここにおります」と応答し、その言葉のままに黙って歩き続けてきた。生活そのものが御言葉への服従であった。その歩みを通して、自分が生きることの全体が神のまなざしの中にあることを知らされたのである。
　この物語全体において「行く／歩いて行く（ハーラク）」という語が重要な意味を持つ。7回も使われている（2, 3, 5, 6, 8, 13, 19節）。単語そのものは単純に「行く、歩く」という意味である。しかし、「（神に）従う」という意味で使われることもある（列王記上18:21参照）。
　神が「行け」と命じられるままに、アブラハムは行く。3日間歩み続ける中で、それは父と子の結びつきを味わう歩みとなる。「二人は一緒に歩いて行った」（6節）。かけがえのない時間である。アブラハムは、このまま永遠に歩き続けたいと願ったかもしれない。しかしイサクの問いかけによって、アブラハムはにわかに気づかされる。自分たちは2人きりで歩いているのではない。自分たちは神の御前におり、また神と共に歩む道の途上にいる。神が共にいて、必要を知り、また備えていてくださる。だから「二人は一緒に歩いて行った」（8節）と2度目に語られるとき、その意味あいは1度目

とは違っている。2人は一緒に、神と共に歩いて行ったのである。

主は見ていてくださる

「きっと神が備えてくださる(エロヒーム・イルエ)」(8節)。ほとんどの日本語訳が「備える」と訳しているが、はたしてそう訳していいのかどうかわからない。「ラーアー」の意味は「見る」であり、そこから「気づく、知る」という意味になることはあっても、「備える」という意味はないのではないか。(確認できた限りの英訳は「provide」と訳している。ラテン語の provideo にさかのぼれば「見る」という意味あいがあるから、こちらは理解できなくもないが………。)

神が見ておられる。見つけ出していてくださる。わたしのことも、わたしに必要なもののことも。この確信を抱いて神のまなざしの中を、神と共に歩いて行く。焼き尽くす献げ物として雄羊を与えられ、それをささげた後で、「アブラハムはその場所をヤーウェ・イルエと名付けた」(14節)。主は見ていてくださる。わたしの命のすべてを見ておられる。主は気づき、知り、終わりまでを見通していてくださる。

次の文にも翻訳上の問題がある。「主の山に、備えあり(ベハル・アドナイ・イエラエ)」。「イエラエ」は「ラーアー」のニッファル形の未完了である。「見る」の受け身だから「見られる」だが、「現れる」という意味で用いられる(12:7 参照)。素直に読めば「山で主は顕現される」となる。

14節は、明らかに物語の中心である8節と響き合って、物語の締めくくりをなしている。ところが奇妙なことに、注解も説教黙想も14節に注目しない(ペリコーペを13節までにするものさえある!)。この物語にとって本質的でない付加とみなしているようである。しかしそれは、テキストが語るとおりにこの物語を受け取ろうとする態度と符合しない。

「主が見ておられる」。これが、この物語の神学的な主張であった。その鍵語の「ラーアー」が最後に逆転される。見ていてくださる神は、さらに見られてもくださる。わたしたちに顕現してくださる。主が見ておられることを知る時、わたしたちはこの道が神と共に歩む道だったことを知らされる。こ

のわたしを見ていてくださるお方としての神に出会う。

　山で主は顕現される。山とは、神が「行け」とお命じになった場所、「ささげよ」と命令された場所である。神の御言葉を受け止めて歩いて行く。理解できなくても、わたしに向かってくる言葉を受け取って、静かに歩き続ける。そこでわたしたちは生きておられる神に出会うことを与えられるのである。

参考文献

G. フォン・ラート『創世記　私訳と註解　上』（ATD 旧約聖書註解）山我哲雄訳、ATD・NTD 聖書註解刊行会、1993 年

W. ブルッグマン『創世記』（現代聖書注解）向井考史訳、日本キリスト教団出版局、1986 年

C. B. シンクレア『創世記』（現代聖書注解スタディ版）小友聡訳、日本キリスト教団出版局、2011 年

エレン・F. デイヴィス「傷つきやすさ、契約の条件」、E. デイヴィス／R. ヘイズ編『聖書を読む技法——ポストモダンと聖書の復権』芳賀力訳、新教出版社、2007 年

W. リュティ『アブラハム　教会のための創世記講解 2』宍戸達訳、新教出版社、1973 年

森有正『アブラハムの生涯』日本キリスト教団出版局、1980 年（オンデマンド版 2004 年）

大住雄一「テキストとの対話——現代の倫理の前提問題」『神学』60 号、東京神学大学出版会、1998 年

山口隆康「説教黙想論——『旧説教学』から『新説教学』へ」『神学』75 号、東京神学大学出版会、2013 年

Walther Zimmerli, 1.Mose 22,1-14, in: Herr, tue meine Lippen auf, Bd. 5., 4. Aufl., E. Müller, 1969.

Evelin Albrecht, 5. Sonntag der Passionszeit (Judika) – 1.Mose 22,1-13, in: Calwer Predigthilfen, Jg. 1998/99, Reihe III/1.

創世記　23章1-20節

蔦田崇志

序　流れる時の中で

神が創造されたこの世界は時の流れの中に身を委ねる。そして時の流れと共に時代が動く。その時代の流れは人の移り変わり、世代の交代、そしてそれに伴うものの継承を繰り返す。新しい命が絶えず送り込まれ、育まれ、実を結ぶ。創世記の「時」もその流れの中にある。かくして22章の締めくくりはアブラハムの兄弟ナホルの家族の命の継承を報告する。その中にアブラハムの息子イサクの伴侶の名も記される。確かに神の祝福は次代に受け継がれていく（22:20–24）。

このことは同時に、老いてゆく時代の人々との別れをも意味する。神の恵みの下、確かに新しく命が生まれると同様に、人の罪のゆえに死もまた確実に時の流れの中で分け隔てなく訪れる。そしてそのように身近で親しい者の死は必ず悲しみと深い失意とをもたらす。アブラハムはここで長年連れ添った妻サラと死別をする。彼もまたその死を深く「嘆き悲しんだ」（2節）。この章には彼が悲しみと共に妻を葬るまでの経緯が奇異なほど丁寧に記録されている。その記録のゆえに私たちは、アブラハムの深い悲しみに寄り添った人々の姿を垣間見ることができる。

この光景の中に、キリストの体である教会が悲しむ者に寄り添う姿を見る。一人息子を失って悲しむやもめに「もう泣かなくてもよい」と慰められた主

イエスの御姿を描き、「キリストの体である教会は、そのような同情の共同体です。そのような同情の涙を込めて慰めを語る共同体です。共同体の存在そのものが慰めなのです」と、ある説教者は説く（加藤『キリストの教会はこのように葬り、このように語る』88頁）。遠巻きにそのような教会の姿、またそのかしらであるキリストを見据えながら、この物語に耳を傾けたい。

死別の現実（1-2節）

　アブラハムは以前にも、愛する者との死別の危機に晒されている。神は彼にイサクを献げるように迫られた（22:1-2）。その時はヤーウェ・イルエの神が代わりの雄羊を用意され、アブラハムはイサクと共に山を降りた。この出来事からどれほどの年月を経たのかは不明であるが、この衝撃的な出来事もサラとの死別を迎えるのに十分な備えとはならなかった。共に歩んだ年月がいかに長く、その親交が深くあっても、いやそうであればあるほど、死別は絶望的な悲しみをもたらす。月本昭男は2節を「アブラハムはサラのために葬儀と哀悼の儀を催した」と訳出する（月本『旧約聖書Ⅰ』66頁）。「遺体の傍らから立ち上が」ってヘトの人々と対話を始めたと記されているから（3節）、リスポド・レサラ・ヴェ・リヴドコタハをそう訳すこともまた一考かもしれない。当時の葬儀の式次第を再現することは困難であるが、近しい者と別れなければならない人がこのような営みの中でどのような思いに迫られるかを想像するのは困難ではない。新改訳聖書（第3版）は「嘆き、泣いた」と訳し、新共同訳聖書は「胸を打ち、嘆き悲しんだ」と言い表す。その悲しみの中でアブラハムは埋葬の手続きをしなければならない。

　さて冒頭でサラの亡くなったヘブロンについて、それがカナン地方であることがあえて紹介されている。恐らく数世紀の後にアブラハムの子孫がエジプトの隷属から解放されてたどり着く約束の地、「乳と蜜の流れる土地」（出エジプト記3:8他）を暗示させる付記であろう。今死別の現実と向き合うアブラハムを慰める光とはならないかもしれないが、遙か彼方に確かな慰めと救い、そして祝福の約束がある。

埋葬を願うアブラハム（3-6 節）

　サラを傍らにしてアブラハムはヘトの人々に妻の埋葬について彼の願いを申し出る。しかしこの章は、サラを失ったアブラハムの悲しみや痛みを記録するものであるが、思いがけなくも大半はアブラハムがサラの墓地を取得するまでの経緯を記録してみせる。15 節までの段落の中で対話は 3 つの段階を経て（3-6 節、7-11 節、そして 12-15 節）サラの埋葬に至る。アブラハムが要望を述べてヘトの人々がそれに応答をする。そしてこれらの対話の何よりの特色はその丁寧さと穏やかさにある。アブラハムは依頼を述べるたびに立ち上がり、挨拶をする。彼の依頼を受けるヘトの人々もアブラハムに対して最大の敬意を表し、彼の要望に応える。そしてその中にアブラハムの悲しみと痛みに寄り添う人々の姿を垣間見ることができる。

　哀悼の儀の中でアブラハムは姿勢を正して、恐らく葬儀に参列したのであろうヘトの人々に問い合わせる。そのとき彼は自らを「あなたがたのところに一時滞在する寄留者」だと名乗る。謙譲の意も込められていようが、これは切ないくらいに彼自身の姿そのものである。ヘトの人々の間にあってアブラハムの居場所はない。「一時滞在する寄留者」はゲル・(ヴェ・) トーシャヴの 2 語で言い表されている。ゲルは一般的に「寄留者」と訳され、やがてモーセの律法では、同胞ではないものの、条件付きで同等に扱われ、保護されるべき存在とされるが（申命記 14:29 他）、トーシャヴは「滞在している者」と呼ばれ、保護下にもなかった（出エジプト記 12:45-49 他）。アブラハムはこの地にあって後ろ盾もなく、非力極まりない存在であった。

　歴史の中で神の民がどれほど痛烈に実感してきた現実だろうか。エジプト支配下のイスラエル人モーセはその息子をゲルショムと名付けたほどだ（出エジプト記 2:22）。バビロン捕囚の民、ローマの支配下に窮するパレスチナ。彼らは繰り返しこの「居場所のない」現実を通過する。そしてまた神の民は「地上ではよそ者であり、仮住まいの者である」（ヘブライ 11:13）ことを改めて思い知らされる。埋葬の営みは神の民がこの世にあって「仮住まいの者」であることを改めてわきまえる営みである。

　ヘトの人々の返答は実に丁重で、アブラハムの悲しみに寄り添うものであ

った。「御主人」と呼びかけた彼らはアブラハムを「神に選ばれた方」（6節）と仰いだ。ネスィー・エロヒームは字義的には「神の君主（月本『旧約聖書Ⅰ』66頁脚注）・首長」（創世記 17:20、25:16 他）であり、アブラハムの謙譲を受けての応答と受け止められる。新共同訳聖書で「神に選ばれた」と訳出されたのは、ヘトの人々がアブラハムに最良の土地を「選んで」葬るように（同6節）招いたことを受けてのことか。アブラハムにとっては慰めの源として馴染みある神の御名であった。一連の対話の中で唯一御名が唱えられた場面である。

　神の沈黙は神の不在ではない。アブラハムの嘆き悲しむ姿の中にヘトの人々は神の君主を見、亡き妻を埋葬する聖徒のうちに、神に選ばれた者を悟った。確かに埋葬の営みの只中にあって、神の御声が人々の耳と心に届かないように思われる時、悲しむ者の涙はますます溢れ、嘆く者の心は揺れ動くかもしれない。しかし、神は決して不在ではあられない。その暗闇の中にあってご自身を現される。聖徒が涙するそのときに神はご自身を現され、召し出された集いを静かに、しかし確かに御翼の下に覆われる。

　人の子は十字架の上で究極的な神の沈黙に呑み込まれた（マルコ 15:33-39）。「エロイ、エロイ、レマ、サバクタニ」の響くゴルゴタの丘にあって、神は断固として沈黙を保たれた。しかしその主が息を引き取られたときに、目の前に立っていたローマ兵は「神の子」を見て、声高に告白を迫られた。救い主イエスこそ神の沈黙の最も深い淵を知っておられる。そして埋葬に立ち会い、涙するご自身の聖徒たちを静かに、しかし確かに包まれる。

墓地の取得を求めるアブラハム（7-11節）

　アブラハムはさらに要望を続ける。彼は妻を埋葬するだけではなく、彼は地所を買い取って墓地を所有したかったのである。ヘトの人々の示した好意に応答してか、彼は改めて再び丁重に「挨拶をし」た。字義的には「立って……ひれ伏して」いる（月本『旧約聖書Ⅰ』66頁）。「ぜひ、わたしの願いを聞いてください」と頼むアブラハムは、その謙った姿勢とは裏腹に大胆な依頼を続ける。彼は当初から墓地を譲ってもらいたいと求めていたが、この要

請にこだわって訴える。そしてその要請は極めて具体的で、彼はいよいよツォハルの子、エフロンが所有するマクペラの洞穴を指差す。

エフロンが指名された理由は、彼がその場にいたことのほかはこの時点では不明である。マクペラの洞穴はエフロンが所有する畑地の端に位置している。「マクペラ」という名称には「二重の、重なった土地」という意味があり、断定はできないもののその洞穴の形状が単一の穴ではなく、二重あるいは中でいくつにも枝分かれしたものだったと考えることができる（月本『旧約聖書Ⅰ』66頁脚注）。とすれば、アブラハムはサラのためだけにこの墓地を購入したかったのではなく、いずれは自分自身を含め、家族のために用意をしたかったのだと考えることもできる。かくしてアブラハムはいよいよエフロンの地所を「私有の墓地」（創世記 23:4, 20、新改訳）として取得する希望を伝えた。

言うまでもなくその土地のために十分な銀を支払う準備があることも伝えられる。アブラハムはその墓地をヘトの人々から金銭で買い取って、彼らの領土から取り去ってしまうような意味で取得する意図があったのではなく、彼らから買い取ったとしてもその墓地が依然としてヘトの人々の間に囲まれることを含めての取得申請であるように見受けられる。6節でヘト人が3回繰り返して「わたしどもの中」と述べて表現された連帯感に、アブラハムも好意的に応答しているのである。

そのエフロンは、同様に「どうか、御主人、お聞きください」（11節）と呼びかけ、第一の対話（3–6節）の丁重さを引き継ぎ、アブラハムの要望を全面的に受け入れる。さらに10節で「町の門の広場」への言及がなされ、これから先の対話が葬儀の場での個人的な駆け引きではなく、公然と交わされる取り決めの意義を持つものとなることが暗示される。地所の所有権が移動することがすべての人に明らかとなるようにエフロンは配慮したのである。何よりもエフロンの誠意はマクペラの地所を洞穴のみならず畑も含めて無償で譲渡するという申し出に表される。

かくしてアブラハムは仮住まいの地に、一族の墓地を取得することになる。寄留の地に愛する者を埋葬する神の民、この現実はアブラハムの時代も

今日も変わらない。神の聖徒たちはしかし、それであってもちょうどアブラハムが墓地を手にして、主にあって眠れる者たちを憶う場所と時を得たように、聖徒の交わりの中にあって、慰め合い、励まし合うことが許される（Ⅰテサロニケ 4:18）。

購入にこだわるアブラハム（12-15 節）

　3 度目の対話もアブラハムの挨拶で始まり（12 節）、丁重な空気は続く。エフロンの取り計らいでアブラハムの要望は公の取引となり、まもなく実現をみようとしている。しかし、アブラハムは無償で墓地を取得することには甘んじない。応分の対価を支払うことをあくまでも求めたのが第三の対話の要点である。アブラハムが埋葬の地のためにここまで支払うことを主張したことは注目に値する。単にヘトの人々への謝意を表すにしては度を越した感が拭えない。それならば、無償で受領してしまった場合に積もるであろう「負い目」を回避する、というような打算が働いたのだろうか（創世記 14:22-24 参照のこと）。そうではなくて、むしろこれは亡き妻サラを弔うアブラハムの思いから自然と湧き出た願い、決意ではなかろうか。妻を失ったアブラハムの痛みと悲しみを表す対価、とでも言えるか。

　愛する主の埋葬の準備にと言って 300 デナリオンを超える貴重なナルド香油を注ぎ出す女性の思いと重なるのではなかろうか。主イエスはその女性を厳しくとがめる弟子たちを阻み、彼女が「良いこと」（新改訳聖書では「りっぱなこと」）をしたと評価して喜ばれた（マルコ 14:3-9）。

　興味深いのはこのアブラハムの主張に対してエフロンが提案する畑地と洞穴の金額、銀で 400 シェケルである。彼はこの金額について「あなたとわたしの間で、どれほどのことでしょう」と言葉を添える。これは中東特有の社交儀礼であろうとウェナムは解説し、今日も地元の商談の現場では類似した駆け引きが展開されている、と説明する（Wenham, pp.128-129）。商談が進み、いよいよ買い手が商品の値段を問う場面で、売り手はあえて「それは贈り物として差し上げよう」と返答する。その返答を真に受けずに対話を重ね、やがて適正な価格で売買が成立するという。「あなたとわたしの間で、

どれほどのことでしょう」というエフロンの言葉は、適正価格にたどり着いたことに同意を求める合図だ、ということになる。断言するほどの根拠に欠けるが、興味深い推察ではある。いずれにせよ、400シェケルは決して安価な価格ではない。

墓地取得と埋葬（16-19節）

　商談は成立し、アブラハムはエフロンの言い値で銀400シェケルを支払う。「商人の通用銀」とは純度の高い銀であろうと月本は説明する。「1シェケルは約11.5グラム。前二千年紀末のシリア出土の民間売買契約文書などから見ると、400シェケルは畑地の価格としては破格の高額」と追記している（『旧約聖書Ⅰ』66–67頁）。もしそうであったとすれば、エフロンはアブラハムの心を本当の意味で汲み取ったことになる。ついにアブラハムはその悲しみと痛みを拭う場所を手に入れた。

　マムレへの言及（17節）がアブラハムとサラの歩みを思い起こさせる。かつて所帯が増大し、甥のロトと袂（たもと）を分かつにあたり、肥沃な低地を彼らに譲った際に神がアブラハムに一族の繁栄を約束した。その際に彼らが居住するための天幕を張ったのが「ヘブロンにあるマムレの樫の木のところ」であった（創世記13:18）。その頃から地元の人々と同盟を結ぶほど良好な関係を保っていた様子が思い起こされる（14:13）。

　イサクの誕生が不可思議な3人の旅人から告げられたのもマムレの樫の木のところであった。その時サラは老いた自らの現実を考えて密かに笑ってしまい、そのことを指摘されるが、彼女はどうしても笑ったことを否定した（18:1–15）。ところが果たして彼らの預言通りにイサクは誕生する（21:1, 2）。アブラハムとサラにとって忘れることのできないエピソードであったに相違ない。

　マムレはある意味、2人が共に歩んできた軌跡を振り返る場所であったのかもしれない。とすればマクペラは、とりもなおさず神がアブラハムとサラの半生を導き、危機から救い出し、憐れみをかけ、顧みられた歴史を想起させる場である。

400シェケルは墓地と畑地、そこに生える樹木を含めておそらく広大な土地をアブラハムにもたらした。この売買の公共性が改めて再述されて（18節「町の門の広場に来ていたすべてのヘトの人々の立ち会いのもとに」）、この地所は晴れて「アブラハムの所有となった」（18節）。

　マムレがアブラハムとサラの人生を振り返らせる名称であるとすれば、カナンは彼らに約束された将来の祝福を彷彿させる名と言えよう。墓地は畑とともに買い取ったマクペラの地にあり、それはアブラハム一族の歴史を想起させるマムレの前に位置した。そのマムレはサラが逝去したヘブロンの地に含まれていて、ヘブロンはやがて数百年後、子孫が乳と蜜の流れる地として目指す約束の地、カナン地方に属する。そこにアブラハムは妻を埋葬した（19節）。埋葬の地は、人の過去と将来とを繋ぐ接点だと言うことができる。

将来の約束を指差す埋葬の地（20節）

　この章は最後に今一度、マクペラの地所が正当に購入されて、ヘト人の手から離れ、アブラハムの所有となったことを宣言する。ここで初めてマクペラの地所が「ヘトの人々の手を離れ」たことが打ち出される。アブラハムは100年間カナン地方に「一時滞在する寄留者」として暮らし、サラの死後も再婚して家族は拡大する。そして175年の長寿を全うして逝去し、彼もまたマクペラの畑の洞穴に葬られる。しかも長年確執が妨げたために隔てられていたイサクとイシュマエルが共に埋葬をする（25:9）。そのイサクもまた（35:29）妻のリベカと共に（49:31）、そしてヤコブと（50:13）レアもまた（49:31）マクペラに埋葬される。イサクもヤコブも十二氏族も、そして星の数ほどになるイスラエルの民も、神がサラを通して約束された繁栄の果実である。パウロは彼女を「自由な身の女」と呼び「これはわたしたちの母です」とまで言い表す（ガラテヤ4:21–26）。ヘブライ書の記者はサラの生涯を取り上げて「約束をなさった方は真実な方であると、信じていた」と称賛し、その信仰に報いて「空の星のように、また海辺の数えきれない砂のように」多くの子孫が生まれたと証言している（ヘブライ11:11–12）。そして彼は聖徒たちが「ひるんで滅びる者ではなく、信仰によって命を確保する者」だと

証言する(同 10:39)。そしてキリストもまた神の言葉を想起させる。

「『わたしはアブラハムの神、イサクの神、ヤコブの神である』とあるではないか。神は死んだ者の神ではなく、生きている者の神なのだ」(マタイ 22:32)。

マクペラに埋葬されたサラは、信仰によって命を確保する者とされ、アブラハムも、イサクもヤコブも生きている者と主に認められる。彼らは確かにこの世にあっては一時滞在する寄留者であって、「世は彼らにふさわしくなかった」(ヘブライ 11:38)。そしてマクペラの洞穴もまたある意味、彼らにはふさわしくなかったと言えよう。アリマタヤのヨセフの墓地もまた主イエスをいつまでも納めておくことはなかった。あの朝女性たちは空の墓を目撃し、恐ろしさの中にもこみ上げる喜びを確かめた。墓場はもはや彼女たちにとって全く新しい意味を持つようになった。マクペラの洞穴がヘトの人々の手を離れ、アブラハムの地所、そしてやがては神の民イスラエルの領地となった時、埋葬の地はまさしく将来の約束を指差す希望の舞台となった。それゆえ教会の葬儀は、単に感傷的な意味合いで慰めの場となるのではない。まさしく信仰によって命を確保する、神の約束が残された聖徒たちの生のうちに息づく場であり、それゆえに、信仰の現実にあっては希望を手にする場である。

参考文献

加藤常昭『キリストの教会はこのように葬り、このように語る』日本キリスト教団出版局、2013 年

関根正雄『新訳旧約聖書Ⅰ 律法』教文館、1993 年

月本昭男『旧約聖書Ⅰ 創世記』岩波書店、1997 年

Gordon J. Wenham, *Genesis 16-50* (WBC), Word Books, 1994.

創世記　24章1-67節

楠原博行

1　はじめに

　この物語は、アブラハムの妻サラが亡くなった後、そして物語の主人公アブラハムが亡くなる直前に、一人息子であるイサクの妻を、アブラハムが自分の故郷から呼び寄せる物語である。だからこの物語は、何よりもアブラハムに対する神の約束が、たとえ主人公アブラハムの死によっても、決して終わることはないことを示す物語である。主なる神は、アブラハムの息子イサクが結婚して、約束の地であるカナンに住み続けるために十分な、また完全な準備をなさっている。アブラハムと、その忠実な僕の求めに応じて、みずから進んで故郷を離れるリベカの態度がそのことを物語っている。言ってみればアブラハムの女性版、リベカの召命物語となっている。アブラハムの物語がそうであったように、この短い物語にも、祝福ということが繰り返し出てくる（24:1, 27, 31, 35, 48, 60）。

　この物語では登場人物と主なる神との直接の会話は描かれていない。しかし物語と神との関係の希薄さを疑う必要はなく、物語に描かれる神の約束、登場人物の祈りが示しているように、アブラハムの僕をリベカのもとへと導き、その祈りに答えられたのが主なる神であったのは明らかである。

　泉のほとりでの出会いが描かれる物語は、他にも創世記29章、出エジプト記2章にあるが、どれも遠くから来た人が描かれていて、すべて結婚で

物語は閉じられている。

2　イサクとリベカの結婚

1節　「多くの日を重ね老人になり」とは、たとえばヨシュアについても（ヨシュア記13:1、23:1）、またダビデについても（列王記上1:1）、偉大な人物について、その人生の最後の場面で使われる表現である。アブラハムの物語では、すでに18章11節で、「アブラハムもサラも多くの日を重ねて老人になっており」と記され、その後にイサクが与えられる物語が続いていたから、最初は若者として登場するヨシュアやダビデの場合とはずいぶんと違っている。アブラハムの物語は、神の祝福が実現していく物語である。「主は何事においてもアブラハムに祝福をお与えになっていた」（1節）が、はっきりとアブラハムへの祝福が現実のものとなっていることを示している。

2節　アブラハムは、年寄りの僕に重要な命令を与える。そのことはアブラハムが誓いを求めることから明らかである。古代オリエントでは、聖なる物を手にして誓うということが行われたが、この場面では、手を腿の間に入れるということがされる。このような誓いのやり方は、家族の永続性を、アブラハムの家族がこれからも絶えることなく続いていくことを意味すると言う。実際ヤコブがその死に際してヨセフに誓わせるときも同じ方法がとられるし、出エジプト記の冒頭でヤコブの腿から（新共同訳では「腰」）子孫が出るとの表現や、ヤコブがヤボク川のほとりで格闘する物語（創世記32章）でも、腿のつがいをはずされる表現がある。腿に生命の源があるという理解があったかもしれない。

3-4節　カナンの地の女性と結婚してはならないとの表現は、出エジプト記34章16節、民数記25章、申命記7章3節でも見られるが、アブラハムが言うのは初めてである。

5-9節　その娘が、来たくないと言うかもしれませんとの僕の問いに、アブラハムは確信をもって答えている。7節の言葉は創世記12章の、アブラハムの召命の場面さえ思い起こさせる。「お前の行く手に御使いを遣わして、そこから息子に嫁を連れて来ることができるようにしてくださる」（7節）。

何度も主の御使いが現れアブラハムを導いた。主なる神に対するアブラハムの信仰と、主が備えてくださるという確信が言い表される言葉である。こうして僕は出発する。

10-14節 創世記12章のアブラハムの召命の後、アブラハムはハランを出発したとあった。ハランはアラム・ナハライムと呼ばれる地方にあったと考えられるが、僕の旅の様子は語られない。ただ町に到着して、僕が自分のらくだを休ませる場面が描かれるだけである。僕は神に祈りを捧げる。その内容は「どうか、今日、わたしを顧みて、主人アブラハムに慈しみを示してください」(12節)である。アブラハムに対する慈しみを、との言葉は、再び14節に現れる。僕の祈りの主題となっているのである。続く15節以下はこの僕の祈りが答えられる場面である。

15-25節 祈り終わらないうちに、リベカが現れる。創世記22章20節以下の系図の中にその名前が記されている。アブラハムの弟ナホルとアブラハムの甥ロトの妹ミルカとの間に生まれたベトエルの娘リベカである。われわれは先に系図を読んでリベカという名前を知っている。創世記24章で再びこの名前に出会う時、このリベカこそ約束された花嫁であることを知ることになる。

「僕は駆け寄り、彼女に向かい合って語りかけた」(17節)。僕は、彼女こそが、祈りに答えて与えられた女性であると確信して近づく。21節には「その間、僕は主がこの旅の目的をかなえてくださるかどうかを知ろうとして、黙って彼女を見つめていた」とあるが、僕の祈りの言葉とリベカの行動を照らし合わせると、以下のことがわかるのである。

14節の祈りは「『どうか、水がめを傾けて、飲ませてください』と頼んでみます」であったのに、17節は「水がめの水を少し飲ませてください」である。しかしリベカは、「その娘が、『どうぞ、お飲みください。らくだにも飲ませてあげましょう』と答えれば」との僕の祈りの通り、水がめを傾けて飲ませる。ところが、らくだのことは語られない。読者は不安になってしまうのである。しかしリベカは、僕が飲み終わると、らくだにも水をくんで来ましょうと申し出る。しかも「たっぷり飲ませてあげましょう」との言葉

をつけ加える。読者は、僕の祈りが、彼の言葉以上に聞かれた事実に気づく。僕は、この娘がナホルとその妻ミルカの子ベトエルの娘であることを知ることになる。

26-27節　僕は自分の祈りが聞かれたことを主なる神に感謝する。泉で僕が最初にしたことは祈りであり、泉で最後に僕がしたことも祈りであった。自分の祈りが完全なかたちで聞かれたことを感謝する祈りである。ヴァルター・リュティは「そこで問題となっている事柄は、事柄そのものとしてみるならば、決して世界を揺り動かすほどのものではありません。一つの結婚問題が、どうしてそれほどのものでありましょう！」（リュティ、291頁以下）と言う。「でも、明らかに、地上における日常的な営みはすべて、天から見られているのです」（同）と続けるのである。

リュティは、年老いた親、アブラハムの心配を言う。「アブラハムが心配していることは、この場合にも、神が心配してくださっています。神があらゆる家庭内の問題を真剣にうけとめていてくださるということはまことに大きな慰めですが、ここではそれ以上のことが起こっています。個人的な事柄が、ここでは、御国の事柄となっています。すなわち、将来の祝福の担い手であるイサクに妻を娶(めと)らせて子孫を得ようという計画は、ここではアブラハムに始まるのではなく、神から始まるのです。そして、かの約束のゆえに、異教的環境から妻を迎えることを阻止するのは、神そのかたです」（同書297頁）。自分の息子に信仰者と結婚させたい。その心配に神も心を砕いてくださっている。

忠実な僕の存在は、アブラハムにとっても賜物であった。無邪気なまでの神への信頼と、自分の主人の息子の嫁として、見定めなければならないという役割をはっきりと認識している。旅人をもてなす思いやりを持っているか、動物を大切にする優しさを持っているか、それを黙って見定める役割である。しかし目の前で起きたことは、すべてが思いを超えたものであった。まさかアブラハムの親戚の娘リベカが家から出てくることなど思いも及ばなかったであろうし、らくだ10頭に水をやる仕事はかなりの重労働であったに違いない。しかも際立って美しかったと記される。自分の祈りが目の前で、しか

も自分の思いをはるかに超える仕方で実現されていく。「決して忘れることの出来ない場面ではないか！」とゲルハルト・フォン・ラートは記している (von Rad, S.205)。

28-32節 リベカの兄ラバンのもてなしについて記される。ラバンの名前は「白」を意味する。ヘブライ語のレバナーを語源とするなら「満月」を意味するから、ハランの地の月神シンの崇拝と関係があるかもしれない（ちなみにリベカの意味は不明と、ケーラー／バウムガルトナーによるヘブライ語辞典は記している）。ラバンは後にヤコブの物語に登場して、ヤコブとのさまざまなやりとりを創世記は記す。ラバンは妹リベカの話を聞き、アブラハムの僕のもとへと走って行く。アブラハムの使者を心から歓迎し、食事で歓待する。

33-49節 しかし旅を終えたばかりの僕は、食事を後回しにして自分の用件を話す。それは習慣的には異例であったろう。ここからも僕の忠実さが読みとれる。僕は自分に起きた出来事を忠実に語る。しかしそれは単なる繰り返しではなかった。自分に、今まで何が起こったか。神がどのように働かれたかを、自分の口で語り、それを聞く者も神の御業を確信することができる。そういう物語である。いかにリベカと出会ったか。このリベカが自分の求める主人の息子イサクの嫁であると、神が備えられた方であるかを確信したかを語る。しかし、まだ家族への説得という重要な問題が残っている。

僕の説得はていねいなものであった。自分のことを語らず、ただアブラハムの僕であることのみを語る。アブラハムがいかに祝福され、裕福であるかを語る。年をとっていたのにイサクを与えられたということは、またアブラハムとアブラハムの家族とが、神から祝福されていることの証となる。そして財産はすべて息子イサクに与えられた。ここに僕の説得の技術が見て取れる (Wenham, p.147)。

「あなたがたが、今、わたしの主人に慈しみとまことを示してくださるおつもりならば、そうおっしゃってください。そうでなければ、そうとおっしゃってください」(49節)。

神の「慈しみ」と「まこと」、このふたつが、この物語のテーマとなって

いる。「慈しみ（ヘセド）」（12, 14, 49 節）は親愛の情、愛。神について語る時に聖書の中で頻繁に用いられる。七十人訳ギリシア語ではエレーオス。新共同訳新約聖書ではしばしば「あわれみ」と訳される。「まこと（エメト）」（27, 48, 49 節）は誠実、真実を話し、その行動が信頼できる性質を言う。七十人訳ではディカイオスネー。

50-53 節　リベカの家族の反応が記される。驚くべきことに、このような突然の申し出が受け入れられるのである。家族で議することもなく、「このことは主の御意志ですから、わたしどもが善し悪しを申すことはできません。リベカはここにおります。どうぞお連れください」（50–51 節）とただ神に従うのみである。

54-56 節　この僕の旅の特別さ、普通でないことは、まだ続く。突然の旅人の到着、突然のリベカの結婚話、そしてその旅立ちも、突然、次の朝である。リベカの兄と母とは、もう 10 日ほどでも（ウェナムは 1 年ほどと理解する。Wenham, p.150）と引き止める。当然の思いである。しかし僕は譲らない。自分の旅が神から導かれた特別のものだから、人間の思いで、日を遅らせてはならないというのである。

57-58 節　兄と母親はリベカに意志を問う。求めに応じて、みずから進んで故郷を離れようとするリベカの姿が描かれる。「物語は最後のクライマックスに達する。読者は息をこらしてリベカの答えを待つのである」（Wenham, p.150）。リベカはアブラハムの女性版となる。

59-61 節　到着したすぐ翌日の旅立ち。忠実な僕を通してアブラハムの願いがあまりの素早さの中でかなう。リュティの説教集「アブラハム」はこの物語で終わるが、最後にわれわれの祈りについて言及する。このような早い、「折り返しての」祈りの成就を見ることによって、何百もある、われわれの傷口に触れることになるのではないかと言うのである。もちろん自分の息子の結婚に対しての親の祈り願いにおいて語るのだが、一般的な、われわれの祈りの経験へと話を広げる。しかし彼は言う。このような早い祈りの成就は、アブラハムにおいては例外であったと。「アブラハムの信仰の道は待望、たえざる待望で綴られています。また、ただならぬ憂慮、暗中模索、試

行錯誤で裏打ちされています。十年、二十年、二十五年の待望の期間を経て、信じる人の父アブラハムは祈りを聞かれ、約束の成就を見るに至ります」。高齢に達し、人生の最後に至り、いわば永遠への入り口にさしかかっているアブラハムが、息子の結婚の問題に対して、唖然とするほど素早く祈りを聞かれている。「老人となったアブラハムのこの信仰の体験は、試練のうちにあるすべての者にとって、かすかな、快い合図なのではないでしょうか。『耐え忍びなさい』とはどういうことなのでしょうか。『最後まで耐え忍ぶ者は救われる』とはどういうことなのでしょうか」（リュティ『アブラハム』307頁以下）。

62-63節　旅の一行とイサクとの出会いが最後に描かれる。長く厳しいはずの旅の姿は描かれない。かなしさをともなう、寂しい光景が描かれる。なぜイサクは夕方暗くなるのに散歩していたのか。祈るため。あるいは思いをめぐらすためであったか。亡き母のことを悲しむためにとも説明される。もはやアブラハムは登場せず、すぐ後に続く僕の報告も、アブラハムでなく、イサクに対してなされている。母サラばかりか、父アブラハムも亡くなってしまっているのかもしれない。夕暮れにイサクはひとり思いをめぐらし嘆いていたのかもしれない。イサクは目を上げ、旅の一行を目にするのである。

64-67節　リベカもイサクを目にし、2人は出会う。僕は旅の結果を、自分が何を成したかをイサクに報告する。

3　アブラハムは？

物語の結末部分においてアブラハムは舞台から退場してしまっているが、彼は既に死んでしまったと考えざるを得ない。描かれるイサクの姿に、その悲しみを読み取ることができるのである。比較的新しい注解書は、ここでアブラハムの死を読み取ろうとはしないが、ヘルマン・グンケルが、かなりの古典となってしまった創世記注解の中でこのことについて言及している。物語のはじめで生きていたアブラハムは、僕の帰還時には既に死んでいたに違いなく、そもそもアブラハムは自分の死が近いことを知っていたからこそ、僕に誓わせることをしたのであり、そうでなければただ彼に命令するだけで

済んだはずだと言うのである。記されるアブラハムの言葉はすべて、自分の死を前提としたものであって、その最後の言葉は、自分の信仰と神への従順についてであった。だから24章は、如何に神がこの信仰を成就させてくださったかを語る物語なのである（Gunkel, S.252）。

それはまた新約聖書ヘブライ人への手紙11章13節が告げる、信仰を抱いて死んだ人々の模範例でもある。確かな歩みをもって描かれてきたアブラハムという人の物語はここで終わるが、神の約束は決して変わらず、信仰の家族の歩みも終わることはない。

4　愛と祈りの物語

加えて、クラウス・ヴェスターマンが指摘する（Westermann, p.392）アブラハムの物語の要は、その旅立ちや子供の誕生だけでなく、愛だということである。登場人物が出会い、愛し合い、愛の中に成長していく。この愛の物語が、神の民の歴史、アブラハムの歴史の部分であり、それはイサクとリベカによって継承される。これは旧約の祈りの歴史において重要な物語でもあると彼は言う。出来事への応答としての祈りが、確信をもって行われるからである。願いと感謝とが、無意識的に神に対して表明されるが、それは神と共に歩む生き方の、自然な表現なのである。彼は、神に対して自然に祈る主イエスの祈りを思い起こさせるとも記している。

5　シャガールとレンブラント

ドイツ、ラインラント・プファルツ州の州都であり、また大司教座が置かれていたマインツの町に聖シュテファン教会があり、マルク・シャガールが晩年作成したステンドグラスで有名である。礼拝堂に入ると、シャガール・フェンスター（窓）による青い光が満ちている。ステンドグラスの中に描かれているのは聖書の物語であり、一番有名なのは園を追われるアダムとエバである。数々の聖書の場面が印象的に描かれており、筆者はモーセ、ダビデ、特にエリヤの姿に心ひかれるが、イサクとリベカの結婚の場面も美しく印象的である。その場面、左側には水を汲みに来たリベカと、らくだに乗ったア

ブラハムの僕（とされるが筆者にはこちらもリベカのようにも見える）。右側にリベカに寄り添うイサク。場面には優しい暖かい光が満ちており、神の計画と祝福とがみごとに描かれている。そこに描かれるのは理想的な夫婦の姿であることは間違いない。

　レンブラントの作品「ユダヤの花嫁」（1665-69 年）も意見が分かれるが、同じモティーフのスケッチが存在することから、イサクとリベカを描いた可能性が高い。描かれたユダヤの夫婦の互いへの心遣いが絵の中にあふれている。妻サスキアとレンブラント自身をモデルとしたこの作品は、文字通り自分を放蕩息子に見立てた「娼館の放蕩息子」（1637 年頃）の描写とは対照的に、妻や息子を亡くし経済的に困難な時代に描かれた。最晩年、レンブラントが亡くなる前年（1668 年）に仕上げられた「放蕩息子の帰還」の中に見るような、登場人物の 2 人の間に交わされる愛情、思いやりが満ちている絵画だと思う。

参考文献

W. リュティ『アブラハム　教会のための創世記講解 2』宍戸達訳、新教出版社、1973 年

Gerhard von Rad, Das erste Buch Mose Genesis (ATD), 12. Auflage, Vandenhoeck & Ruprecht, 1987.

Gordon J. Wenham, *Genesis 16-50* (WBC), Word Books, 1994.

Claus Westermann, *Genesis 12-36*, Tr. by J. J. Scullion S.J., Augsburg Publishing House, 1985.

Hermann Gunkel, Genesis, Vandenhoeck & Ruprecht, 1922.

創世記　25章19-34節

小副川幸孝

初めに気をつけるべきこと

　25章19節から始まるエサウとヤコブの誕生物語と27節から始まる「長子の権利」を巡る出来事は、アブラハムに与えられた神の祝福の約束を受け継ぐ者としてのイスラエルの十二部族の祖となったヤコブの姿を描き出すための文学的な（物語的な）予備的伏線として位置づけられる。

　こうした物語を理解する上では、文学的解釈が有効であり、元々、ある人物を描き出す際に用いられる誕生物語や誕生秘話といったものは、その人物の特徴や生涯に起こる出来事の予兆的な暗示として物語られる場合が多い。それゆえここでも、こうした文学的手法を用いて、やがて起こるエサウとヤコブの対立（27章以下）の伏線として、彼らがすでに母の胎にいた時から互いに争い合っていたことや、弟のヤコブがアブラハムからイサクが受け継いだ神の祝福を受け継ぐ者となることが語られているのである。

　文献学的には、J資料の伝承がP資料によって構造的に枠づけられており、エサウとヤコブの誕生から始まる「ヤコブの物語」は、「アブラハムの息子イサクの系図は次のとおりである」(19節) という言葉でも明瞭なように、「イサクの物語」の枠で語られている。「イサクの物語」は、35章28節のイサクの死の記述で終わる。しかし、同じようなことは「アブラハムの物語」がイサクの物語を含んで25章7-10節のアブラハムの死の記述で終わ

ったり、ヤコブの物語がその息子ヨセフの物語を含んで49章33節まで続いたりしており、それらは創世記の族長物語の特徴でもあるだろう。このように重層的に族長たちの歩みを描くことによって、神の祝福の約束がアブラハムからイサク、そしてヤコブからヨセフへと継承されたことを伝えようとしているのである。それらはいわば、「祝福の系図」にほかならない。そして、ここでは、なぜ兄のエサウではなく弟のヤコブが祝福を受け継ぐ者として選ばれたのかを指し示し、それが全く神の主権によることを物語ろうとするのである。母の胎にいた時からの選びというのは、それが何らかの人間的な事柄に依存しないことを示しているからである。

さらに、エサウとヤコブの対立とヤコブの選びということについては、人類史的、あるいは文化史的に見て、そこに狩猟民と牧畜民の対立、そして牧畜民を是とする史観に立つ歴史的流れの背景を読み取ることも可能である。フォン・ラートは、パレスチナにおいて両者は長い期間にわたって併存していたが、生活上の必要条件が異なっていたために両者は緊張関係にあったであろうと指摘している（『創世記　下』479頁）。こうした生活形態、あるいは文化的形態による対立が兄弟同士の対立として描かれることについては、私たちは既に「カインとアベルの物語」（4章）でもよく知っている。ただ、ここではその兄弟が双子として描かれている。それは、初めは対等であった狩猟民と牧畜民が、やがては共同体形成を行っていく牧畜民の優位性へと置き換わり、その共同体に関する神の祝福が約束されていくという民族史観を反映していると見ることもできるであろう。

いずれにせよ、こうした物語の伏線的要素を持つ誕生物語と「長子の権利」を巡る物語は、多様な解釈が可能であり、それだけにそこから多様な説教が可能である。しかし、創世記の族長物語の意図が「神の祝福の継承」であることを見失わないようにしなければならないだろう。

そうしたことを踏まえて、少し詳細にこの物語を考察してみたい。

イサクの結婚と妻リベカの不妊

物語の始まりは、「アブラハムの息子イサクの系図は次のとおりである」

(19 節)という P 資料の「系図」の断片による前書きである。この表記の仕方は、これが「アブラハム－イサク」と続く「神の祝福の系図」であることを意味しており、それによって読者が、ここから始まる物語がその「祝福の継承物語」であることを意識することができるようになっている。書き出しでは、ただ単純にイサクがリベカと結婚したのが 40 歳の時であったことと、リベカの係累が記述されているだけである。20 節の「パダン・アラム」という地がどこに当たるかを正確に確定することはできないが、「ハラン地方」か「アラムの野」(ホセア書 12:13) であろう。また、リベカがアラム人であることが言及されているのは、アブラハムが先住民であったカナン人との雑婚を避けて一族の独自性を保持した（24 章）ことを示すためで、「神の祝福の約束」が一族の中で純粋に保たれていることを示すものであろう。リベカの兄ラバンの名前があるのは、イサクとリベカの結婚の出来事だけでなく、後にヤコブの生涯にとって彼が大きな役割を果たすことになるからである。書き出しは記述的であるが、物語の伏線は既に張られているのである。

21 節から始まるエサウとヤコブの誕生物語の最初に記されるのは、イサクの妻リベカが「不妊の女」であったということである。26 節後半の付加的記述に従えば、イサクとリベカの夫婦の間には 20 年間も子どもがなかったことになる。子どもが与えられることが神の祝福の具体的なしるしであり、不妊が不幸なこととして考えられたことを思えば、イサクとリベカは、長い間神の祝福のしるしを見ることもなく、待たなければならなかったことになる。その点では、イサクの父母のアブラハムとサラの場合と同様である。人々は、「不妊の女」と呼ばれた婦人が懐妊するという出来事に、神の直接的な介入による祝福への転換を見ていた。私たちはそのような例を、サラ、あるいはヤコブの妻ラケル (29:31、30:22–23)、サムソンの母（士師記 13:2–7)、サムエルの母ハンナ（サムエル記上 1:2–20) など、多数知っている。それらのいずれも子どもは神の祝福の賜物として与えられるのである。イサク自身がその典型であり、彼が人間的な思いや願いを超えて全面的に神の賜物として与えられたように、イサクとリベカにも神の賜物として子どもが与えられることが記される。

その際、ここではイサクが神に願い、神がそれを聞き入れられるという展開がなされ、リベカの懐妊が神の応答の出来事であることが明瞭に示されている。「主に祈った」という言葉と「主に聞き入れられ」は、「アータル」という同じ言葉の能動態と受動態で、前者は人が神に「祈る・願う」を意味し、後者は神がそれに「応えられる」ことを示して、神が人の祈り・願いに応じられることが意識されている。私たちはそこにことさら神学的意味を見出す必要はないのかもしれないが、エサウとヤコブが神の恵みの賜物としてイサクとリベカに与えられたことがこの物語の最初に明言されているのである。

リベカの懐妊と争いの予兆

しかし、そのことによってリベカは苦痛を味わうことになる。彼女に宿った子どもは双子で、しかも胎の中ですでに争い合ったからである。「押し合う」(22節) と訳されている言葉「ラーツァツ」は、元々は「砕く」とか「迫害する」とかいう意味の言葉で、ここでは「互いに争い合う」というほどの意味で使われているが、2人の子どもが胎内で争い合うことがリベカを苦しめたのである。互いに異質なものを内包することは苦痛を伴うことである。それは、個人的なことだけでなく、共同体や社会においても同じで、単に古代イスラエル史においてだけでなく、現代でも同じであろう。「愛の忍耐」が必要とされるところである。神の賜物は「愛の忍耐」を必要とする。

そこで、リベカは「主の御心」を尋ねた。そのために彼女が「出かけた」場所についての言及はないが、聖所での礼拝を前提としており、信仰者としてのリベカの姿を示すものとなっている。そしてそこで、「主の御心」が彼女に示された。その内容は主として2つで、彼女が2つの民族の共通の祖先となることと、その2つの民族が互いに争い、やがては兄(エサウを祖とするエドム人)が弟(ヤコブを祖とするイスラエル人)に隷属するようになるということである。それらは、これから始まるエサウとヤコブの確執の物語の予備的伏線である。ここにはまだ、弟のヤコブが選ばれ、祝福の継承者となることの直接の言及はなく、単に「兄が弟に仕えるようになる」(23節)と言われるだけで、「仕えるようになる」ということが具体的にどのような

ことを意味するかについては触れられず、また、この「主の御心」を聞いたリベカがどうしたかも語られず、物語に対する予備的知識が与えられるだけである。

そして、その「主の御心」に従って、エサウとヤコブの誕生が、その名前の語呂合わせのような形で述べられる。

エサウとヤコブの誕生と名前の意味

最初に長子として誕生したのはエサウである。母の胎内で争い合って勝利したと言えるかもしれないが、勝利する者が祝福を受け継ぐ者とされるわけではない。ここでは、エサウの末裔とされるエドム人の呼称の語呂合わせ（アドム＝エドム、赤い）を使ってエサウの名前の由来と特性が、「先に出てきた子は赤くて、全身が毛皮の衣のようであった」（25節）と説明される。フォン・ラートは「パレスチナの住民たちにとって、東や南の砂漠地帯の住民たちの浅黒い肌の色は奇異の念を起こさせるものであった」し、生まれつき毛皮を着たようであったのは、「イスラエル人にとって隣人たちは野蛮で粗野に見えた」のではないかと指摘している（前掲書477頁）。それらは、彼らが狩猟民族であることを暗示している。

次に、弟として誕生したヤコブについても、同じような語呂合わせで、彼が兄のエサウのかかと（アケブ）を掴んで生まれてきたので「ヤコブ」と名付けられたと語る。そのことから、しばしば、ヤコブが「人の足を引っ張る者」とか「人の足元をすくうずる賢い者」ということが語られたりするが、ここでは語呂合わせ以上のことは語られていない。「ヤコブ」という名前の本来の意味を確定することはもはや不可能であるが、おそらく「神は護られる」という意味ではなかったかと思う。つまり、彼は初めから神に護られ、神の祝福を受け継ぐ者として誕生したのであり、神の選びは何らかの人間的要素があったからではないのである。つまり、ヤコブは神に選ばれた者であり、神の祝福の約束を受け継ぐ者として選ばれた者であるヤコブが、その後どのように生きたかが物語の主眼であろう。

成長したヤコブとエサウ

27節以下は、そのようにして誕生したエサウとヤコブが、それぞれに成長し、全く異なった生き方を選択していったところから物語を始める。2人の生き方は対照的であった。

エサウは、その名の通り、「巧みな狩人で野の人となった」（27節）と記す。つまり、野にあって狩猟生活を行うようになったというのである。「野の人（野に親しむ）」という文学的表現には、「粗野な」という意味が含まれているのかもしれない。それに対して、ヤコブは「穏やかな人で天幕の周りで働くのを常とした」と描かれる。「穏やか（ターム）」は、「完全な、純真な、穏やかな、温和な」という意味の形容詞であり、エサウの「野の人」と対照的なものとして用いられている。そして、「天幕の周りで働くのを常とした」は、ヤコブが牧畜民として生きるようになったことを意味している。つまり、ここでエサウとヤコブは狩猟民と牧畜民として明瞭に描かれ、エサウとヤコブはそれぞれの民の典型として特色づけられている。母の胎にいた時からの両者の争いは、この両者が緊張関係にあったことを意味している。そして、この両者の緊張関係に両親の依怙贔屓（えこひいき）が加わったことを、「イサクはエサウを愛した。……しかし、リベカはヤコブを愛した」（28節）と記す。

兄弟に対する両親の依怙贔屓という出来事は、ある意味では極めて通俗的であるが、それだけに物語にリアリティーを与える人物描写であると言えるかもしれない。イサクがエサウを偏愛した理由は、イサクが、エサウが獲ってくる「狩りの獲物が好物だったからである」と記されているが、リベカがヤコブを偏愛する理由は語られない。エサウは父イサクの即物性を受け継ぎ、父の求めるものを得ようとする「良き長男」であり、ヤコブはそのような即物性はもたなかったということであろう。そのことは、次の「長子の権利」の譲渡の物語で明らかにされていく。

長子の権利の譲渡

29節から、「ある日のこと」として、エサウとヤコブの間で取り交わされた長子の権利の譲渡の物語が始まる。しかし、この物語は「長子の権利の譲

渡物語」というよりも、むしろエサウの即物的な浅はかさを突いて、長子の権利がヤコブに移ったことを示す物語であると言えよう。この物語の結びの言葉である「こうしてエサウは、長子の権利を軽んじた」(34節)は、幾分軽蔑的な響きを含んで、自分の欲求のままに飢えを満たそうとしたエサウを評している。

「長子の権利」というのは、申命記21章15節以下の規定によれば、それがどのような子であれ、長子として生まれた子は2倍の財産を受け取ることができるというものであり、単に財産だけでなく、「神の祝福の約束」を受け継ぎ、家督を受け継いで一族の指導者となる権利のことである。牧畜民族や農耕民族にとって父親の土地を分割することは一族の弱体化を招くことから、それを避ける規定を設けたのは必然的であったであろう。しかし、創世記の族長物語では、「神の祝福の約束」の中で長子の権利についての言及はどこにもない。アブラハムの財産を受け継いだのは長子のイシュマエルではないし、ヤコブの財産を受け継いだのは11番目の子であるヨセフである。それゆえ、ここで「長子の権利」が問題となっているのは、将来に対して何の計画性もなく、その時その時だけの自分の欲求に従うエサウから、「神の祝福の約束」がヤコブに移行したことを強調するためであろう。古代イスラエルの史観は、その時だけを刹那的に生きなければならない即時的・即物的な狩猟生活よりも、将来に対する計画性を持ち、共同体形成を行う牧畜生活や農耕生活を是とした。この物語はその反映でもあるだろう。

物語は「ヤコブが煮物をしていると、エサウが疲れきって野原から帰って来た」(29節)という状況設定から始まる。狩猟生活者に比べれば比較的安定した生活をすることができていたヤコブは「煮物」をしていた。そこに、腹を空かせ、疲れ切ったエサウが帰ってきた。狩猟生活者は獲物がなければ飢えざるを得ない。彼の生活は獲物が獲れるかどうかにかかっている。エサウは最悪の状態で疲れ果てて帰ってきたのである。まず、今の飢えを満たすこと、それがエサウの最大の願いである。そして、彼はヤコブが作っていた煮物を見る。彼は、「お願いだ、その赤いもの、そこの赤いものを食べさせてほしい」(30節)とヤコブに懇願する。エサウはヤコブの煮物の名前すら

言わず、自分の名前の語呂合わせのような「赤いもの（アドム、すなわちエドム）」という言葉を2度も重ねて口にする。こうした表現にはエサウの切迫した状況と彼の欲求の強さがよく表されている。彼は、喉から手が出るように食べたいのである。そして、本文ではここにエサウがエドムとも呼ばれるようになった由来が注意書きのようにして挿入されているが、そこには古代イスラエル人によるエドム人への蔑視のような響きが込められているようにも思われる。つまり、その時々の即物的な欲求に従って生きることへの皮肉である。

　それに対して、ヤコブは、「まず、お兄さんの長子の権利を譲ってください」（31節）と答える。エサウの性急に求めることとは異なり、ヤコブの返答は「穏やかな人」（27節）のように冷静である。そのヤコブの応答は、エサウにとってはあまりに唐突で、それまで思ってもみなかったようなことであったに違いない。長子の権利というのが問題となるような状況でもなかったし、もし長子の権利というものが申命記の規定以前に認められていたとしても、それが効力を示すのは父親が亡くなった後であり、狩猟者として「今」しか生きることがなかったエサウにとって、現在の飢えを満たすことこそが最大の課題であり、ヤコブの答えは無意味であったに違いない。エサウは、「ああ、もう死にそうだ。長子の権利などどうでもよい」（32節）と言う。彼は、今の欲求が満たされればそれでよいのである。こうしたエサウの姿は、最後の「エサウは飲み食いしたあげく立ち、去って行った」（34節）にもよく表されている。

　そこで、ヤコブはエサウに宣誓を要求する。それは、こうした口約束が簡単に撤回されないためである。そして、「エサウは誓い、長子の権利をヤコブに譲ってしまった」（33節）。その表現には、エサウがこのことを大した問題にもならないほんの些細なこととして軽く扱い、ヤコブはそれを重要で決定的なこととして扱ったというエサウとヤコブの質的差異が表されている。こうして、エサウは現在の欲求をただ即物的に満たすような生き方をし、ヤコブは「神の祝福の約束」を信じて生きるような生き方を始めるようになっていくのである。ただ、ここで注意しなければならないのは、確かにヤコブ

はエサウの弱みにつけこんで長子の権利を譲り受けたが、この物語は、それをエサウの「愚かさ」とヤコブの「ずる賢さ」というようには描いていないということである。問題は、即物的に欲求を満たそうとするのか、それとも「神の祝福の約束」という神の御心に従って生きようとするのかである。神の恵みによって誕生した2人が、それぞれ異なった歩みへと進んでいく姿が描かれ、その後のヤコブの生き方への関心が高められている。

説教黙想のための小さな手掛かりとして

初めに触れたように、物語というのは多様な解釈が可能であり、そこからの説教も多様であり得る。ただ、この物語を何度も再読して浮かび上がってくるのは、善悪の問題や愚かさや賢さの問題ではなく、神の恵みによって誕生した2人が、それぞれ異なった生き方をし、神の祝福の約束を受け継いだのが、即物的に自分の欲求を満たそうとした者ではないということである。しかし、だからと言ってヤコブが人間的な苦労をしなかったわけではないことを、私たちは後の物語で知ることになる。

ただ、あまりにエサウ的な生き方をしている現代の私たちにとって、この物語は重大な警鐘を発しているとも言えるであろう。

参考文献

G. フォン・ラート『創世記　私訳と註解　下』(ATD 旧約聖書註解) 山我哲雄訳、ATD・NTD 聖書註解刊行会、1993 年

創世記　27章1-40節

　　　　　　　　　　　　　　　　　　　　　吉村和雄

　与えられている箇所は、創世記25章から続く、エサウとヤコブの物語の一部である。一部であるが、中心部分であると言ってもいいだろう。この物語の主題は、アブラハムに与えられた祝福を誰が受け継ぐか、ということである。アブラハムとサラとの間にはイサクひとりしか生まれなかった。エジプトの女性ハガルとの間にイシュマエルが生まれているが、彼は神の約束に基づいて生まれた子供ではない。したがってイサクが祝福を受け継ぐという点において、何ら問題は生じなかった。しかしイサクと妻リベカの間には、双子の兄弟であるエサウとヤコブが生まれた。そこで誰が祝福を受け継ぐかという問題が起こる。それも、この世の慣習から言えば、兄であり長子であるエサウが受け継ぐのが当然であった。しかしそこに、順当に事が進むことを妨げるくさびのように、主の言葉が打ち込まれる。「兄が弟に仕えるようになる」(25:23) という言葉である。この物語は、この主の言葉を巡って展開する。

兄ではなく弟を
　物語を物語として読む場合には、当然のことながら、この主の言葉に対する疑問がわいてくるだろう。なぜならこの物語は、どのようにして、この主の言葉が実現し、長子であるエサウでなく、弟であるヤコブが祝福を受け継

ぐようになったかを語るからである。それはヤコブの子孫であるイスラエルが祝福を受け継ぐ者となった事情を説明しているのである。しかし、単にイスラエルの先祖であるヤコブが祝福を受け継いだということを語りたいのであれば、エサウを長子として生まれさせ、ヤコブを弟として生まれさせて、その後に2人の順序を逆転させるような手だてを考えるよりも、初めからヤコブを先に生まれさせればよいのである。ヤコブが兄であり、エサウが弟であれば、何の問題もなくヤコブが祝福を受け継ぐことになるのである。

　しかしながら、物語はそのように展開しなかった。それは単にこの物語においてそうであったということではなくて、神がこの世界を救い、神の祝福の中に導き入れてくださるという、救いの出来事においては、このエサウとヤコブの間に起こったことがいつでも起こるのである。つまり、当然祝福を受け継ぐべき者がそれを継がず、その資格のない者がそれを継ぐのである。イスラエル自身がそうであった。イスラエルは「他のどの民よりも貧弱であった」（申命記7:7）。そのような者が「ただ、あなたに対する主の愛のゆえに」（申命記7:8）選ばれて神の民となった。主イエスは、祭司長や民の長老たちに対して、「徴税人や娼婦たちの方が、あなたたちより先に神の国に入るだろう」（マタイ21:31）と言われた。主イエスのたとえ話の中で、悔い改めて父のもとに帰り、真実の意味で父の息子となったのは、「息子と呼ばれる資格はありません」と言わねばならなかった弟の方であった（ルカ15:21）。さらにパウロはユダヤ人と異邦人について「義を求めなかった異邦人が……信仰による義を得……イスラエルは義の律法を追い求めていたのに、その律法に達しませんでした」（ローマ9:30–31）と言っている。当然祝福を受け継ぐべき者がそれを受け継ぐことができず、その資格のない者がそれを継ぐという出来事は、救いの出来事の中でたびたび起こっている。まるでそれが救いの歴史の特色であるかのようである。

　しかしながら、これはすべて神の御心によることである。神は、わたしたちには窮め尽くすことのできない御心によって、兄エサウではなく弟ヤコブを、祝福を受け継ぐ者として選ばれた。ユダヤ人ではなく異邦人を、新しい神の民として選ばれた。わたしたちは畏れつつ、その御心を受け入れ、それ

に従うのである。

人間の物語と神の計画

　聖書がわたしたちに伝えているのは、神が御自分の救いの業を遂行される歴史である。その業は神の御心から出て、この地上における出来事として具体的な形を取る。しかしながら、それは同時に人間の歴史でもある。そして人間の歴史として完結している。つまり、人間が神の御心に従おうという積極的な思いから行動する時にのみ、御心が実現するのではない。そのような思いが全くないところで、人間が人間としての思いから行動した場合においても、神の御心は実現する。その背後にあるのは「人の心には多くの計らいがある。主の御旨のみが実現する」（箴言 19:21）ということであろう。しかしその「主の御旨」も、多くの場合この地上においては、誰かの思いとして実現する。この物語においては、父イサクと兄エサウの心にあった計らいは実現しなかった。それは母リベカと弟ヤコブの思いが実現したからである。この物語において、リベカとヤコブが、自覚的に主の言葉に従って行動したとは言えない。彼らは彼らの思いに従って行動したのである。この2つのグループの思いと思いがぶつかって、この物語を生んだ。そしてそれを通して、神の御心が実現したのである。

　父イサクと兄エサウの関係について、聖書は「イサクはエサウを愛した。狩りの獲物が好物だったからである」（25:28）と語る。一緒に暮らしている家族の中にも相性の善し悪しというものがあるが、その理由はこんなものかもしれない。エサウは巧みな狩人であったから、その獲物も、父の好みのものを獲ることができたのであろうし、自分を好んでくれる父を、彼も愛したであろうから、その結びつきはますます強いものになっていったのであろう。他方、母リベカと弟ヤコブについては、「リベカはヤコブを愛した」（同）としか言われておらず、その理由は述べられていない。しかしヤコブは「穏やかな人で天幕の周りで働くのを常とした」（同27節）とあるから、日頃から母リベカと近いところにいたのであろうし、野の人であったエサウよりは、母との関係がずっと深いものになっていったのであろうと想像される。

そのエサウとヤコブの間に起こった最初の出来事は、25章29節以下の記事が伝える、長子の権利を巡るやりとりである。そこでヤコブは、兄エサウに対して巧みな取引をし、長子の権利を手に入れるのであるが、なぜ彼がそれほどまでに長子の権利を得たいと願ったかについては、詳しい記述はない。ただ生まれる前から母の胎内で押し合いを続け、生まれた時には、先に生まれた兄のかかとをつかんで生まれてきたということから、この兄弟の間に、どちらが長子になるかということで誕生前から争いがあり、それは思いに反して弟として生まれなければならなかったヤコブの方が数倍強かっただろうということが、想像されるだけである。恐らく兄の方はそんなことを全く気にせずに生きてきたのであろう。しかし弟は年を経るに従って、兄に対する対抗心が強くなってきたのに違いない。

レンズ豆の煮物を巡る交渉を通じて長子の権利を手にいれたヤコブであるが、それだけで事柄は完成しない。父イサクが与える祝福を自分のものにしなければならない。兄には、自分が長子であることを認めさせた。今度は父にそれを認めさせなければならない。兄の場合には一時の交渉で事が済んだが、父の場合にはそうはいかなかった。相手を欺くという、より踏み込んだ方法を取らなければならなかった。ヤコブは母リベカに背中を押されるようにして、そこへと踏み込んでいく。

事柄は、イサクが年を取り、自分の死の近いことを自覚するようになったことから始まる。自分が父アブラハムから受け継いだ祝福を、次の世代に継がせなければならない。イサクは当然のこととして、長子であったエサウを呼び、自分の好きな料理を作ってほしいと願う。それを食べたら、彼に「わたし自身の祝福」を与えようと言うのである。

エサウを祝福するというのは、当時の習慣としては順当なことであるし、ヤコブよりもエサウを愛したイサクにとっては、自分の気持ちからしても、それが当然のことであったのだろう。しかし彼は「兄が弟に仕えるようになる」という主の言葉を知らなかったのであろうか。知っていながら、当時の習慣と自分の思いに従おうとしたのであろうか。この主の言葉は、主がリベカに語られたものであるから、あるいはイサクは知らなかったのかもしれな

い。リュティはここで、イサクは主の言葉を知っていながら、それを無視して当時の習慣と自分の思いに従って行動したのだと言っている。彼がヤコブにだまされたことを知って激しく体を震わせたのは、自分が無視しようとした神の御心が、そのようにして実現したことに対して畏れを覚えたからだと言う（『ヤコブ』92頁）。あるいはそのような理解もあり得るかもしれない。ただわたしはこの物語を、人間の物語として自然に読む方が適切だと思う。

　ここで主導権を取って積極的に行動するのは、不思議なことにヤコブではなく、母リベカである。彼女はヤコブを説得し、父を欺いて祝福を受けるようにと指示する。欺きが露見してヤコブが呪いを受けるようになったならば、自分がその呪いを引き受けてもよい、とまで言うのである。何が彼女を、このような大胆な行動に出るようにさせたのであろうか。確かに彼女がヤコブを愛したことは事実であるが、しかしそのことと、父を欺いて弟に祝福を受けさせることとは別なことである。神は「ヤコブを愛し　エサウを憎んだ」（マラキ書1・2-3）とあるが、彼女もまた、ヤコブを愛するだけでなく、エサウを憎んだのかもしれない。ブルッゲマンは、この時彼女を動かしたものを、カルヴァンが、「聖なる熱意」と呼んでいると言っているが（『創世記』388頁）、それが「聖なる」ものであるのは、その結果が御心にかなうものであるからで、この熱意自体を「聖なる」と呼ぶことは難しいだろう。リベカもまた、2人の息子を巡る自分の思いに振り回される一人の母親に過ぎない。

　母は子山羊の肉で料理を作り、その毛皮をヤコブの腕に巻き付け、エサウの晴れ着を彼に着せ、自分の作った料理とパンを持たせて、彼をイサクのもとに送り出す。ここではヤコブは完全に母の言葉に従っている。こういうことから、彼が普段から父の影響下にではなく母の影響下にあったことが窺い知れる。兄との取引においては自分から行動した彼も、父を欺くところまでは踏み込めなかったのであろう。しかしこの機会を逃せば、長子になりたいという彼の願いは永遠に実現しない。肝心なところで躊躇するヤコブを、外からの力が動かす。母の「聖なる熱意」に背中を押されて、彼はイサクのもとへと向かうのである。

イサクはヤコブを受け入れる。リベカの策略はすべて的を射ていて、イサクは羊の毛皮にさわってエサウの毛深さだと思い、エサウの上着のにおいをかいで、それがエサウ本人だと納得する。唯一、声は変えられなかったが、他の要素がそれを補う。そのように見事にリベカの策略が功を奏したのは、神の力がヤコブのために働いているからだとブルッゲマンは言っている（『創世記』392 頁）。このようにして「兄は弟に仕える」との主の言葉の実現へと向かう一歩が踏み出されるのである。

しかしながら、このようにして主の言葉が実現へと向かったことを、どのように理解すればよいだろうか。夫であり父である者を欺くことは、許されることではない。特にここでは、イサクが盲目であることが利用されるのであるが、旧約の律法ははっきりと、盲人を欺く行為を禁じているのである（申命記 27:18）。

この物語の全体を通して、読む者の好意を勝ち取るのは、恐らくイサクとエサウであって、リベカとヤコブではないだろう。確かに一杯の食べ物のために長子の権利を軽んじたエサウにも、責められるところはあるかもしれないが（ヘブライ 12:16）、しかしそれは、わたしたちの心の中では決定的なものにはなり得ない。エサウはきさくで、好感の持てる人物である。ヤコブのように、心の中に思いを秘めておくということをしない。一時はヤコブの行為に腹を立てて、彼を殺そうとするのであるが、しかし再会の時には、ここでも策略を巡らして身を守ろうとしたヤコブとは対照的に、昔のことなど全く何もなかったかのように、彼を喜び迎えるのである（33:4）。この物語の全体が、わたしたちをして、リベカとヤコブにではなく、イサクとエサウに好感を持つようにさせる。

さらに付け加えるならば、夫であり父である者を欺いて祝福を手に入れたヤコブとその母にとって、その後の展開は決してよいものではなかった。リベカはヤコブを自分の兄が住むハランに送り出す時に「兄の怒りが解けるまで、しばらくそこにとどまっていなさい」と言って送り出すのであるが、その「しばらく」は 20 年となり、2 人は結局二度と会うことはできないのである。さらにハランにおいては、局面が逆転して、今度はヤコブがだまされ

る側にまわる。そして12人の息子を持つ身になってからは、息子の1人を巡る兄弟の争いの中で、今度は自分が息子たちから欺かれるのである。自分の人生を振り返って、ヤコブは「わたしの生涯の年月は短く、苦しみ多く、わたしの先祖たちの生涯や旅路の年月には及びません」(47:9) と語る。策を巡らし、人を欺いて自分の思いを実現させたヤコブであるが、その後の展開は、彼の予想の通りのものでなく、彼の思いから言えば、幸いなものでもなかったのである。

　しかしながら、そういうヤコブこそが、神から祝福を与えられた人間なのである。このヤコブの、本人にとっても意のままにならなかった、回り道のような人生を通して、神の目的が遂行されていくのである。ご自分の目的を最後まで貫徹される神の道は、わたしたちの想像を遙かに超えて高く、また深い。神の祝福は、わたしたちの予想どおりの形においてではなく、わたしたちの意に反する形で、わたしたちに与えられるのである。

祝福の内実

　イサクがヤコブを祝福した、その祝福の言葉が28–29節に記される。その内容は豊かな作物を産み出す土地を与えること、ヤコブが一族の主人となり、彼らがヤコブに従うこと、そして彼を祝福する者が祝福され、呪う者が呪われることである。このように祝福は地上的なものと関わっている。ヤコブは、父イサクが神から与えられたすべてのもの、財産と親族を、自分のものとするのである。

　しかしながら、神がアブラハムに与えられた祝福の言葉は、単に地上的なものにとどまらないことに注意すべきだろう。確かに祝福にはこのような地上的なものが含まれるが、それはあくまでも付随的なものであって、その中心にあるものは、「あなたとあなたの子孫の神となる」(17:7) という神の約束である。神がこのわたしの神となられること、それこそが祝福の中心にあるものである。

　物語の展開から言えば、ヤコブはこの後、エサウから命をねらわれるようになり、体ひとつで家を出ることになる。兄をだまし、父を欺いて手に入れ

たすべてのものを、彼は置いていかなければならなかったのである。しかしながらその逃亡の旅の中で明らかになったことがある。それは、祝福の中でただひとつ、彼が手放さなくてよいものがあった、ということである。いや、手放さなくてよいというよりは、彼を離れなかったもの、と言った方がよいかもしれない。それは、神がヤコブの神になられた、という事実である。この事実だけは、彼を離れなかった。そしてこの事実があれば、他のものは何も必要でないことを、彼の逃亡の旅が、明らかにしたのである（28:15）。

祝福を与える者

最後に、祝福について、イサクが繰り返し「わたし自身の祝福」と言っていることに注意を向けたい。それは彼が祝福を「受け継いだ」者であることを、言い表している。そして受け継いだ者は、それを与える者でもある。祝福は、与えるために受け継ぐのである。そしてヤコブが受け継いだ祝福を、今は、新しいイスラエルである教会が受け継いでいる。それは「わたし自身の祝福」と言いうるほどに、わたしたちのものになっている祝福である。だからこそそれを、次の者たちに、与えなければならないものである。

神がアブラハムに最初になさった約束は、彼を祝福の源にするということである。それは具体的には、地上のすべての氏族が、アブラハムを通して祝福に入るということである。それはアブラハムの子孫を通して実現する。その子孫とは、イエス・キリストのことであると同時に、キリストの体としてこの地上に生きる教会のことである。アブラハムに約束された神の祝福は、教会を通してこの地上のすべての氏族に与えられる。ヤコブはその神の働きの中に入ることを願ったのである。父と兄を欺いてでも手に入れたいと彼が願ったものを、今はわたしたちが与えられているのである。ならば、今はわたしたちが、その祝福を、多くの者に与えたいと願うべきではないだろうか。

教会の伝道は、この地に祝福をもたらす業である。教会は伝道しなければならない。しかしそれは、教勢を増やすためにするものではなく、教会の存続のためにするものでもない。若い人が少ないから、若者に伝道しようというのは、本末を転倒している。教会は祝福を受け継いだのである。それは与

えるべき祝福である。だから教会の使命は、この日本の地とそこに住む人々を神の祝福へと招き入れることである。神がアブラハムに約束され、イサク、ヤコブと受け継がせられた祝福は、このようにして、今の日本において、実現するのである。

参考文献

W. ブルッグマン『創世記』（現代聖書注解）向井考史訳、日本キリスト教団出版局、1986 年

W. リュティ『ヤコブ　教会のための創世記講解 3』宍戸達訳、新教出版社、1974 年

R. デヴィドソン『創世記』（ケンブリッジ旧約聖書注解）大野恵正訳、新教出版社、1986 年

創世記　27章41節-28章9節

本城仰太

エサウの憎しみ

　与えられたテキストは、27章40節からの続きの物語である。40節と41節で区分せずに、連続して理解する注解書も多い。ヤコブに祝福を奪い取られてしまったエサウと父イサクの嘆きの言葉を受けて、与えられたテキストが始まっていく。このテキストの主題は「ヤコブの逃亡」であるが、なぜヤコブが逃亡しなければならなかったのか。エサウの憎しみの感情があったからだと説明するところからこの物語は始まっていく。「エサウは、父がヤコブを祝福したことを根に持って、ヤコブを憎むようになった」(27:41)。

　兄エサウの憎しみが、弟ヤコブに向かう。それにしてもなぜこの憎しみは、ヤコブただ一人に向かったのだろうか。祝福してしまった父イサクに向かってもよかったはずだし、祝福を奪い取る策略の黒幕とも言える母リベカに向かってもよかったはずである。しかしそのような様子は見受けられない。エサウはこの状況においても、父への気遣いを忘れていない。「父の喪の日も遠くない」(27:41)と心の中で言っている。父親をすでに亡き者にしているかのような言葉であるが、父イサクを気遣い、父の生きている間に息子を失う悲しみを味わうことのないようにとの配慮の言葉である。さらにエサウはヤコブが逃亡したのち、父イサクを気遣い、イシュマエルの娘をもう一人の妻としてめとった。「エサウは、カナンの娘たちが父イサクの気に入らない

ことを知って……」(28:8)。エサウはいわゆる「お父さん子」であった。また、母リベカに対しても、特に憎しみの矛先が向かったような様子は記されていない。エサウの憎しみの感情は、弟ただ一人に向けられたということになる。

　このことに関連して、創世記4章のカインとアベルの物語を思い起こしてもよいだろう。「主はアベルとその献げ物に目を留められたが、カインとその献げ物には目を留められなかった。カインは激しく怒って顔を伏せた」(4:4-5)。なぜカインの献げ物に目が留められなかったのか、その理由が記されていない。そしてカインがいったい何に対して怒ったのか、怒りの矛先も明確にされていない。神に怒ったのだろうか。しかし怒りの矛先は弟ただ一人に向かう。「カインが弟アベルに言葉をかけ、二人が野原に着いたとき、カインは弟アベルを襲って殺した」(4:8)。

　聖書には、兄が退けられ、弟が選ばれる物語が多く記されている。選びの理由は定かではない。神の自由な意志による。しかし人間の側はその選びを受け入れる備えがいつもできていないのである。兄は弟に矛先を向けるようになる。エサウの場合もそうであった。「必ず弟のヤコブを殺してやる」(27:41)。

　そして、リベカはこの言葉を伝え聞いて、ヤコブにこのように言っている。「大変です。エサウ兄さんがお前を殺して恨みを晴らそうとしています」(27:42)。この箇所は、関根訳では「兄さんのエサウがお前を殺すと言って自分を慰めている」となっている。元の言葉では、旧約聖書でもよく出てくる「慰める」という言葉が使われている。自分で自分を慰めることが、弟殺しという行為になってしまったのであった。もちろん、本当の慰めにはならないのは言うまでもない。しかし兄にとって、この慰めしか見つけることができない状況に追い込まれてしまったのである。

リベカの計画

　リベカは母として、エサウの気質をよく理解している「つもり」であった。しかしあくまでも「つもり」であったことが露呈してしまう。

ヤコブの逃亡

　兄エサウが弟ヤコブを殺害する計画を立てる。しかしエサウは秘密裏にこの計画を進めることはできなかった。「母リベカの耳に入った」(27:42) のである。母は本来ならば長子のエサウに与えられるはずの祝福を、奪い取ってしまう計画をヤコブに実行させたが、その後のことは考えていなかったのだろうか。仮にエサウのヤコブ殺害の計画が実際に行われてしまうと、兄は弟殺しのお尋ね者として、逃亡しなければならなくなる。それは母にとって、一度に2人の息子を失うことを意味する。そのようなことは母として考えられないことだった。そこで急遽、第二の計画を立て、ヤコブに逃亡を勧めるのである。

　「お兄さんの怒りが治まるまで、しばらく伯父さんの所に置いてもらいなさい」(27:44) とリベカは言う。新共同訳では「しばらく」と訳されている。たいていの日本語の翻訳でも同じである。「しばらく」というのは少々曖昧な日本語である。いったいどれくらいの期間を意味しているのか。兄エサウの怒りが収まるのに、リベカは具体的にどれくらいの期間を想定していたのだろうか。元の言葉の直訳としては、「少しの」「日々」である。それが「しばらく」と訳されている。フォン・ラートはこれを「数日間」(『創世記　下』505頁) と理解している。リベカは息子エサウの気質をそのように理解したということになろう。ほとぼりが冷めるまでに、ごく短い期間、逃亡すれば大丈夫だと踏んだのである。母は息子エサウの気質をそのように理解した「つもり」で、このような計画を急遽、立てたのである。

　しかし母のこの計画は打ち砕かれてしまった。最愛の息子ヤコブは、この後に続けて語られている物語の通り、20年にも及ぶ逃亡生活をしなければならなくなる。そして皮肉なことに、母の思いとは裏腹に、母と息子は、結局、二度と再び顔を合わすことはできなかったのである。

教訓？

　ところで、27章46節から28章9節の箇所を、ブルッグマンは「これらの節は、基本的な物語の中に挿入されたものである。それらは前後関係を持っていない」(『創世記』399頁) と言っている。仮にこの箇所を飛ばして、

前後を繋げて読んでみると、このようになる。「そのうちに、お兄さんの憤りも治まり、お前のしたことを忘れてくれるだろうから、そのときには人をやってお前を呼び戻します。一日のうちにお前たち二人を失うことなど、どうしてできましょう」(27:45)、「ヤコブはベエル・シェバを立ってハランへ向かった」(28:10)。確かにこう読んだとしても、文脈としては繋がるかもしれない。リベカに促されて、ヤコブが直ちに逃亡した、とも読める。しかしそれでよいのだろうか。

さらに、ブルッグマンは「これは物語ではなく教訓である」(同書400頁)と主張している。つまり、もともとあったヤコブの逃亡の物語の素材に、27章46節から28章9節を挿入することによって、「教訓」を語ったということになる。それはいかなる教訓なのだろうか。

リベカはまずイサクに「わたしは、ヘト人の娘たちのことで、生きているのが嫌になりました。もしヤコブまでも、この土地の娘の中からあんなヘト人の娘をめとったら、わたしは生きているかいがありません」(27:46)。ヤコブを逃亡させる理由として、ヤコブの結婚相手の問題を持ち出しているのである。イサクもリベカに従い、「お前はカナンの娘の中から妻を迎えてはいけない」(28:1)、自分と同類の者の中から結婚相手を見つけるように、という「教訓」をもって、ヤコブを祝福し、送り出すのである。

28章6節から9節において、兄エサウもイサクのこの「教訓」に従っている様子が記されている。エサウはすでにカナンの娘たちの中から妻を迎えていたが、「エサウは、カナンの娘たちが父イサクの気に入らないことを知って、イシュマエルのところへ行き、既にいる妻のほかにもう一人、アブラハムの息子イシュマエルの娘で、ネバヨトの妹に当たるマハラトを妻とした」(28:8-9)。

この「教訓」は何のためのものなのだろうか。すぐに思い浮かぶのは、イスラエルの後の時代に、その土地の異邦人の妻を迎え、偶像礼拝の罪を犯してしまったイスラエルの王のことが視野に入れられているのだろう。「伝承者たちは、捕囚の中で何か魅惑的な代用物に信を置くことがこの家系を破滅に至らせるであろうことを知っているのだろう」(ブルッグマン、401頁)。

ヤコブのみならずエサウも、純血の要請に対して、心を配らなければならず、その点については妥協はあり得ないのである。

ブルッグマンが言っている「教訓」については、確かにその通りではあるかもしれない。「教訓」が明確に込められていると言える。しかしこの「教訓」だけが、この箇所の目的だろうか。そうではないだろう。人間の計画を超えた壮大な神のご計画のうちに、ヤコブの逃亡が起こっていることを明確にしている箇所でもあるのである。

「前回」と「今回」の結婚相手探し

ヤコブはこのように、表向きは結婚相手探しのため、しかし裏向きには余儀なくされて、逃亡生活を送ることとなった。行先はリベカの兄ラバンのところである。「今回」の結婚相手探しもラバンがかかわることになる。「今回」というように言ったのは、「前回」があったからであり、「前回」はイサクの結婚相手探しであり、その時はリベカが結婚相手として与えられた。「前回」と「今回」という繋がりで、与えられたテキストを読むことが大事である。

「前回」の物語は創世記24章に記されている。サラの死を経て、アブラハムも「多くの日を重ね老人になり」（24:1）、息子イサクの結婚相手探しの必要に迫られた。アブラハムは一番信頼のおける僕にこのように言い、僕を送り出す。「あなたはわたしの息子の嫁をわたしが今住んでいるカナンの娘から取るのではなく、わたしの一族のいる故郷へ行って、嫁を息子イサクのために連れて来るように」（24:3–4）。このようにこの僕が送り出され、僕はリベカと出会い、兄ラバンの世話を受け、リベカを連れ帰り、そしてイサクとリベカは結婚することとなった。

これが「前回」の物語であり、「今回」もラバンがかかわることになる。ただし、「前回」と「今回」で異なる点も多い。「前回」は、アブラハムが僕に対して、このような条件を付けくわえている。「ただわたしの息子をあちらへ行かせることだけはしてはならない」（24:8）。自分の同族から息子の結婚相手探しを僕にさせるわけであるが、イサクを「あちらへ」行かせての結

婚生活は絶対認めないというのが「前回」のスタンスである。

　それに対して「今回」はどうだろうか。「今回」は、ヤコブは兄エサウの殺意を伴う憎しみを受け、逃げなければならない状況であった。「あちらへ行かせてはならない」というわけではなく、「あちらへ行かざるを得ない」状況であった。表向きは結婚相手探しとして、しかし裏向きには逃亡を余儀なくされたわけであるが、少し違う状況があるとはいえ、「前回」と同じような結婚相手探しが「今回」もなされることになるのである。イサクはリベカと結婚した。そしてヤコブもリベカの姪たちと結婚することになるのである。

　「前回」と「今回」。この重なりを踏まえて、説教を語ることが重要になるだろう。そもそもエサウとヤコブが誕生する時、「二つの国民があなたの胎内に宿っており　二つの民があなたの腹の内で分かれ争っている。一つの民が他の民より強くなり　兄が弟に仕えるようになる」(25:23) という主の言葉が与えられた。エサウが長子の権利を譲ってしまい (25:27–34)、ヤコブが祝福をだまし取ってしまうという (27:1–40)、家族間の混乱が生じてしまった。しかし神は、人間のこのような混乱の中でも、ご自分の言葉の実現を貫き通されるのである。

　なおもその言葉の実現に向けて、物語は進んでいく。逃亡先のラバンのもとで、ラバンの娘たち（と女奴隷たち）との間に、最終的に12人の息子たちが与えられていく。それがイスラエルの基となっていくのである。

　エサウは殺意を含む憎しみを弟に持った。リベカは単に最愛の息子の命を守ることを第一の目的とした。ヤコブは逃亡生活の最初は結婚相手探しどころではなかっただろう。しかしそのような人間の混乱の中にあっても、ふさわしい結婚相手を見つけ、神の言葉が実現していく目的がその背後にあったのである。リベカがヤコブを逃亡させる理由として、表面上取ってつけた結婚相手探しが、実は神にとっては本筋であり、そこからイスラエル十二部族が生まれていく摂理があるのである。そのような摂理があるとは知らぬイサクだったが、イサクはヤコブをこのように祝福して送り出している。「どうか、全能の神がお前を祝福して繁栄させ、お前を増やして多くの民の群れ

としてくださるように。どうか、アブラハムの祝福がお前とその子孫に及び、神がアブラハムに与えられた土地、お前が寄留しているこの土地を受け継ぐことができるように」(28:3-4)。

　このように考えると、27 章 46 節から 28 章 9 節の箇所を、ブルッグマンが言うような単なる「教訓」が挿入されたとして語ることは許されなくなる。異教徒の妻を迎えるな、というその後のイスラエルの罪を単に思い起こさせるだけのものではないのである。この箇所がたとえ挿入句であったとしても、神の言葉が実現するための重要な働きがなされていることを覚えねばならない。

　「人間の混乱と神の摂理によってスイスは支配される」
　カール・バルトは、1941 年 8 月に『生活と信仰』という雑誌に、「人間の混乱と神の摂理によってスイスは支配される」というタイトルの論文を掲載した。
　バルトによれば、もともとはラテン語であったこの格言は、17 世紀に生まれたものであり、当時は三十年戦争や農民戦争などによる危機と混乱の時代の中から生まれてきたものであった(『カール・バルト著作集 6』377 頁)。そしてこの格言は、17 世紀の時代だけではなく、バルトの時代だけでもなく、今の私たちの時代においてもあてはまるだろう。
　バルトはこの論文の中で、スイスの国旗について、このように言っている。「私たちはスイスの旗の十字架を記し、その横の木に左より右に『人間の混乱により』と書き、今度は縦の木により下へ『神の摂理により』と書いてみると明瞭になる。そこで初めて、人間の混乱の多くが左から右へと存在し、それらはほとんどあるべき姿をとらず、空しく放置されてあることを知るのである。けれども同時にまた、人間の混乱が神の摂理によりその中心を上から下へと貫かれ、そこからその人間の混乱が確保され担われ、その結果、人間の混乱が左と右へ展開されていることはやむをえないが、しかし左にも右にも下降することがないようにされていることを知るのである」(同書 377-378 頁)。

バルトが語っているイメージは、このテキストの説教においても重要な示唆を与えてくれる。イサク、リベカ、エサウ、ヤコブの家族は、左から右まで人間の混乱で埋め尽くされている。ヤコブの逃亡先でも、またヤコブの息子たちの間でも、相変わらず左から右まで人間の混乱で埋め尽くされている状況に変化はないのである。しかしそれにもかかわらず、神の言葉による約束が、創世記全体において、また創世記を超えて貫かれていく。「人間の混乱」と「神の摂理」、どこの時代を切り取ったとしても、どこの地域を取り出したとしても、常にこの２つのものが働いているのである。説教の課題は、一方では「人間の混乱」を語りつつも、「神の摂理」を鮮やかに描き出すことにある。「神の摂理」が「人間の混乱」に埋没されてしまってはならない。

　バルトはこの論文の中で、スイスの歴史や当時の諸問題を論じていくが、最後にはこのように締めくくっている。「スイスの旗が鷲や獅子、星、太陽をしるさず、十字架を描いているのは偶然ではないことを、われわれは理解した。それは人間の混乱を確保し、それを支えている神の摂理を示している。それは、罪深き人間に対する神の恩寵の徴であり、われわれの連邦憲法が語っているように、イエス・キリストにおいて力にいまし給う神は、無力な人間に自らを与え給うたのである。……僅かな者たちが、この徴をわれわれが生きて行くのに必要なものと正しく認識するかどうかにかかっている。現在スイスが直面しているこの困難な時代において、すべてはこの僅かな者たちにかけられているのである」(同書382-383頁)。

　説教者がまず「僅かな者」にならねばならない。イエス・キリストの徴を見定めることができる者として、御言葉を語り、聴き手も「僅かな者」の側に立ってもらわなければならない。ヤコブのこのような混乱の中からイスラエルが生まれ、そのイスラエルの歴史の中から、イエス・キリストがお生まれになり、「無力な人間に自らを与え給うた」。

　「人間の混乱」は、絶えず生み出され、それが収束し、また別の混乱が生じ続けていく。しかし「神の摂理」は途絶えることなく、全歴史を貫くものである。「人間の混乱」の左から右まですべてを支えても余りある、太い縦の木が罪の大地に立てられているのである。

参考文献（日本語で読めるもの）

関根正雄『新訳 旧約聖書Ⅰ　律法』教文館、1993 年

カール・バルト「人間の混乱と神の摂理によってスイスは支配される」雨宮栄一訳、『カール・バルト著作集6』新教出版社、1969 年、377–383 頁

G. フォン・ラート『創世記　私訳と註解　下』（ATD 旧約聖書註解）山我哲雄訳、ATD・NTD 聖書註解刊行会、1993 年

W. ブルッグマン『創世記』（現代聖書注解）向井考史訳、日本キリスト教団出版局、1986 年

創世記　28章10-22節

藤掛順一

ヤコブと神の出会い

　ヤコブの物語において、主なる神が初めて現れ、ヤコブに語りかけたのがこの箇所である。これより前に語られているのは、双子だが対照的な兄弟エサウとヤコブの誕生と成長、そしてヤコブがレンズ豆の煮物一杯でエサウから長子の権利を奪い取ったこと、また年老いた父イサクを騙して、イサクが長男エサウに与えようとしていた祝福を代わって受けてしまったこと、その結果家族のもとから逃げ出さなければならなくなったことである。このことはヤコブ自身の兄エサウへの対抗心によるだけでなく、エサウを愛していた父イサクに対して、ヤコブを愛していた母リベカの仕組んだことでもあった。エサウの怒りをかったヤコブをハランへと逃がしたのもリベカだった。ハランは彼女の出身地であり、そこにいる兄ラバンのもとに身を寄せるようにリベカがヤコブを送り出したのである。彼女はエサウの怒りが治まったらヤコブを呼び戻そうと思っていた。要するにここに描かれているのは家族の間の確執である。双子の兄弟同士が、また夫婦が、互いに自分の思いを遂げようと策略を巡らし、相手を騙し、騙された方は怒りによって相手を殺そうとする、そんな醜い家族間の不和の物語がここに至るまで繰り広げられてきた。神の祝福を受け継ぎ、担っている家庭とは到底思えない人間の罪の現実が語られてきたのである。ヤコブはこの罪の結果、家族のもとに居ることができ

なくなり、ただ1人逃げて行くところだった。彼の心は不安と恐怖と孤独、そしておそらくは罪の意識でいっぱいだっただろう。その逃亡の途上で、主なる神が彼に現れ、語りかけたのである。これがヤコブと主なる神との最初の出会いだった。

　ヤコブが主なる神と出会ったこの場所は後にベテルと呼ばれるようになり、イスラエルにおいて大切な町となった。しかしこの時はまだそれは「とある場所」(11節) でしかない。彼は「その場所にあった石を一つ取って枕にして、その場所に横たわった」、つまりそこで野宿をしたのである。そこは人々が暮らす町ではなかった。誰も住む人のいない荒れ野の中の「とある場所」は、逃亡の身である彼が人目に触れずに一夜を明かすのに相応しい所だった。その夜、彼は夢において主なる神と出会ったのである。

夢において

　寝ている間に夢において、ということは、ヤコブはこの出会いにおいて全く受け身であることを意味している。「さらに、出会いは、油断のない統制の中で起こるのではなく、攻撃されやすい従順の中で、すなわち、彼が眠っている間に起こるのである。出会いは完全に神の強い要請によるものであり、この神はその出会いの中で一切の主導権を保有されている。ヤコブは出会いを呼び起こす力を持ってはいない」(ブルッグマン『創世記』407頁)。ヤコブが神に呼びかけ、神がそれに応えて出会ってくださったのではない。彼はただ身を守るために安全な場所へと逃げて行こうとしていただけである。その彼に、神がご自身の主導権において、抵抗し得ない仕方で、ご自身をお示しになったのである。その出来事によって、ヤコブは全く新しい未来を示された。「ヤコブが目醒めている時の世界は、不安、恐怖、孤独、(そして我々に想像できることは、まだ解消してはいない罪責感) の世界であった。……夢は、彼の生の中にそれらに代わるものを入れている。夢は、恥に満ちた過去についてのぞっとするような回顧ではない。それはむしろ、神と共にあるもう一つの未来を提示するものである。福音は、ヤコブの防御力が低下した時に彼に来る」(同、409頁)。不安、恐怖、孤独、罪責感を抱えた逃亡者ヤコブに、

神は夢において現れ、神と共にある新しい未来を、つまり福音を示してくださったのである。神はこのように私たちにも出会ってくださる。私たちが自らの、また他の人の罪のゆえに、逃亡者のような不安、恐怖、孤独、罪責感に陥り、自分から神に求めたり、依り頼もうとする思いを全く失っている時に、神自らが、その自由なご意志によって、突然、出会ってくださるということが起こるのである。この話はそのように与えられる神との出会いを語っている。

ヤコブが夢で見たもの

彼が夢で見たのは「先端が天まで達する階段が地に向かって伸びており、しかも、神の御使いたちがそれを上ったり下ったりしていた」（12 節）という光景だった。この「階段」は口語訳聖書では「はしご」と訳されており、しばしば「ヤコブの梯子」と呼ばれている。しかしこれは「梯子」よりも「階段」と訳す方が適切なようである。「描かれている物は普通の『梯子』ではなく、おそらく傾斜路であろう。それは何かメソポタミアのジックラト（高塔神殿）のようなもの、すなわち、それを通して地が天に届くような神殿として造られた、大きな土の塊に言及している」（ブルッグマン『創世記』409–410 頁）。しかし大切なのは、この「階段」がどのようなものだったかよりも、「神の御使いたちがそれを上ったり下ったりしていた」ことである。この階段は、神の御使いが天と地の間を行き来するためのものだった。ヤコブは「天の門」（17 節）を見たのである。しかしそれは、自分が天に上っていくための門ではない。そこを上り下りしていたのは「神の御使いたち」である。神の御使いは、神から遣わされてこの世において神のご意志を行っている。その御使いたちが「上ったり下ったりしていた」というのは、神が天から御使いを遣わし、地上においてみ業を実行しておられることを意味している。ヤコブが全く知らないうちに、神はご自身のみ業を忙しく行っておられるのである。彼は夢の中でそのことを見た。しかもその神のみ業は、逃亡の身である自分が不安と恐怖と孤独と罪責感の中で一夜を過ごしている今、この所で行われている、彼はそのことを体験したのである。

アブラハム、イサクへの約束

ヤコブが夢の中で「見た」ものは、彼が主の言葉を「聞く」ための備えだった。「見よ、主が傍らに立って言われた」(13節)。ヤコブが見たものの真実の意味は、主の言葉によって示されていくのである。主はまず「わたしは、あなたの父祖アブラハムの神、イサクの神、主である」とご自分をお示しになった。アブラハムを選んで神の民の父祖として立て、「祝福の源」としてくださり、人間の常識においてはもはや子どもが与えられることなどあり得ない状況の中で、約束の子イサクを誕生させ、祝福を受け継ぐ者としてくださった神、イサクのもとに双子の兄弟を生まれさせ、彼らが生まれる前から弟ヤコブを選んでおられた神が、ヤコブに現れ、語りかけたのである。それは彼がアブラハム、イサクに与えられた約束、祝福を受け継ぐ者であることを示すためだった。

13–14節で主が彼に語ったことは、アブラハム、イサクに与えられた約束の繰り返しである。すなわち「あなたが今横たわっているこの土地を、あなたとあなたの子孫に与える」という土地授与の約束(創世記12:7、13:15、15:7参照)と、「あなたの子孫は大地の砂粒のように多くなり、西へ、東へ、北へ、南へと広がっていくであろう」という子孫が数え切れないほどに殖える約束(創世記13:16、15:5、26:24参照)、そして「地上の氏族はすべて、あなたとあなたの子孫によって祝福に入る」という、すべての民のための「祝福の源」となる約束(創世記12:3、18:18、22:18、26:4参照)である。ヤコブは、兄エサウから長子の特権を買い取り、父イサクの祝福を騙して受けたが、そのような彼自身の行為によってではなく、彼を生まれる前から選んでおられた主なる神が今彼に現れ、語りかけてくださったことによって、主なる神の祝福を受け継ぐ者とされたのである。

ヤコブへの3つの約束

しかし15節で「見よ」という言葉に導かれて与えられている約束は、特にヤコブに対しての、ヤコブが置かれた状況に即した約束である。「15節

は、殊にヤコブに対して向けられた約束である。それは、イサクのように争いを経験しないで自分の生命を送る人々には必要とされない約束である。けれども、ヤコブは特別な危機に直面している。この約束は、ヤコブの危険な状況に対する神の配慮に満ちた応答なのである」（ブルッグマン『創世記』411–412頁）。その約束は3つのことから成っている。

①わたしはあなたと共にいる

　第一の約束は、「わたしはあなたと共にいる」ということである。不安と恐怖と孤独と罪責感の中で逃亡の途上にあるヤコブに、主はこの約束を与えてくださった。それは新約聖書における主イエス・キリストの福音の根幹となっていく約束である。「この約束は、聖書の信仰の中心的な推進力である。それは、人間存在についてのあらゆる絶望的な判断に対して、異議を唱えて論駁する。……神は空し手の逃亡者と関わられる。逃亡者は見捨てられてはいない。この神が彼に伴い行かれる。それは高貴な次元の約束である。事実このような約束が、後に、神のためにその身を危険にさらすもう一人の人に向けて語られている（エレミヤ書1:19）。そしてそれは、ヤコブと呼ばれる共同体全体に対して、その共同体が捕囚という絶望的な場所にある時に、再び明言されている（イザヤ書43:1–2）。それは、最後にはナザレのイエスに帰された名である（『インマヌエル、神われらと共にいます』、マタイ1:23）。そのイエスこそ、実に追放された人々と共におられる神であった」（同書412頁）。最終的には主イエス・キリストによって実現する「神が共にいてくださる」という約束を、ヤコブは逃亡の途上で与えられたのである。神の御使いが行き来している階段の夢は、このことを指し示していたのである。「このイメージの中に、受肉の信仰、すなわち、神の力が歴史上の人間の中に具現されるという信仰の種がある。このゆえに、このテキストはイエスの言葉を指している（ヨハネ1:51）」（同書410頁）。

②わたしはあなたを守る

　第二の約束は、「あなたがどこへ行っても、わたしはあなたを守り」である。共にいてくださる主は、彼を守ってくださる。「その言葉は、ヤコブを保護する羊飼いのイメージを表現している。イスラエルは、どのような状況

の中にあっても、寄る辺なき羊のために気を配り、保護する良き羊飼いと関わりを持っているのである」（同、413頁）。ブルッグマンはこの「守る」という言葉が6回出てくる詩編121編（新共同訳では「見守る」）をあげている。そこに歌われている「守り」が、逃亡者ヤコブに約束されたのである。

③わたしはあなたを連れ帰る

　第三の約束は、「必ずこの土地に連れ帰る」である。不安と恐怖と孤独と罪責感の中にいる逃亡者ヤコブを、約束の地カナンに連れ帰り、そこで祝福にあずからせることを主は約束してくださった。主によって与えられる「帰還」は聖書における救いの大切な要素である。その救いの約束がヤコブに与えられたのである。この3つのことから成る約束のしめくくりとして主は「わたしは、あなたに約束したことを果たすまで決して見捨てない」と宣言してくださった。

新しいリアリティ

　主なる神によるこの約束を夢の中で受けたヤコブは、眠りから覚めて「まことに主がこの場所におられるのに、わたしは知らなかった」（16節）と言った。自分が知らないうちに、主なる神が自分と共におられ、み業を行っておられたのである。それを知った彼は「恐れおののいて」「ここは、なんと畏れ多い場所だろう。これはまさしく神の家である。そうだ、ここは天の門だ」（17節）と言った。主が共におられることを体験させられる時、人は恐れおののく。「恐れおののいて」と「畏れ多い」は原文において元々は同じ言葉である。生ける神の臨在は私たちに深い恐れを与える。その恐れこそが、この世の現実における不安や恐怖や孤独から私たちを解放するのである。16、17節のヤコブの言葉は、夢において主なる神が自分に現れ、約束を告げてくださったことによって、彼が、目に見える現実を超える新しいリアリティを見つめる者とされたことを示している。つまりそこには彼の「悔い改め」が語られているのである。「彼は夢の世界を、恐れと罪責感という現実の世界よりも信ずるに足るものであると見出すのである。目醒めた状態で、彼は夢で見たリアリティを受け容れようと決心する。彼は、王国が手の

届く距離にあるという事実を受け入れる。彼には、悔い改め、信ずる用意がある。確信した新しいリアリティのゆえに、古い前提をここで、今、断念することを決断し、彼は悔い改める。寂しい場所での守りのない眠りが、神の恐ろしい力が入って来るための通路であったことを、ヤコブは理解するようになる（17節）。この時、この場が、神の主権に満ちた優しさが彼の生の主導権を獲得する時となる」（ブルッグマン『創世記』415頁）。

新たに歩み出したヤコブ

悔い改めて、神によって示された新しいリアリティに生き始めたヤコブは、それを行動に表す。枕としていた石を記念碑として立て、油を注ぎ、その場所を「ベテル（神の家）」と名付けた。「とある場所」は、主なる神がそこでヤコブと出会ってくださったことによって、神の聖所ベテルとなったのである。「その町の名はかつてルズと呼ばれていた」とあるのは、そこに元々異教の聖所があったことを意味しているのだろう。「石の柱」も異教の祭儀の場だったと思われる。しかしヤコブに主が出会ってくださったことによってそこは、ヤコブの子孫であるイスラエルの民が、主の選びによって自分たちに与えられている祝福を覚え、主を礼拝する聖所となったのである。

このベテルの起源にヤコブの誓願があったことが20節以下に語られている。彼は主が15節で与えてくださった約束を一つひとつ確認するように「神がわたしと共におられ、わたしが歩むこの旅路を守り、食べ物、着る物を与え、無事に父の家に帰らせてくださり」（20–21節）と言っている。ブルッグマンはここに詩編23編との繋がりを指摘しており興味深い。

「ここで与えられ、受け取られている約束は、詩編23編の中で繰り返されている。

(1) 神はわたしと共におられる ── わたしは恐れません。あなたがわたしと共におられるからです。（4節）
(2) 神はわたしを守られる ── わたしを伏させ、わたしを伴われる。わたしの魂を生きかえらせ、わたしを導かれる。（2–3節）
(3) 神は食べるパンをくださる ── わたしの敵の前で、わたしの前に宴

を設け、(5節)
(4)安らかに父の家に帰る —— わたしはとこしえに主の宮に住むでしょう。(6節)」(同書417頁)。

その後の「主がわたしの神となられるなら」は口語訳聖書では「主をわたしの神といたしましょう」となっていた。直訳すれば「主がわたしの神となるであろう」であって、これは、「神がわたしと共におられ、わたしが歩むこの旅路を守り、食べ物、着る物を与え、無事に父の家に帰らせてくださり」と並ぶもう一つの約束ではない。ヤコブは、主が15節の約束を実行してくださるなら、主を自分の神とする、という誓いを立てたのである。主が恵みを与えてくださるなら主を自分の神とする、というように神に対して交換条件を提示するようなことは相応しくないとの判断から、新共同訳は「主がわたしの神となられるなら」と訳したのだろう。ブルッグマンも、神と交渉するような言葉を問題にして「ただ、ヤコブの応答の仕方は、本心の信仰からの行為かどうか強い疑念を抱かせる。ヤコブはやはりヤコブである。この厳粛な時においてさえ、彼は有利な取り引きを狙う者のように見える。彼はなお『もし』という一言をつけ加えるのである（20節）」(同書419頁)と言っている。しかしヤコブのこの誓いを、神との間で交換条件による取引をしているという「疑念を抱く」必要はないと思う。ヤコブは、不安と恐怖と孤独と罪責感の中での逃亡の旅路において、生きておられるまことの神が自分に出会ってくださったことを体験したのである。彼はその主によって与えられた約束のみ言葉の一つひとつを噛みしめ、そこに示されている、目に見える現実を超える新しいリアリティを受け止めた。その約束のみ言葉は、主なる神が良い羊飼いとして彼と共にいてくださり、彼を守り、養い、導いてくださるから自分には何も欠けることがないという詩編23編に歌われている恵みのリアリティを示している。「主がわたしの神となる」とは、この新しいリアリティに生きていくことである。ヤコブはここで神と取引をしているのではなくて、主が共におられるという新しいリアリティの中で、新しい未来へと歩み出したのである。まことの神が予期せぬ場で、予期せぬ時に出会ってくださり、語りかけてくださることによって、恵みのリアリティに生

きる新しい未来への旅立ちを私たちに引き起こす。この箇所はそのことを語っている。礼拝においてそのことが起こるために仕えることが説教の役割である。

参考文献

W. ブルッグマン『創世記』（現代聖書注解）向井考史訳、日本キリスト教団出版局、1986年

執筆者紹介

小友　聡　おとも・さとし
1956 年、青森県生まれ。東京神学大学、ドイツ・ベーテル神学大学に学ぶ。神学博士。東京神学大学、中村町教会を退職し、現在、日本基督教団無任所教師、日本旧約学会会長。著書に『コヘレトの言葉を読もう』『VTJ 旧約聖書注解 コヘレト書』（共に日本キリスト教団出版局）、『コヘレトと黙示思想』『旧約聖書と教会』（共に教文館）、『絶望に寄りそう聖書の言葉』（ちくま新書）など。

藤掛順一　ふじかけ・じゅんいち
1956 年生まれ。東京大学文学部西洋史学科卒業、東京神学大学大学院修士課程修了。日本基督教団富山鹿島町教会牧師を経て、現在、日本基督教団横浜指路教会牧師。著書に『信徒のための改革教会の教理』『教会の制度』『日本基督教団信仰告白解説』（いずれも全国連合長老会出版委員会）。

石井佑二　いしい・ゆうじ
1979 年生まれ。東京神学大学大学院修士課程修了。日本基督教団山形本町教会伝道師・牧師を経て、現在、遠州教会牧師。

橋谷英徳　はしたに・ひでのり
1965 年、岡山県津山市に生まれる。神戸学院大学、神戸改革派神学校に学ぶ。日本キリスト改革派太田教会、伊丹教会牧師を経て、現在、関キリスト教会牧師、神戸改革派神学校講師（実践神学）。

高橋　誠　たかはし・まこと
1964 年生まれ。四国学院大学、東京聖書学院に学ぶ。日本ホーリネス教団千葉栄光教会副牧師、鳩山のぞみ教会牧師、那覇ホーリネス教会牧師を経て、現在、八王子キリスト教会牧師、東京聖書学院講師（牧会学）。共著書に『三要文深読Ⅰ、Ⅱ』（日本キリスト教団出版局）、『立ち上がり、歩きなさい』『いつも喜びをもって』（共に教文館）、『永遠のシャローム』（日本ホーリネス教団）ほか。

執筆者紹介

徳田宣義　とくだ・のぶよし
1974年生まれ。東京神学大学大学院修士課程修了。日本基督教団札幌中央教会伝道師・牧師を経て、現在、桜新町教会牧師。共著書に『立ち上がり、歩きなさい』『いつも喜びをもって』（共に教文館）ほか。

井ノ川 勝　いのかわ・まさる
1956年生まれ。青山学院大学、東京神学大学卒業後、日本基督教団山田教会を経て、現在、金沢教会牧師。著書に『ペトロの手紙を読もう』『信仰生活の手引き　教会』（共に日本キリスト教団出版局）ほか。

浅野直樹　あさの・なおき
1955年生まれ。関西学院大学、日本ルーテル神学校に学ぶ。日本福音ルーテル岡﨑教会、日本福音ルーテル日吉教会、アメリカ福音ルーテル教会での交換牧師を経て、現在、日本福音ルーテル市ヶ谷教会牧師。日本福音ルーテル教会海外宣教主事。

小泉 健　こいずみ・けん
1967年生まれ。大阪大学、東京神学大学大学院修士課程に学ぶ。2007年、ハイデルベルク大学より神学博士号取得。日本基督教団五反田教会副牧師、センター北教会牧師を経て、現在、東京神学大学教授（実践神学）、成瀬が丘教会牧師。著書に『主イエスは近い──クリスマスを迎える黙想と祈り』『十字架への道──受難節の黙想と祈り』（共に日本キリスト教団出版局）ほか。訳書に、Ch. メラー『魂への配慮としての説教』（教文館）。

蔦田崇志　つただ・たかし
1967年生まれ。東京外国語大学、インマヌエル聖宣神学院、英国アバディーン大学院卒業。現在インマヌエル金沢キリスト教会牧師。

楠原博行　くすはら・ひろゆき
1963年生まれ。東京工業大学、東京神学大学に学ぶ（旧約聖書神学専攻）。ドイツ、エルランゲン＝ニュルンベルク大学、バイエルン州福音主義ルター派教会立アウグスタナ神学大学留学（神学博士）。現在、日本基督教団浦賀教会牧師、明治学院大学講師。著書『キリスト者は何を信じているのか──ハイデルベルク信仰問答入門』。訳書　ドイツ福音主

261

義教会常議員会『聖餐――福音主義教会における聖餐の理解と実践のための指針』、カール・バルト『説教と神の言葉の神学』（共訳）（共に教文館）。

小副川幸孝　こそえがわ・ゆきたか
1952年福岡県に生まれる。ルーテル神学大学・日本ルーテル神学校卒業。立教大学大学院文学研究科組織神学前期課程修了。（USA）シカゴルーテル神学大学院卒業。日本福音ルーテル教会各教会牧師、日本福音ルーテル教会牧師（2022年引退）、九州学院チャプレン・副院長を経て、現在、九州学院院長。著書に『翻って生きよ』『愛することと信じること』（共に新教出版社）、『日々の糧を与えたまえ』（リトン）、『新約聖書の散歩道』『新しい人の倫理学』『西洋思想の散歩道』（いずれもAmazon）ほか。

吉村和雄　よしむら・かずお
1949年、福島県いわき市生まれ。東京大学工学部卒業、東京神学大学大学院修士課程修了。1990–2021年、単立キリスト品川教会主任牧師。現在は同教会名誉牧師。著書に『泉のほとりで』『ふたりで読む教会の結婚式』（共にキリスト品川教会出版局）、『聖書が教える世界とわたしたち』（GC伝道出版会）、『説教　最後の晩餐』（キリスト新聞社）、『イエスの歩み31』（日本キリスト教団出版局）。訳書に、F. B. クラドック『説教』（教文館）、W. ブルッゲマン『詩編を祈る』、トーマス・ロング『歌いつつ聖徒らと共に』（共に日本キリスト教団出版局）ほか。

本城仰太　ほんじょう・こうた
1978年生まれ。東京神学大学・大学院に学ぶ。2018年、東京神学大学より神学博士号取得。日本基督教団松本東教会伝道師・牧師を経て、現在、東京神学大学准教授（歴史神学）、中渋谷教会牧師。著書に『使徒信条の歴史』（教文館）。

説教黙想アレテイア叢書

創世記　1–28 章

2025 年 2 月 21 日　初版発行
ⓒ 日本キリスト教団出版局 2025

編集　日本キリスト教団出版局

発行　日本キリスト教団出版局
　　　〒 169-0051
　　　東京都新宿区西早稲田 2-3-18-41
　　　電話・営業 03（3204）0422
　　　　　編集 03（3204）0424
　　　https://bp-uccj.jp

印刷　ディグ

ISBN978-4-8184-1186-9　C1016　日キ販
Printed in Japan

■
日本キリスト教団出版局の本
■

説教黙想アレテイア叢書
三要文 深読　十戒・主の祈り
日本キリスト教団出版局 編（A5 判 208 頁／ 2400 円）

教会の信仰の大黒柱となる十戒・主の祈り・使徒信条。この三要文を味わうシリーズ。本書では、聖書の民の生きる指針である「十戒」、もっとも大切な祈りである「主の祈り」を取り上げる。説教者はもちろん、信徒にも。

説教黙想アレテイア叢書
三要文 深読　使徒信条
日本キリスト教団出版局 編（A5 判 216 頁／ 2400 円）

信仰のもっとも基本的な内容は何か。教会が伝えようとする福音の内容は何か。使徒信条を読めば、それがわかる。「我は信ず」から「永遠の生命」まで 22 の黙想によって、使徒信条を味わい尽くす待望の書。

改訂新版　聖書の基礎知識　旧約篇
C. ヴェスターマン 著　左近 淑、大野惠正訳（A5 判 288 頁／ 3800 円）

20 世紀の代表的旧約学者の一人ヴェスターマンが著した、定評ある旧約聖書の鳥瞰図。図表をふんだんに使うことによって、モーセ五書、歴史書、預言書、諸書の各巻が聖書全体の筋道の中で占める位置を浮き彫りにする。

聖書の基礎知識　新約・旧約外典篇
C. ヴェスターマン、F. アーヒウス 著　J. ヴェーネルト協力
吉田 忍訳（A5 判 224 頁／ 4000 円）

新約聖書各文書の執筆時期・著者、その構造など、読む上で知っておきたい基本的な情報を凝縮。複数の文書に表れるキーワードに触れた注も読むことで、聖書をより深く理解できる。旧約聖書外典にも簡潔に触れる。

（価格は本体価格です。重版の際に変わることがあります）